SHIXUE DIAOCHA YU TANSUO

JIAOYUBU SHEHUI KEXUE WEIYUANHUI
LISHIXUE XUEBU LUNCONG

史学调查与探索

教育部社会科学委员会
历史学学部论丛

教育部社会科学委员会历史学学部　编

2015

北京师范大学出版集团
BEIJING NORMAL UNIVERSITY PUBLISHING GROUP
北京师范大学出版社

图书在版编目(CIP)数据

史学调查与探索 / 教育部社会科学委员会历史学学部论丛.
2015 / 教育部社会科学委员会历史学学部编.—北京：北京师范
大学出版社，2015.10
    ISBN 978-7-303-19234-2

    Ⅰ.①史… Ⅱ.①教… Ⅲ.①史学—调查研究—世界
Ⅳ.①K0

    中国版本图书馆 CIP 数据核字(2015)第 172807 号

营 销 中 心 电 话   010-58805072 58807651
北师大出版社学术著作与大众读物分社   http://xueda.bnup.com

出版发行：北京师范大学出版社 www.bnup.com
        北京市海淀区新街口外大街 19 号
        邮政编码：100875
印   刷：大厂回族自治县正兴印务有限公司
经   销：全国新华书店
开   本：787 mm×1092 mm   1/16
印   张：16.75
字   数：270 千字
版   次：2015 年 10 月第 1 版
印   次：2015 年 10 月第 1 次印刷
定   价：58.00 元

策划编辑：谭徐锋   责任编辑：谭徐锋 曹欣欣
美术编辑：王齐云   装帧设计：京鲁设计
责任校对：陈 民   责任印制：马 洁

前　言

　　本论丛是教育部社会科学委员会历史学学部主办的学术咨询性质的文集，2011 年已出版了第一辑，今年出版的是第二辑。

　　本论丛的宗旨是以《国家中长期教育改革和发展规划纲要》为指针，贯彻教育部社会科学委员会章程，在历史学学科领域范围内积极开展学术调研、咨询工作的基础上，提供相关信息交流的园地。本论丛发表的文章，一是有关学科领域的研究报告，二是有关学术前沿重要问题的研究进展信息，三是有关学科发展中面临的各种值得关注的倾向性的资讯，四是有关推进学科建设的意见和建议等。

　　本辑"特稿"部分分别讨论了历史教学与科研的创新问题、研究中华文明需重点关注的问题以及新时期史学研究的几个倾向性问题，这些问题都是当前历史研究与历史教学中值得充分重视的问题。在推进历史学学科建设方面，本辑就"2011 计划与历史学学科建设""历史资料的整理、研究与数字化建设"和"考古学学科建设"等三个主题，请相关学者从他们各自的角度提出了自己的认识和见解，这三个主题也是近几年历史学学部工作会议中专门研讨的学术主题。我们也希望有更多的学者关注这些问题，参与这方面的讨论与研究中去。

　　本论丛尤其关注关于学科建设、史学前沿、学术建议、学术调查等方面有实质性和启发性的文章。历史学学部的所有成员，固然因职责的关系，有义务为本论丛撰文。但是，本论丛更广泛的作者当是辛勤耕耘在历史学各领域第一线的学者、专家，这是本论丛编委会真诚的期待。希望本论丛有益于全国史学界同人，也希望全国史学界同人支持本论丛。

2015 年 8 月 30 日

■ 目　录

·考古学学科建设·

关于历史教学与科研如何创新问题之我见

茅家琦

我个人的经验体会是：在历史教学和研究方面要取得创新的成果，必须做到两点：扩大知识面和增强思辨能力。

一方面研究课题要小一点，绝大多数历史学家是赞同这一观点的。只有这样，才能搜索到足够的资料，才能对课题有更深入的认识。但是另一方面，研究人员的知识准备又必须宽厚，否则也不能深入地了解所研究的课题。

历史事件和历史人物往往具有广泛的上下、左右、前后的联系，相互影响、相互牵制。历史学家必须扩大知识面，洞悉历史事件和历史人物的上下、左右、前后的相互联系和相互影响的关系；既了解"树"，又了解"森林"；既了解"前因"，又了解"后果"。举一个具体问题为例：武昌起义以后，很快举行南北议和，达成协议，宣统皇帝逊位。要透彻理解这段历史，就必须了解太平天国起义失败以后，清王朝政治权力转移，出现汉族"督抚专政"的历史。否则也只能是"知其然，不知其所以然"。历史学家都熟悉司马迁的一句名言："究天人之际，通古今之变，成一家之言。"要做到这一点，就必须扩大知识面，提高思辨能力。

再以"师夷长技以制夷"问题为例，来说明"拓宽知识面"的重要意义。

1840—1842 年，鸦片战争失败以后，中国思想界出现了"师夷"的思潮，先进的思想家、政治家纷纷走上"师夷"的道路。但是在一个相当长的时期内，他们忽略了一个重要问题：要准确地"师夷"，就必须全面地、深入地认识"夷"，认识中国的历史和现状、"长处和短处"。实际上，在一个相当长的时期以内，在"师夷"的过程中，中国人民所经历的道路，从购买

1

洋枪洋炮、设立枪炮工厂，自制洋枪洋炮、创办民用工业、学习近代科学技术以及近代人文社会科学，一直到吸取西方的政治制度，都显示出思想家和政治家的知识面很狭窄；对中国的历史和现状、"长处和短处"，以及对世界各国的历史和现状、"长处和短处"，都有一个从无知到有知、从少知到多知的发展过程。在一个相当长的时期内，不少人对"夷情"以及对如何"师夷"，只有"瞎子摸象"式的认识。具有这样的认识，在变革社会的实践中遭到失败，也就成为很自然的现象了。

历史学家也好，政治家也好，都必须拓宽自己的知识面，才能取得认识世界、改造世界的胜利。

回忆一下蒙文通先生的教导是很有教益的。

1929 年蒙文通先生在中央大学历史系任教。1949 年以后，他长期在四川大学任教。蒙先生在我校任教的时间不长，却留下难忘的记忆：他曾在《中央大学半月刊》《史学杂志》《学衡》等刊物上发表论文多达 17 篇，其中包括先生的成名著作《古史甄微》和《经学抉原》的主要部分。下面转录若干内容，以见蒙先生十分重视历史学家关于扩大知识面和加强思辨能力的训练。

他说，历史学家必须"学力足"，"才力够"。用现代的话说，"学力足"就是知识范围要博，"才力够"就是思辨能力要强。

先生认为，即使是专史、断代史专家，也必须"博闻"、多读书，获取多方面的知识。他说，读书应当"自前后左右之书，比较研读，则异同自见，大义顿显"。他在中央大学任教时，曾拜欧阳竟无大师学佛。他回忆说："欧阳先生尝言：读俱舍三年，犹未能通。于沪上见沈乙庵，沈谓：君当究俱舍宗，毋究俱舍学。归金陵，觅俱舍前诸书读之，又觅俱舍后诸书读之；又觅与俱舍同时他家诸书读之，读三月而俱舍之义灿然明白。……大师读俱舍之法，用于它书，何独不然。"

先生更进一步明确提出："中外进行比较，是研究历史的一个重要方法。写《古史甄微》时，就靠读书时学过些西洋史，知道点罗马、希腊、印度的古代文明，知道他们在地理、民族、文化上都不相同。从这里受到启发，结合我国古代传说，把梳中国古代民族可以江汉、河洛、海岱分为三系的看法，从而打破了关于传说时代的正统看法。学者或不以为谬，后又得到考古学上的印证。后来喜读汉译社会、经济各家名著，也常从正面、反面受到启发。所写一些文章虽未明确写上这点，但在考虑问题时常常是从这里出发的。"

先生不赞成史料学即史学的观点，主张对史料进行理论分析。他说"史料是实，思维是虚。有实无虚，便是死蛇"。在这方面先生提出两条很有深度的研究历史的具体方法。一是"观水必观其澜"。先生说："孟子说：'观水有术，必观其澜。'观史亦然，须从波澜壮阔处着眼。浩浩长江，波涛万里，须能把握住它的几个大转折处，就能把长江说个大概；读史也须能把握历史的变化处，才能把历史发展说个大概。做学问犹如江河行舟，会当行其经流，乘风破浪，自当一泻千里。若苟沿边逶巡，不特稽迟难进，甚或可能误入洄水沱而难于自拔。故做学问要敢抓、能抓大问题、中心问题，不要去搞那些枝枝节节无关大体的东西，谨防误入洄水沱。"二是"学问贵成体系"。先生指出："体系有如几何学上的点、线、面、体的'体'。清世学者四分之三以上都是饾饤之学，只能是点。其在某些分支上前后贯通自成体系者，如段玉裁之于文字学，可以算是线，还不能成面。如欧阳竟无先生之于佛学、廖季平先生之于经学，自成系统，纲目了然。但也只限于一面。能在整个学术各个方面都卓然有所建树而构成一个整体者，则数百年来盖未之见。做真学问者必须有此气概。有些著作，看似零散、无系统，其实是自有系统的，如顾炎武之《日知录》，赵瓯北之《廿二史札记》，就可说是自成体系的通史，只不过没有把人所共知的史实填进去而已。然清人札记之能与二书相比者盖鲜。"

我个人认为，蒙文通先生的论述真是"入木三分"，对后学是很有启示的。

（作者为南京大学历史系教授）

深入研究中华文明可重点关注的几个问题

姜义华

一

中华文明至少已经延续了三四千年，是世界五大原生性的第一代文明中唯一没有中断，至今仍然具有旺盛生命力的文明。这一文明是生活在今天中国版图内的各民族共同创造的。

从远古时代到公元前 20 世纪左右，是中华族群、中华酋邦、中华文明的孕育与萌芽阶段。古史传说中的华夏集团、东夷集团、西戎集团、三苗集团、南蛮集团等，开始形成了具有政治管理性质的酋邦，创造了丰富的原始文化。

从公元前 20 世纪前后到公元前 3 世纪中期，是中华族群、中华早期国家、中华文明基本架构的形成阶段。夏族、商族、周族相继崛起，同西戎、北狄、东夷、南蛮各族联系扩大而频繁，中华族群趋同性、内聚力增强，形成春秋、战国时代的领土相当广大的诸侯国，它们相互建成各类不同的政治联盟，开始趋向建立统一国家。在它们相互之间广泛的碰撞、互补与融合过程中，中华文明的基本架构和中华文化的核心观念逐步确立。

从公元前 3 世纪晚期至公元 3 世纪初，是中央集权的多民族统一国家与大一统的中华古代文明确立的阶段。秦汉王朝时具有共同地域、共同文字语言、共同经济生活及共同心理文化的汉族已经形成，西域、匈奴、西南夷诸族，与汉族的联系更为广泛而密切。

从 3 世纪初至 13 世纪中叶，是在新的民族混合与重组基础上，大一统的中华族群、中华国家、中华文明辉煌发展阶段。这一阶段开始时，东汉王朝分裂为魏、蜀、吴三国，经过西晋短暂的统一，进入南北朝时期，匈奴、氐、羌、鲜卑等族入居中原，在激烈冲突中形成新的民族融合。隋、唐在这一基础上重建了大一统国家，毗邻的南诏、吐蕃、突厥等族也进一步强大。稍后又出现了五代十国分裂局面，逐步形成宋、辽、金、夏、于阗、大理、吐蕃并峙的局面。经过近千年新的大碰撞、大融合，以及同印度文明、中亚及西亚文明的相互交流，中华文明以及中华国家体制都获得了创造性的重大发展。

从 13 世纪中期至 19 世纪中叶，是大一统的中华族群、中华国家和中华古代文明普遍发展与局部更化的阶段。推动历史进入本阶段的，是蒙古族的崛起与强大。其后，经过明王朝、蒙古及乌斯藏之间新的磨合，至清王朝时期，中国作为一个包含现今全部版图在内的多民族的统一国家已经稳定地确立。

从 19 世纪中叶至 20 世纪中叶，是中华民族、中华国家、中华文明面临西方资本主义的冲击而开始向现代民族、现代国家和现代文明转型的阶段。这一阶段，中华民族在空前危机与共同奋斗中形成了新的凝聚力，在新崛起的工业文明和市场经济基础上，开始向现代民族转变。国家形态结束了已持续两千多年的君主制体制，开始向现代国家体制转变。从 20 世纪中叶开始，在空前广泛而直接的世界联系中，中华民族、中华国家、中华文明重新确立了自身独立自主的主体地位，中华民族一步步走向伟大复兴。

因此，必须充分重视并深入研究各民族在中华文明形成和发展中的地位、作用。

二

中华文明是一种以农耕文明为主轴，以草原游牧文明与山林农牧文明为两翼，并借助传统商业、手工业予以维系，以现代工业、现代农业、现代服务业予以提升的复合型文明。

中国传统农耕文明起源甚早，可能已有五六千年之久。自从商鞅变法以后，中国农耕地区就一直以一家一户为基本生产单位和生活单位，以男耕女织自给自足的小农经济为其根基。小农家庭中的人力、畜力、物力能够较为合理而充分地予以利用，而在生产和生活过程中又特别能够节省与节约。土地可以买卖，劳动力、资金、资源等各种生产要素可以在一定范围内流动，固然会导致土地集中，社会两极分化，但它们又可使小生产者具有很高的生产积极性，并能够在受到严重摧残后，顽强地迅速恢复与再生。正是这种小农经济，奠定了中华农耕文明长时间绵延不断地存在与繁荣的主要基础。

同时，中华传统文明的形成，从一开始就与北方与西部地区的草原游牧文明、西南广大地区山林农牧文明的生成和发展密切联系在一起。农耕文明区域虽较小，但人口集中，生息在这一区域的人口经常占全体人口的80%以上，因此，它构成了中华传统文明的主轴。草原游牧文明与山林农牧文明地区人口相对较少，但地域特别广阔，极其广泛地影响着农耕文明和整个中华文明的发展。这三种文明在长时间的积极互动中，互相取长补短，形成互相依存、互为补充的密切关系。

在中华文明形成和发展过程中，相当发达的商业与手工业，不仅是将分散的广大小农维系在一起的重要纽带，而且是将农耕地区、草原游牧地区、山林农牧地区维系在一起的重要纽带。它们不仅推动着传统农耕文明成为一个整体，而且推动着传统农耕文明、草原游牧文明、山林农牧文明成为一个整体。

至于现代工业、现代农业、现代服务业的建立和巨大的发展，虽然极大地改变了中华文明传统的经济根基，但这只是中华文明自身的提升，而不是中华文明的断裂与否定。

这就要求对中华文明形成和发展的地理及生态环境、赖以存在与提升的物质基础进行深入而全面的研究。

三

自秦汉以来，政治大一统成为中华文明一个最显著的特征。隋、唐、宋、元、明、清毫无疑问是大一统的朝代；三国、两晋南北朝、五代十国、辽金西夏虽呈分裂态势，但这只是追求大一统而未达目的的结果，分治的每一方都希望以自己为中心实现大一统。这也许可以对应汤因比所说的"统一国家"与"统一和平"，但在中华文明中，它绝非一个短暂的发展阶段，而是整个文明存在和发展的基本诉求和主要支柱。

政治大一统国家之所以产生，首先是因为分散的小农经济需要集中而统一的行政权力对社会的全面支配，以解决他们无法分别解决的兴修水利、防灾防荒、利益冲突等一系列共同问题；其次是因为要在农耕文明与草原游牧文明及山林农牧文明之间建立起稳定的秩序，使它们不再彼此冲突，而能积极地相辅相成。

近百年来，人们在揭露和抨击封建君主专制制度黑暗统治时，经常漠视传统的政治大一统的历史合理性。在西方民族国家理论与实践的影响下，不少先人曾试图将中国传统多民族统一国家改变为单一民族国家，将中国传统单一制国家改组为联邦制国家，将传统集权制改组为分权制，将传统郡县制改组为地方自治制，将大一统精英治国改组为多党或两党竞选治国。可是，一接触中国政治实际，所有这些构想一一都碰了壁，因为当这些方案付诸实施时，非但没有将中国引向大治，反而一再将中国引向大乱，引发极为激烈的社会政治冲突。可以说，中国由大乱重新走向大治，是依靠了传统的政治大一统国家在新形势下的重建和革新。

据此，就必须对人们以往所熟悉的各种国家与政治理论及实践重新检讨，创立足以说明中国这一实际的国家与政治理论。

四

中华文明以"不语怪力乱神"而著称。中华文明一直注重以人为本，将"人文化成"视为实现人的最高价值的根本途径。人文化成，即尊德性，崇礼义，重教化，尚君子，以伦理为本位。中华文明因此常被称为一种泛道德主义文明。中华文明恰恰没有汤因比所说的"统一教会"和"统一宗教"对全社会的统治。

中国乱世亦常用重典，但平时对德治、礼治的重视要远远高过对法治及刑治效果的期待。它体现了小农经济对于家庭及社会长久保持和睦与稳定的强烈诉求，也体现了大一统国家有序与稳定运行的原则需要。泛道德主义将人们的政治关系、经济关系、血缘关系、地缘关系以及其他各种关系贯通与统一起来，使每一个单个的人都处在一个巨大的极为复杂的社会网络之中，成为夫妇、父子、家庭、亲友、同学、同宗、同事、同乡、同胞等关系中的一个无法割断的一环，并负起相应的社会责任，由此形成人人以天下国家为己任、自强不息的民族精神。这是中华文明几千年一直生生不息的强大精神支柱。近代以来，当中华民族面临前所未有的严峻挑战时，这种民族精神被坚守，被弘扬，并获得极大提升。这是中国克服种种磨难，得以振兴的强大内在动力。

至今仍坚持将儒家、儒学视为宗教，将孔庙视为统一教会者，其实就是不愿正视中华文明这一特征。这是一个历史事实问题，更是一个根本理论问题。要对各种文明分别进行过细的研究，还要进行没有预定框框的认真比较研究，才有可能获得足以说明问题的结论。

五

占支配地位的家国共同体是中华文明得以长久存在并不断发展的一个非常重要的基础。家庭、家族、宗族一直是社会生产、社会交往、社会生活的基本单位。但人们相互之间，还有广狭不等的地域性联系，纷繁复杂的各种经济联系、族类联系以及其他各种不同层面的社会联系，至于政治的与文化的联系更渗透到人们生存的全过程，以大一统为主要特征的国家联系正是在此基础上形成的。家庭与国家高度同构化，形成不可分割的家国共同体。在这一家国共同体中，社会道德、社会礼制、社会经济、社会政治、社会文化，以家庭伦理、家族伦理为起始，由家庭、家族而地区，而国家，而天下，逐步向外扩展。任何个人，从出生到成长到衰老再到去世，都是由家庭而逐步递升至国家这一社会共同体的一个组成部分。他们的存在都只能依附于这一家国共同体，家国共同体的价值远远高于个人价值，个人存在的价值只有通过家国共同体方才能够得到真正实现。这种由家庭、家族、地域、民族、国家、天下组成的稳定的社会共同体，坚持共同体的价值远远优先于所有单个人的个人价值，坚持个人存在的价值主要体现在为共同体的存在、成长和发展做出了什么样的贡献，个人的生存价值也只有在共同体中才能得到承认与实现。

中国传统的家国共同体是一种为等级差序所主宰的社会共同体。在等级差序结构中，每一个人、每一个层级，都有其确定的角色地位，这就使共同体得以稳定地构成。但在中国家国共同体中，权威与服从其实都只是相对的，职责和义务则是相互的。父子有亲，君臣有义，夫妇有别，长幼有序，朋友有信，被视为天下之达道。在家国共同体中，人们的身份与地位经常转换、流动、升降、变迁，"皇帝轮流做，明年到我家"，连皇帝的位置都可觊觎，何论这一等级差序结构中的其他位置？父原本就是子，子终将成为父；大宗原先可能本是小宗，小宗很可能会独立为大宗；经由举荐或科举考试，平民可以成为官宰，官宰也很容易成为一介平民。总的结构是一种保持着等级差序的共同体，但每个人的地位又非永久固定不变，这就使这一共同体得以经常保持其活力，其生命力特别顽强。

近代以来，中国逐渐产生了以私人所有制和高度契约化的市场交易为基础的资本主义生产方式，西方以洛克、孟德斯鸠、卢梭、伏尔泰、康德等为代表的思想家所倡导的个人本位主义、人权理论，以及人权天赋、人生而自由平等、私人财产所有权不可侵犯、思想自由、言论自由、契约自由、罪刑法定及主权在民等法制原则陆续传入中国。人们在抨击以家长制为核心的封建家族宗法制度的黑暗与残酷时，连带否定了传统家国共同体这一社会结构与经济结构巨大的社会凝聚力、平衡力和再生力，以及它在稳定和重建大一统国家中的基础性作用。在西方个人本位主义、国家本位主义及社会本位主义影响下，一些人致力于从经济制度上、政治制度上、社会结构上、思想意识形态上打破传统家庭关系、家族关系、乡里关系，打破传统的个人、家庭、乡里、国家、天下的同构关系，而代之以纯粹的契约关系、商品交易关系。

但以个人为本位的这一社会经济基础在中国非常薄弱，这就使个人本位主义的呼吁经常只局限在少数知识分子阶层之内，游离于广大民众实际需求之外。尤其当以广大农民为主体的群众运动蓬蓬勃勃开展起来时，各个新兴的政党、军队、企业、学校、社团，要使自己具有真正强大的力量，都离不开对传统家国共同体的依仗和利用。

传统家国共同体近代以来受到的最大冲击，是20世纪50年代以摧毁农民小所有制为主要目标的农业合作化和人民公社化运动，以及20世纪60年代以摧毁"官僚主义国家机器"为主要目标的"文化大革命"。从农业合作化到人民公社化，是试图取消家庭共同体；从反对官僚主义到发动"文化大革命"，初衷是根本改变原有国家共同体，而代之以巴黎公社式的国家政权。可是，社会大同主义的理想并没有带来社会大同主义的实际，它所带来的只是经济、社会发展的一再受挫，政治、文化发展严重畸形，直至演变为全国全面性的混乱！

事实一再证明，传统的家国共同体合理的内核，在现代社会动员、社会管理、社会自治、社会稳定中，仍具有不可替代的积极作用。

家国共同体的修复与勃兴，是在"文化大革命"结束以后。家庭联产承包责任制的实行和民营企业的兴起，为家国共同体的修复与勃兴提供了广泛的经济基础。家庭联产承包责任制，是指农民以家庭为单位向集体组织承包土地等生产资料和生产任务，在保留集体经济必要的统一经营的前提下，农民有权独立做出经营决策，支配其经营成果。这是中国传统复合型土地所有制的现代承续和新发展。家庭联产承包责任制的实行使人民公社制度就此瓦解。农户在承包期内可依法、自愿、有偿流转土地承包经营权。集体在经营中的作用主要体现在土地发包，产前、产中、产后服务等，农民一家一户重新成为基本的生产经营单位。承认城乡个体经济、民营经济的存在与发展的合理性、合法性，和在农村实行家庭联产承包责任制有着同样重要的意义。党和国家各级领导机构将工作重点转到经济建设和社会发展上，转到承认、支持和保护民众自主从事经济建设和社会发展上，毫不含糊地确定中国现今仍处于建设小康社会阶段，对修复与勃兴家国共同体具有特别重要的意义。因为这就为有效地防止个人本位主义和社会大同主义两种倾向过度膨胀，修复与勃兴家国共同体提供了准确的历史定位。

这一方面的研究要真正有所突破，必须承续马克思的社会经济结构分析方法，从历史实际出发，通过全面梳理，做出符合各种文明实际的新的结论。

六

中华政治伦理的核心价值是：民惟邦本，本固邦宁。

"民惟邦本，本固邦宁"是古代中国政治伦理的核心价值。它要求"以百姓心为心"，知民之性，习民之情，不责民之所不为，不强民之所不能。汉文帝时，贾谊在《大政》中说："闻之于政也，民无不为本也。国以为本，君以为本，吏以为本。故国以民为安危，君以民为威侮，吏以民为贵贱。此之谓民无不为本也。"他还提出，民为国之命："闻之于政也，民无不为命也。国以为命，君以为命，吏以为命。故国以民为存亡，君以民为盲明，吏以民为贤不肖。此之谓民无不为命也。"他又强调，民为国之功："闻之于政也，民无不为功也。故国以为功，君以为功，吏以为功。国以民为兴坏，君以民为强弱，吏以民为能不能。此之谓民无不为功也。"他提出的第四个命题则是民为国之力："闻之于政也，民无不为力也。故国以为力，君以为力，吏以为力。故夫战之胜也，民欲胜也；攻之得也，民欲得也；守之存也，民欲存也。故率民而守，而民不欲存，则莫能以存矣；故率民而攻，民不欲得，则莫能以得矣；故率民而战，民不欲胜，则莫能以胜矣。"以此，他做出结论说："夫民者，万世之本也，不可欺。凡居上位，简士苦民者是谓愚，敬士爱民者是谓智……与民为敌者，民必胜之。"在这里，民为国家、君主、官吏之本，为国家、君主、官吏之命，为国家、君主、官吏之功，为国家、君主、官吏之力。因之，民为国家安危、君主威侮与官吏贵贱之本，为国家存亡之本、君主盲明与官吏贤不肖之本，为国之兴坏、君主强弱与官吏能庸之本，为国家、君主、官吏能否克敌制胜之本。

"民惟邦本"所谋求的，不仅是人人丰衣足食，更重要的是通过"选贤任能"而对整个国家进行动员、控制和管理，通过德教、礼教的教化和法治、刑治的约束，激励和引导人们成为君子、贤人、圣人、至人。能否真正做到"选贤使能"，被视为国家治理是否真正成功的关键之所在。为解决知贤与能和用贤与能问题，中国很早就已在探索并不断改进对贤者与能者尽可能公平而有效地进行选举、考核、升迁、罢黜、奖惩的制度，以及对于权力运行有效的制约、制衡、监察制度。

19世纪末以来，西方文明所倡导的天赋人权论、社会契约论、代议制民主、议员和国家领导人通过一人一票进行直接选举的选举制传入中国，为人们所向往。然而，有识者很快就发现，人们无论是起点的平等，还是过程的平等，或是结果的平等，都根源于社会，都是社会发展的成果。将人与人多层次的社会关系一概归结为社会契约关系，实际上就是将亲情、友情、审美、知识交流全都简约化为产品交易关系。清末"新政"以来个人本位、代议制、多党制所引发严重的政治混乱以及各种政治闹剧，使人们不得不认真思考：在现代中国，究竟该如何做，方才能够实实在在真正做到"民惟邦本"？方才能够保证专职负责治国的精英们不脱离草根民众？人们在这一方面正努力寻找着适合中国国情的路径。

要清楚认识中外各种文明政治伦理核心价值的异同，历史学必须同政治理论的梳理和政治学学科的重建紧密相结合。

七

中华经济伦理的核心价值是：以义制利，以道制欲。

"以义制利"和"以道制欲"是中国传统经济伦理的核心价值。两千多年来，人们或主张重义轻利，或主张义利兼备，或主张先义后利，或主张先利后义，占据主流地位的价值取向，都是既承认利己，又承认利人，既承认私利，又承认公利，而且总认定利人当高于利己，公利当高于私利。此外，无论谋取何种利益，都必须选择正确的不损害他人利益并兼顾他人的道路与方法。"以道制欲"的"道"，是指比之耽于欲望更高的人生境界。它和西方文明所力主的人为"经济人"或"实利人""唯利人""自利人"的个人主义，以及追求"利益最大化"的功利主义是有着巨大差异的。

亚当·斯密追逐自利的"经济人"，边沁追求个人利益最大化的功利观。从他们的理论输入中国起，对其的争论就一直不断。争论的焦点，根源于它同中华传统经济伦理的核心价值的冲突，即人首先应当是个"经济人"，还是"道德人"，应当是个人至上，还是社会至上，实质上，还是义与利、道与欲二者究竟应该如何定位的老问题。

由于缺乏经验，我们一度以为苏联以"公有制""计划经济"和实行统一分配的社会主义模式是成熟的、成功的社会主义。这一模式，形式上只讲利他、公利，排斥利己、私利。加上中国革命进程中盛行军事共产主义，讲理想，讲奉献，讲毫不利己专门利人，讲自我牺牲，忌讳讲物质待遇，尤其是个人物质利益的追求，造成对于人们个人利益、物质生活的一种漠视乃至鄙视。阶级斗争长时间以暴力、战争形式进行，新中国建立后又持续扩大化，使问题更走向极端，即一度将阶级的解放、社会的解放和个人的解放完全割裂开来、对立起来，在阶级整体利益的名义下，在社会总意志的名义下，将个人淹没了，甚至可以说取消了。尤其是在社会自身被抽象化与定型化、阶级分野被固定化与人为地不断扩大化的情况下，那些被视为异己的阶级、异己的社会成员的基本权利都被无情剥夺。社会又一度为要算"政治账"不要算"经济账"即只要"义"不要"利"所支配。

由于物质利益、物质刺激都被视为资本主义复辟的温床，广大农民对于土地、生产过程及产品自主权、支配权的有限要求，一概被视为资本主义复辟活动，程朱理学家们所倡导的"存天理，灭人欲"实际上又笼罩了中国大地。

中国现今经济的迅猛而持续的发展，可以说，乃是中国几千年来根深蒂固的"以义制利"的经济伦理在当代创造性的承续和利用。它的现代版就是社会主义和市场经济的有机结合。市场经济长时间被排斥于社会主义之外，然而，它直接关注人们的私人利益、物质利益，将个人责任与个人利益紧密联系在一起，在发挥人的生产积极性、自主性、创造性方面具有不可替代的作用，尤其是在资金、资源、人力配置合理并不断及时地调整方面，可以发挥国家行政权力所难以起到的作用。但是，市场经济所通行的是等价交换法则,所有交换者,形式上是平等的,实际上,因为所有交换者的基础与条件很不相同,资本的所有者、土地和其他资源的占有者在和仅仅占有自己劳动力的生产者根据契约关系进行等价交换时,结果绝不可能平等。同样是劳动力的所有者,由于接受教育程度的不同,能够发挥其聪明才智的环境和机会不同,在同资本进行等价交换时,结果也绝不可能相同。要对市场法则所造成的社会实际的巨大不平衡进行有效的协调,对市场法则的弊端进行有足够力量的控制、限制,就必须坚持社会主义的方向和原则,利用国家权力和社会全体成员的共同努力,有效地将私利和公利、利己和利他、一部分人先富起来和社会共同富裕统筹兼顾。这就是"义"与"利"在现代条件下的紧密结合。

当然,义与利,道与欲,在以经济建设为中心的导引下,在市场经济和多种所有制互相竞争、互相制约的环境中,仍然会经常彼此错位,产生各种摩擦甚至冲突。最为严重的就是 GDP 崇拜,它会引导人们无节制地追逐利益最大化,它会导致利欲的恶性膨胀,物欲的恶性膨胀。它会导致一些人千方百计将国有资产变为自己私人所有,或者为了牟取一己私利,不惜伤天害理地作伪制劣、坑害他人。尤为严重的是基于对利益的疯狂追逐,加上物欲无所不在的浸淫,权力被严重腐蚀,形成大范围的权力寻租,以及权力越位、权力膨胀。结果,权力便成为不受社会监督、社会有效制约制衡的无限权力,成为拒绝广大民众积极参与的自我封闭的绝对权力。

中国的民族复兴,必须非常谨慎地解决好新的历史条件下义与利、道与欲,或经济人与道德人、个人本位与社会本位关系的问题。这些问题能否正确解决,正是中国发展能否得以持续、中华民族复兴能否真正实现的关键所在。

要正确认识中外各种文明经济伦理核心价值的异同,历史学的研究必须同经济理论的梳理及经济学学科的重建紧密相结合。

八

中华文明社会伦理的核心价值是:中为大本,和为达道。

《礼记·中庸》一个非常重要的立论是："中也者，天下之大本也；和也者，天下之达道也。致中和，天地位焉，万物育焉。""中"，被定为本体论的核心概念，是对宇宙万事万物运动变化全面性的、本质性的把握。"中"，又是对宇宙万事万物互相矛盾又互相统一状态全面性的、本质性的把握。它认识到，所有矛盾运动都源于宇宙本根，而它们无论怎样千差万别，总离不开这一宇宙本根。"中"，还是对宇宙总运动总变化全面性的、本质性的把握。既然本体是"中"，那么宇宙总运动便绝不是既无始点又无终点的线型运动，宇宙总变化便绝不是同样既无始点又无终点的线型变化，因为在这种线型运动变化中不可能有中心、中点。"中"，被定为本体论的核心概念，是将宇宙的运动变化视为一个时空互相紧密结合的三维立体的或球形的整体，它既包括由中心点向四面八方发散的运动和变化，同时又包括紧紧环绕着中心点不断周而复始地进行的向中心回归的运动和变化。《易经·泰卦·爻辞》已说："无平不陂，无往不复。"《复卦·爻辞》更说："反复其道，七日来复。"《老子》第十六章说："万物并作，吾以观复。"观复，就是观察万事万物周而复始的运动。由生到死，又由死到生，"夫物芸芸，各复归其根"。只有认识到万事万物周而复始的运动本是常态，方才能够避免妄作非为，顺应自然之理。这并不是人们通常所说的机械主义的循环论，而正是敏锐地察觉到宇宙运动变化并非直线形的，倒常常是圆形的、球形的，其中既有无数线形运动构成的复杂的网络，又有大量扇形展开及向四面八方辐射的球体运动。"中"，因此是一种综合性、整体性、立体性的思维方式。它认为，思考任何问题，都能放在纵贯古今的时间维度、包含四面八方的空间维度之中，深入而全面地由内而外。

在中国传统文化中，"中和"是一种异常宏大的宇宙观，更是一种具有普遍意义的社会观、历史观。在"中"这一本体中，历时性与同时性结合为一体，时间与空间结合为一体，自然与人结合为一体，个人与社会结合为一体，个人的身、心、理、气结合为一体。"中"，收放自如：集中，可以聚集于一人；发散，可以扩展到整个国家、整个人类、整个宇宙。它既是一种崇高的价值追求，又是一种经济的、政治的、社会的、文化的、生态的、无所不在的、普遍的实践。

本体性的"中"在实践领域内，集中的表现则是"和"，它承认差异的产生是合理的、必然的，同时更关注矛盾着的各方如何互相配合、互相联合、互相结合，创造出新的统一体。

以"中"为天下之大本，以"和"为天下之达道，近代以来，受到"物竞天择，优胜劣汰"的线型进化观以及弱肉强食的丛林法则的全面挑战。"物竞天择，优胜劣汰"的进化观以及弱肉强食的丛林法则一味地强调斗争的绝对性，强调历史和万事万物都是线型的发展。它们对于中国民族复兴产生过相当大的刺激作用，但负面影响也不容忽视。

中国的民族复兴是和中国成功地走向现代化紧密联系在一起的。现代化所造就的工业文明、城市文明、信息文明，为人的发展提供了广阔的空间和比较充裕的物质基础，同时，也将人引向了新的异化。例如，工业化带来劳动的解放，同时又使人的生存与成长、人的全部活动越来越受制于外在于人自身的经济与政治乃至社会力量；工业化不断追求高度发展，会纵容、鼓励和引导人们追逐利益最大化，"天下熙熙，皆为利来；天下攘攘，皆为利往"。与利欲不断膨胀相联系的，是物欲的不断膨胀，义与利严重失衡，道与欲严重失衡，社会两极化趋向亦因此难以遏制；市场化带来物流、资金流、人流、知识流的解放，同时使人与人之间以契约关系与货币关系取代了原先的自然关系；城市化使人口、资金、信息、生产力、消费都高度集中、特别密集，但同时却破坏了人与人之间传统的联系纽带，使人变得过于个人化、孤独化；对于物质利益的过度追求，更导致纵欲主义、利己主义、拜金主义泛滥，使人与人之间、人与自然之间的关系变得非常紧张；知识化提高了人们的素养，同时又使人们为科学主义和技术主义所支配，丧失对人文主义、理想信念和终极价值的追求；信息化使互相全面依赖关系的建立成为可能，但同时又会使人与人的交往虚拟化，人的思维方式与行为方式为工具理性所支配；如此等等，给丛林法则的横行打开了闸门。

丛林法则使社会产生一系列新的极为严重的矛盾与冲突，这完全有可能从根本上破坏中华民族的复兴，并葬送先前已取得的成果。正因为如此，在中国当代民族复兴的过程中，"中和"法则一直在同丛林法则进行着激烈的博弈，并努力约束丛林法则作用的范围和作用的力度。回归"中和"宇宙观与实践论，在现时代全新环境中创造性地发展与丰富"中和"宇宙观与实践论，必定能够引导我们国家逐步实现人自身身心的和谐，人与人之间的和谐，普通人与权力掌控者之间的和谐，以及人与自然、人与环境之间的和谐。

要深刻认识中外各种文明社会伦理核心价值的异同，历史学必须与社会学、人类学理论的梳理及这些学科的重建紧密相结合。

九

中华世界伦理的核心价值是：德施普也，天下文明。

"德施普也""天下文明"，俱出自《周易》第一卦《乾卦》。前者原文为："见龙在田，德施普也。终日乾乾，反复道也。"后者原文为："见龙在田，天下文明。终日乾乾，与时偕行。"见，既显现之"现"。龙，孔颖达疏："龙者，变化之物，言天之自然之气。"原先是说：春天终于到了，阳光普照，田地中各种作物都沐浴在春风中，生机盎然，茁壮成长；劳动者们日夜辛劳，自强不息，遇有灾祸顿挫，也照旧坚持，绝不懈怠；普天之下都会万象更新而走向光明，人们亦将自强不息，不断努力，与时俱进。

"德施普也""天下文明"，强调的是要用道德使全社会普遍受到浸润，使天下趋向文明。在儒家那里，就是"四海之内皆兄弟""以天下为一家"，就是要在万国之间建立起真正的"兄弟"及"一家"关系。这是一种既坚守自身文化与文明特质又非常开放的天下观。

当中国进入由西方资本主义和殖民主义所建立的现代世界联系时，面对的乃是由西方几个资本主义大国所确定的一套国际经济和政治秩序，在这一秩序中，霍布斯、斯宾塞所鼓吹的"弱肉强食"的丛林法则，以及洛克、亚当·斯密和边沁所鼓吹的自利至上、功利至上法则占据着支配地位。孙中山已强烈批评"欧洲的文化是霸道的文化"，而高度评价中国是感化人而不是压迫人、是要人怀德而不要人畏威的"王道的文化"。中国经过一百多年来的反复探索，从实践中深深体会到，发展和不断扩大世界联系，是中国加速完成工业革命历史性变革的需要。人类所需要的全球化，绝非全球资本主义化，全球化也绝不等同于全球资本主义化。"道德普施""天下文明"，是中国传统天下观的核心内容，更是今日之中国在全球化新形势下，致力于建立国际新秩序，努力推动和谐世界建设的终极目标。

继承和发扬"德施普也""天下文明"这一核心价值，将有力推动建设国际政治新秩序建设。

深刻认识中外各种文明的世界伦理核心价值的异同，中国历史研究必须和世界历史研究、地区史国别史研究紧密相结合。

十

他山之石，可以攻玉。借鉴外来各种新思想、新文化，可以更好地了解自己，可以极大地丰富自己，可以帮助自己避免重犯别人所曾犯过的各种错误，使自己在发展过程中少走一些弯路。但这一切，都是以自己为主体。

近代以来，两次鸦片战争的失败、中日甲午战争的失败、抗击八国联军战争的失败、一次次丧权辱国不平等条约的签订，使中国突然面对三千年未有之巨变，一些缺乏心理准备的中国人曾一度陷入迷茫，对自己的文明不再那么充满自信，总觉得自己万事不如人。人们怀疑先前所做的一切，不断地批判先前所做的一切中华文明，试图全方位地找出先前各种差错，好全面改弦更张。人们的重点在找错，只想着前人究竟做错了什么，便没有精力去思考几千年来，我们这个国家、我们这个民族、我们这个文明，究竟做对了什么。

显然，找错，是必需的，但如果只关注找错，又是不行的。因为中华文明的存在与发展，有着自己坚实的根柢。人们曾非常热心地、诚心地或师法过西方，或师法过苏俄，力图从他们那里寻得富国强兵的妙法良方。经过艰苦卓绝的奋斗，以及成功与失败互相交错的反复实践，他们中的大多数，终于愈来愈清醒地意识到，别国成功的经验，无论如何也代替不了中国对自己的发展路径的独立探索。对于中国、中华民族、中华文明这样一个巨型国家、巨型民族、巨型文明说来，简单化地套用别国现成的模式是不行的。

人们愈来愈清醒地认识到，中国只能走中国自己的路，中华民族只能走中华民族自己的路，中华文明只能走中华文明自己的路。借鉴和吸取所有外来的成功的经验，归根结底，都必须使之能和中国的根柢、中华民族的根柢、中华文明的根柢相容、相融，而不是相悖、相害。在不断尝试之后，人们做出了正确的历史性抉择。中国的迅速崛起、中华民族的伟大复兴、中华文明的现代转型，是在思想上和实践中有效地克服了脱离或偏离中国实际、中华民族实际、中华文明实际的各种思想和做法之后，一步一个足印，终于坚定不移、心无旁骛、踏踏实实地走中国自己的路的结果。

坚持这一认识，不是违背马克思主义的根本原则，而正是真正坚持了马克思主义的立场和马克思所开创的历史唯物主义研究方法。

（作者为复旦大学中外现代化研究中心教授）

新时期史学研究值得关注的几个倾向性问题

——以明史研究为例

赵　毅

改革开放以来，史学研究一扫"以阶级斗争为纲"和以某些原则为出发点的呆板教条研究模式，明史研究与其他学科领域一样，取得了丰硕的研究成果。成就主要有：首先，论著数量远远超过改革开放以前的 30 年；其次，研究的学术领域较前 30 年大大拓宽，如文化史、社会史、区域史研究是前 30 年很少有人过问的研究领域，而今天几乎成了明史界的显学；最后，国外的一些相关理论和方法被引入明史研究领域，引入一股虽不清新但却新解的风气。但尽管成绩是主流，然而几个倾向的问题也不能不引起关注。

第一，研究成果数量多，但总体水平不高。强调考据研究手段的成果，无《古文尚书疏论》这样的证伪著作；强调义理、研究探索宏观规律问题的成果，无《封建论》这样史论文章。无超越古人的东西。缺乏理论高度，缺乏历史哲学的抽象思维。

资料条件：考据的条件，如四库系列、方志、文集、网络、图书馆收藏等，是前 30 年的学界先辈和明清时前贤无法比拟的。

理论条件：马克思历史唯物主义理论，物质决定精神、社会存在决定社会意识，生产力决定生产关系。西方的文化理论、社会史理论、文化人类学理论等历史诠释体系多样。

第二，研究选题，弃大抓小，"丢西瓜捡芝麻"。例如，什么皇太子的冠礼、平民婚嫁六礼、小家族的坟墓研究等。婚嫁六礼就洋洋洒洒写了几万字，我不以为然。明史中重大的政治制度问题、赋役问题，有许多涉及历史研究全局的问题都被冷落，不闻不问，却热衷于鸡毛蒜皮、无关宏旨的小问题。婚嫁六礼，在唐代被简化为四礼，不知明代平民百姓结婚还有几人按六礼办事。

对一些大问题的研究考察也缺乏长时段中国通史观的眼界。赋役制度，特别是对役制度，迄今说不清楚。可是观照一下唐宋史研究领域，很有启迪，但却看不到邻居的研究状况。近视短视，就盯着自己断代史的200多年。

第三，重小区域，重小区域经济、文化、信仰的研究，重视本区域历史人物的研究，不惜篡改历史、伪造历史。例如，李闯禅稳石门夹山寺，李闯稳遁甘肃（陕西时代）；建文帝靖难之役后，隐姓埋名落籍湘潭，取何氏女，改姓何。李闯、建文的裔孙都不绝如缕，和我们同坛讲史。闯王陵、闯王广场、闯王大厦也在建，完全是些伪造的"秦钟汉鼎"。

还有的地方政府立项，为高拱修阁老坟，建阁老广场、刻石立碑，篡改历史，说高拱好，是明代最优秀的政治家、改革家、思想家，张居正进入内阁也是高拱推荐的，一点历史依据都没有。这是在伪造历史。

强调小的区域经济、区域文化、区域信仰习俗的研究，忽视统一的大中华的经济、文化、信仰习俗的研究。强调小区域的特殊性，忽略大中华的统一性。那么，把这些小区域的研究成果拼凑在一块，可能就是一个四分五裂、支离破碎的中国，无复统一的不可分割的中国。

（作者为辽宁师范大学历史文化旅游学院教授）

历史学科与"2011 计划"

马克垚

教育部启动的"2011 计划",是一个具有战略性的宏大计划,旨在提升教育的协同创新能力,在人才培养、科学研究、体制改革等方面都有一个大发展,以推进世界一流大学的建设。和理工科有很大的不同,历史学科是人文学科,如何实施"2011 计划",确实值得探讨。

对历史学科来说,"2011 计划"可以研究协同、创新两个方面的问题。协同是为了打破科学研究中的分散、孤立状态,按照科学要求,整合研究的组织和学科。对于历史学科来说,各分支学科情况就很不一样,如考古学,本身就是需要协同的。一个是在考古发掘中,自然要和各地有关部门协同、共同进行,另一个是在研究中,需要许多学科协同,考古现在已经和自然科学关系越来越密切,因此和化学、物理、医学等的协同需求也越来越多。所以考古的问题,就是如何使这样的协同工作做得更好、更合理、更能有利于创新。

又如中国史方面提出的要进行民族学调查,全国性的当代史料的收集与整理,边疆、海疆的历史、地理、现状的调查与研究,那就更需要大规模的协同工作,而且由哪个学科、哪个单位牵头,也要根据具体情况而定。这样的工作是应该提上日程的,应该有单位尝试组织进行,为"国家急需"贡献力量。

但是,在历史学科中,中国史、世界史的大多数研究工作,仍然是以个人为主进行的。个人根据自己的学科、专长、兴趣等,选择题目,进行钻研,以论文、书籍的形式,发表研究成果,这种成果应该是一种创新,但这似乎没有什么协同。目前流行的协同形式,就是集体编书。集合若干单位的相关人员，研究某个课题，一般设立主编，参加者分工合作，共同完成这一课题，主编最后定稿，以多卷本形式发表成果。不过，这一协同形式已经为许多研究者所诟病，主要就是说这样完成的课题缺乏创新性。第一，现在是"群雄割据"的年代，史学界没有领袖式人物，主编负责制徒有虚名，一本书没有一个创新的指导思想，即使有也不能贯彻，所以往往各持己见，各行其是，最后成果也就没有什么创新了；第二，因为课题、项目满天飞，一个人往往同时负责若干课题，又参加若干课题，不能集中精力进行研究，只能以过去成果敷衍一番，就是所谓"炒冷饭"，没有什么新意，也就没有创新。许多研究者仍然主张，个人"皓首穷经"，潜心研究，才是出创新成果的正确途径。

那么，历史学科究竟是否需要协同，如何才能协同？

我认为，历史学科的协同，有两个方面的意义，一是打破学科之间的壁垒，二是打破单位之间的壁垒。历史学本来是无所不包的科学，它和许多学科都有联系，但是在高等学校中，由于按照学科划系，所以各系之间老师和学生的交流十分稀少。例如，历史学老师和从事经济史、哲学史、文学史教学与研究的各系老师就缺乏交流，不仅没有正规的渠道进行交流，私人之间也不大往来，就是本系的教中国史和世界史的老师，也不在一起切磋学问，互相也不看对方的著作。因为目前的学科划分越来越细，专门化的倾向越来越严重，所谓专家，就是专门搞自己的专门的一些东西，对其他学科不予关注，也没有这方面的知识。这样容易造成目光短浅，研究中不易提出宏观的问题，创新的问题，当然更不能解决这类问题。这种情况许多搞文科的人似乎已经习以为常，不认为这是一个问题。打破学科壁垒，我以为就是要从人做起，研究者要通过自己研究领域的需要，向其他学科跨越，向其他学科学习，在跨越中生发出创意，就会有新的题目、新的理论、新的方法，逐渐就会有创新的成果。

打破单位、部门之间的壁垒也是很重要的。一个学校内部，各系、院、所、中心，就往往有许多自身利益的考虑，协作并不容易。再跨越到本校之外的其他学校、科研单位、社会团体，由于原来的工作性质不同、条件不同、任务不同，看问题的立场、方法自然也就不同。团体利益考虑很不容易打破，组织、协调起来困难不小，所以这样的协作团体，需要边组织、边摸索、边工作、边改进，才能够逐渐形成好的运行机制，形成好的协同团队。

把不同的学科组织到协作团体之中，使之相互交流，形成新的、跨学科的研究目标，当然是有所创新的一个好办法。但我以为，重要的是参加这一工作的人应该首先有跨学科的知识训练，才能有共同语言，才能形成真正的协作，才能出创新成果。例如，把研究历史、政治、法律、经济、社会等不同学科的人组织在一起研究某个历史人物，由于参加的人仍然是只从本学科出发认识问题，所以各说各话，形成不了核心要素的共识，研究出来的人物仍然和不组织起来一样，当然没有什么创新。所以，打破单位之间壁垒的基础，是打破学科之间的壁垒，是人的学术素养的训练和提高。所以，从历史学科说，打破学科壁垒的协同，仍然是要以个人为基础的，这可能是历史这门人文学科的一个特点。

下面再说说创新的问题。

我们国家发展到了今天，对创新成果、创新人才的要求十分迫切，这确实是中华民族伟大复兴的关键。创新成果的取得要靠创新人才，所以社会上对人才的呼声很高。人才从哪里来？引进可以解决一部分，根本上还是得我们自己培养，所以社会上的目光都投向教育，对教育的期望很高，教育所受的责备也很多，有所谓"钱学森之问"，似乎新中国成立以来的教育，没有培养出什么创新性人才。这样的议论是值得反省和检讨的，它不仅完全脱离事实，也有隐含的不耐心和"大跃进"思维方式。在学术和文化教育上，急躁和没有耐心的结果总是欲速则不达。

我们的教育当然问题很多，有许多需要改进的地方，不过窃以为教育现在有两种倾向，一是"迷古"，一是"崇洋"。这个"古"不是古代，而是现代的"古"，说蔡元培的北大如何如何的好，说西南联大如何如何的好。蔡元培的北大，有当时的条件，才有当时的成就，今天这些条件已经一去不复返了，蔡元培活动在今天，也不可能解决今天的问题；西南联大的成绩，也是当时条件下造就的，今天也不可能复制了。他们的成就，我们可以研究、学习，可以按照今天的条件吸取其精神，但不可以迷信和夸大。

"崇洋"是说欧美的教育如何的好，所以能够培养出大师级人物，人家的学生善于创新性思维，我们的学生则死记硬背，跟着老师的路子走等。对西方教育的长处我们当然要学习，但也不能过多否定我们的教育。我国老一辈理工科专家大都留学欧美，其中也出了大师级人物，那是因为当时我们没有培养的条件。实验室条件差，自然就不可能培养出杰出人才。新中国成立以后，我们也培养出不少专家，其中也有大师级人物。举一个历史学家的例子不容易被承认，那么我想理工科的陈景润、王选，则应该是大师级人物，这是没有疑问的。还可以再举一个人文学科的例子，最近去世的耿世民，被称为中国突厥学第一人。他在古突厥语言文学方面，取得了世界瞩目的成就，深受欧美俄日同行赞誉，得到洪堡基金会给的"国际知名学者奖"，还得到世界阿勒泰学最高奖 PLAC 奖，也是大师级的人物。他们都没有留过洋，是我们自己培养的。

如何能培养出历史学方面的突出人才，说起来也就是老生常谈，一是要有广博的知识和深厚的本学科基础，即上面说的能做跨学科研究；二是要有理论性思维，善于发现问题和解决问题；三是要有社会实践的锻炼，这样才能使学生勤于思考，善于思考。现在，高等学校中历史学的教学环境、教学手段、教学方法，比起我们当学生的那个时候已经大有改进，教师不是填鸭式教学，学生也不是死记硬背。学生接触的信息量之大和那时真是不可同日而语，所以他们能够自己学习和思考，不再人云亦云。许多学校推行了一定的自由选课制度，利于学生的知识向广博发展。所以，固然不宜"妄自尊大"，认为我们的教育制度很好，但也不宜"妄自菲薄"，认为我们的教育制度处处不如人家。更重要的是，我们不能把培养人才的责任完全归之于教育。一个人才的出现、成长和天赋、家庭、受教育环境、社会整体发展水平都有关系，不是从小学念到大学、念到博士毕业就可以完成了。我们当然希望教育对社会和国家的发展能起一定的带动作用。但是在原则上，一流的高等教育只能在一流的国家里才能真正发展起来，起码按照人均标准社会经济还要进一步接近发达国家的水平吧，起码全国乡村的小学和中学应当基本和大城市的学校水平相当，而不是存在很多文盲和半文盲。这样思考，就可以心平气和地看问题、认识问题和解决问题。

总之，历史学要出创新人才和创新成果，仍然是以个人劳动为基础的。我们当然要运用协同创新的组织，推进创新人才和创新成果的出现，但也要注意学科特点，不做揠苗助长的事，而是努力设法在协同中鼓励和推进学者的个人研究。

以上所述，是一个老历史工作者、老教育工作者的体会，不是研究成果，也许已经失去时效，属抱残守缺之见，请大家批评指正。

（作者为北京大学历史系教授）

关于实施"2011 计划"的几点思考

瞿林东

"2011 计划"是"高等学校创新能力提升计划"，顾名思义，这个计划的宗旨和目的是提升高校的创新能力。结合近二三十年来的实践经验和我个人的一些见闻，我想到有关的几个问题，提出来同大家交流，不妥之处，请同行们批评指正。

一 关于"国家急需，世界一流"问题

作为科学研究计划，一般都要以产出实质性的研究成果为目的，尤其在关键性的研究领域显得更为重要。作为人文社会科学特别是历史学科，如何认识"国家急需，世界一流"的研究宗旨，是我们应当深入而严谨思考的问题。第一，国家安全问题是当前的迫切问题，如我国钓鱼岛、南海诸岛等，外国右翼势力对其有着明目张胆的侵占企图。面对此类国家根本利益和国家主权问题，历史学从历史上阐明真相，有不可推卸的责任。第二，维护国家统一和民族团结也是当前的重大问题。中国作为一个统一的多民族国家是历史地形成的，这是一个基本事实。但近代以来，殖民主义、帝国主义势力纷至沓来，企图分割统一的中国，散布种种荒谬"理论"，挑拨我国的民族团结。近年来，随着国际形势的风云变幻，这股逆流也时起时伏，威胁着中国国家的统一。鉴于这种严峻的形势，从历史和现实的结合上阐述统一多民族国家作为历史的产物是有其必然性的，中国作为现实的一个伟大的政治实体，是中国各族人民的福祉所在，是世界文明进程与和平稳定的重要推动力。这方面的重大研究项目与历史学关系极

为密切，也是"国家急需"范围之内的课题。第三，既是国家急需也是世界各国所关注的问题，也可以作为"2011计划"所考虑的范围，如"文明与毒品的较量"，一方面是近代中国人民自1840年以后百余年中经历的痛苦与抗争的历史，另一方面也是当今世界许多国家都面临的严峻现实。中国学者如能在这方面表现出深沉的历史感和面对世界文明进程所遭遇阻力的忧患意识，进而对世界历史前途给予更大的关注，做出从中国历史出发、面向世界的重大研究成果，将具有重要的意义。第四，"2011计划"还强调协同攻关，形成一些"中国特色，世界一流"的标志性成果，这同中国文化建立起传承创新体系有十分密切的关联。从史学上看，中国史学是有突出的优势的。概括说来，中国历史没有中断，中国的历史撰述没有中断，这是中国史学最鲜明的特色，其中，中国制度史的撰述与研究，值得格外关注，如杜佑《通典》问世于公元801年，其后有"三通""九通""十通"的流传，反映了中国制度文明的历史进程。我个人有一个肤浅的认识，为了传承这一史学上的奇观，由具备一定基础的学校牵头，组织全国的力量，编纂"民国通典""中华人民共和国通典"，是很有意义的史学工程；如果工作积极扎实，这样的撰述成果同样会流传后世。

上面所说，都与具体研究对象（或者说研究项目）相关，这是因为，没有真正明确的前沿课题，再好的政策，也难得产出计划本身所预期的"实质性的成果"。因此，我以为以政策项目做引导的思路和方法是非常必要的。这应当成为我们判断和评估某一具体平台的基本出发点。

二 关于机制体制问题

除了研究领域和研究项目的高起点和准确性定位外，体制机制改革是决定性的问题。这里有两层关系，涉及各有关单位或部门相互间的合作问题。一方面是牵头单位之间的关系，以及合作单位相互间的关系，如何处理得好，是协同攻关的关键所在。另一方面是个人同团队之间的关系，具体说来，是项目负责人同项目参加者之间的关系，如何处理得好，在很大程度上影响到项目的进程及最终成果的质量。当然，签订相关协议、明确各自的权利与义务，作为相互制约的一种手段是完全必要的，但更重要的是志同道合，即真正意义上的合作。因此，这种合作必须建立在自愿原则的基础上，以便于形成项目负责人对研究平台负责，而项目参与者对项目负责的机制。没有这样一个合理的、有效的运行机制，则往往会使项目的完成不断延期，甚至中断，以至于不了了之。这方面的经验教训实在太多了，不能不引起高度重视。

三 关于评估问题

协同创新的战略联盟以"国内一流，世界领先"的研究领域和研究项目定位，其目标异常明确。因此，对这一创新平台的评估从而视其是否准入，就成了必经的"关口"。这些年来，高校经历了许多种评估，成绩和问题都是有的。就问题来说，名校、名家多占有优势，一则是名校、名家在学术水平及各种资源上确有优势，二则是名校、名家的"印象分"也占有优势。这样，在评估上如果过多考虑"印象分"，就可能埋没了非名校、非名家的创新精神，堵塞了其创新之路。因此，"2011 计划"的评估，应当秉持不唯名校、不唯名家是听的原则，重在考察创新平台的研究领域、研究项目和学术团队的整体实力。为了实事求是地做到严格把关，建议考虑建立三级评估机制，初评为通信匿名评估，复评和终评均为会评，凡后期的评估都应对前期的评估做出自己的判断，并形成规范的文字表述存档，以备查询和商榷。至于评估中出现的种种不良行为，上级主管部门应当建立严格的监管机制。

"2011 计划"是一件新事物，需要在实践中不断探索，逐步前进，形成高校新的创新格局。历史学部有责任从不同视角提出意见和建议，供教育部主管部门和高校历史专业的同行们参考。

（作者为北京师范大学历史学院教授）

关于"2011 计划"的建议

冯天瑜

教育部制订的"2011 计划",甚具创新性和战略意义。近两三个月我参与武汉大学文科的 2011 协同创新中心的构思、设计,略有所悟。

第一,"2011 计划"有助于突破高校封闭的办学方式,突破学人象牙塔式研修的局限性,直面社会重大实际需求,促成校校间、校企间、校政间的深度合作。此计划若获切实有效的施行,有可能推动高教改革。

第二,"2011 计划"以"国家急需"为旨趣,自有深意。然而,对不同学科门类应当有所分梳,如工科与理科应有不同要求,社会科学与人文科学应有不同要求,不可一概而论。以文史哲等人文学科而言,不应当也不必要一概追求短时段的"急需"性。如若对此把握不当,有可能伤及若干重要学科领域的发展。听说现在有七八家申报与钓鱼岛等海疆有关的题目,表明大家对"国家急需"的热情,但若无较深广的史地政法研究,直奔"急需"未必有效。

第三,人才培养、基础研究、视野宏阔的战略论题研究至关重要。此次在讨论"2011 计划"、应对"国家急需"时,我们立即感到相关前沿人才贫乏、基础研究不足,包括过硬的系统资料准备不足、战略性学者欠缺等问题,而这些皆非急就章可解决,故一定要有着眼长远的规划,以保障规划的切实运作,美、德、以色列等的经验可供参考。

(作者为武汉大学历史学院教授)

历史学学部"2011 计划"专题讨论会纪要

一 "2011 计划"的基本背景

2012 年 4 月，教育部、财政部联合下发《关于实施高等学校创新能力提升计划的意见》（"2011 计划"）。"2011 计划"是政府对于提升高校科研能力的一项新的重大举措，以三个或三个以上单位的联合协作的方式加强科研交流，最终实现科研水平的提升。这对中国高校科研能力的提升是一个难得的机会，同时也是一项艰巨的挑战。

由于此项目最初的实施对象是理工科，因此采用的模式也是理工科的首席科学家模式，而对学理完全不同的人文学科而言，其实施模式应该采用什么方式仍然处在讨论阶段。因此，教育部社会科学委员会历史学学部举办专题会议，与会专家对如何确定协同创新的方向和领域、如何组建协同创新中心和如何推进有利于协同创新的机制与体制改革提出了许多的意见和建议，以促进"2011 计划"的实施。

二 "2011 计划"的实施意见

李剑鸣教授谈到，现今已有部分单位启动了协同创新中心的培育工作。其中北京大学与南开大学和中国社会科学院欧洲所联合创建了"世界文明与区域研究协同创新中心"，建立北美平台、欧洲平台、东亚平台、拉美平台、西亚北非平台、综合平台共六个平台，三个单位按照自身特长和特色分工合作。此项目的培育工作已启动，引起了教育部的重视，教育部副部长李卫红等领导参加启动仪式，并对该中心的准备工作给予肯定。姚乐野处长也提到，四川大学迄今已参加了三个中心的培育活动：复旦大学组织的"金砖国家研究中心"、南京大学组织的"南海问题研究协同创新中心"和武汉大学组建的"长江文明协同创新中心"。

针对首席科学家和"1＋N 模式"对于人文社科发展的个性特征，葛剑雄教授认为，大规模的项目有可能会由于题目涵盖范围过大而造成大而不当，或者仅是松散的组织等问题，最后没有实际研究成果。姜义华教授也指出历史学科也曾取得与"1＋N 模式"相似的学术成就，例如，20 世纪 80 年代，林志纯先生以东北师范大学为基地，联合国内多所院系的学术力量，组建了一个古典文明研究中心，培养了许多优秀的研究人才，有许多成功的经验值得学习。阎步克教授认为，协同创新落实到某个具体课题的研究可能会更具重大意义，如姜先生所言学术史上的确有成功示范，但是这种方式并不是常规推进学术发展的方式，也不是对任何学科和学校都适合的。目前，北京大学文史哲专业在考虑启动相关协同创新中心的培育工作，但是在操作上还存在许多实际问题。首先，由于"2011 计划"规定要采取"1＋N"的合作方式，而这种方式与学术研究成果的取得实际上没有太大关系，反而会让学校更多地考虑诸如学校之间如何相处、如何组织等许多与学术研究不相干的问题。其次，这是一个新事物，没有可供参考的示范，导致学校无从入手。有鉴于此，阎步克教授建议，除了已经实施或成型的计划，其他高校在考虑实施计划时还是尽量按照世界上通行的传统的、经典的项目申报方式进行，尊重学术规律，进行具体的、实际的研究。对此，瞿林东教授也强调，在实施"2011 计划"时，一定要注意严格把关，界定好创新的内涵，真正实现科研的创新。

在推进"2011 计划"顺利实施的机制建设问题上，瞿林东教授指出，"2011 计划"除了研究领域和研究项目的高起点和准确性定位外，机制体制改革是决定性的问题。他认为关于机制建设有两层关系即建立"协同创新的战略联盟"，涉及各有关单位或部门相互间的合作问题。两层关系一方面是牵头单位之间的关系以及合作单位相互间的关系，如何处理得好，是协同攻关的关键所在。另一方面是个人同团队之间的关系，具体说来，是项目负责人同项目参加者之间的关系，如何处理得好，在很大程度上影响到项目的进程及最终成果的质量。当然，签订相关协议、明确各自的权利与义务，作为相互制约的一种手段是完全必要的，但更重要的是志同道合，即真正意义上的合作。因此，这种合作，必须建立在自愿原则的基础上，以便于形成项目负责人对研究平台负责、而项目参与者对项目负责的机制。没有这样一个合理的、有效的运行机制，往往会使项目的完成不断延期，甚至中断，以至于不了了之。这方面的经验教训实在太多了，不能不引起高度重视。

就如何组建协同创新中心的问题，与会专家纷纷强调了人才培养模式的重要性。李剑鸣教授认为人才培养模式的改革是协同创新中心的重要工作，但这一工作不是某个单位能够单独完成的，而涉及学科目录、人事制度和课程体系等多方面的调整和探索。他还就如何把历史学和外语结合在一起培养外国史研究生的问题发表了意见。姜义华教授指出要把重点放在人才培养上，支持国外留学，以跨学科、跨学校和国外联合为模式，实实在在地培养专业人才。冯天瑜教授也针对当前相关前沿人才贫乏、战略性学者欠缺的问题，提出要有着眼长远的规划，加强人才培养，并建议参考美、德、以色列等国的经验，切实运作规划。王建新教授还就当前考古学人才缺乏的现状建议把一批人送出去。他认为东南亚、印度、北西伯利亚等地都需要培养人。而目前的培养方式存在很大的问题，这既与学生有关，又与体制有关。大批人送出去回来了，但他们在外国拿的还是中国考古的学位，导致现在只有中国考古学家，其他地区的考古学家却很少。因此，他建议可以让老师、博士以不以学位为目的的方式出去学习和研究，进而推动考古学领域的国际化。

关于协同创新的评估定位，瞿林东教授认为协同创新是以"国内一流，世界领先"的研究领域和研究项目定位的战略联盟，其目标异常明确。针对这些年高校评估由于存在名校、名家在学术水平及各种资源上的优势以及名校、名家的"印象分"优势而导致在评估上出现过多考虑"印象分"，并因此埋没了非名校、非名家的创新精神，堵塞其创新之路的问题，瞿林东教授指出，"2011 计划"的评估应当坚持不唯名校、不唯名家是听的原则，重在考察创新平台的研究领域、研究项目和学术团队的整体实力。为了实事求是地做到严格把关,他建议考虑建立三级评估机制,初评为通信匿名评估,复评和终评均为会评,凡后期的评估都应对前期的评估做出自己的判断,并形成规范的文字表述存档,以备查询和商榷。至于评估中出现的种种不良行为,上级主管部门应当建立严格的监管机制。

三 "2011计划"协同创新的方向和领域

葛剑雄教授提出,第二次全国范围内的民族调查对于国家的长远发展和历史学学科发展都是有极大意义的。随着社会的发展和现代化的进程,越来越多的民族特色和民族文化在逐渐丧失,及时做好民族调查对于保存中华文化和维护民族稳定都是有着巨大意义的。因此,可由历史学、民族学、社会学等学科组成协同创新中心,推动中国新一轮的民族调查与研究。

姜义华教授赞同再次进行民族调查。他主张将民族学、历史学和语言学等联系起来,跨学科地对中国民族的历史问题进行研究,既能促进历史等学科的发展,同时还能让相关部门就民族问题提出意见和建议。他还建议,可以对中国行政疆域问题进行研究,把古代历史上的行政区划与现今状况相联系,分析现存行政区划的合理性与不合理性以及官制问题,论证中国实行大一统的合理性。

霍巍教授提议,考古学和古代史作为基础学科,对现实社会的服务性较少,但是国家也应该加强对基础学科的重视。实际上,考古学的隐形作用是巨大的,如果国内的考古工作领先世界研究,无疑会增强国家在世界范围内的话语权竞争力;同时,通过考古的田野调查和实践,考古学可以承担起文化交流的桥梁作用。而中国考古学发展到现在,与外国考古学在技术、手段上存在巨大差异,如果通过创建相关的协同创新中心,加强对考古工作的支持,那么考古学在中国这片大地上一定能够做出一番成绩。

葛剑雄教授提议,与中国交好的邻国中的许多国家在经济发展上仍然处于较落后水平且具有丰富的文明遗存,因此可以考虑开展境外考古,这样既可以促进我国考古事业的发展，同时也能促进与其他国家之间友谊的建立。姜义华教授附议说，为适应我国现有政府体制，可以开展以丝绸之路为核心的沿线考古，境外考古可以从丝绸之路延伸到的与中国相邻的中亚地区开始做起。可考虑以此为中心建立相关的协同创新中心。

葛剑雄教授还提出，基本史料的整理、利用是历史学学科发展的关键和基础，建议联合各大高校和国内几个中心图书馆对历史研究的基本资料进行高质量的整理，同时顺应时代要求，利用先进技术，将材料数字化，建立共享平台，提升基本史料利用的可能性。这也是协同创新的一个重要方面。马敏教授从国家支持的角度出发，认为各个高校应该充分、合理地利用国家的专项资金，大力推动历史学基本资料的整理和出版。桑兵教授从自己整理史料的实际经验出发，提出基本史料整理、数字化需要大量人力、物力和财力的支撑，这是一所或者两所高校无法独自完成的，建议向相关部门反应情况，引起政府对基本史料整理的关注。同时，他还指出对于资料的整理不应只停留在已刊登或出版的资料，还应加强对未刊资料的整理，避免珍贵资料无人知晓、无法利用的情况出现。霍巍建议尽早建立陆地边疆、海疆考古地图数据库。随着现代化的发展，许多地方原有的很多建筑都没有了，建立考古地图数据库对于历史学学科发展是极有利的。

四　总　结

瞿林东教授总结说，经过讨论，此次会议对于确定协同创新的方向和领域、组建协同创新中心和推进有利于协同创新的机制与体制的改革提出了几项具有极大意义的意见和建议。在积极推行实施"2011 计划"的时候，要做到一切从实际出发，尊重学科规律，做出有实际意义的研究。考虑到于"2011 计划"的模式和要求，结合历史学科的实际，会议建议以"民族调查与研究""丝绸之路与跨境考古""中国行政疆域的历史沿革""历史资料的整理、利用和数字化建设"等主题创办协同创新中心。

（作者为四川大学黄茂、邓单丹）

历史资料的整理、研究与学术水平的提升

瞿林东

历史资料是历史研究的基础，在这个问题上，史学前辈多有精辟的论述和专门著作的出版。例如，荣孟源的《史料和历史科学》（人民出版社，1987）、翦伯赞的《史料与史学》（北京大学出版社，1985）、谢国桢的《明清史料笔记谈丛》（上海古籍出版社，1981）等，都为我们所接触，读后都有许多启发和教益。

更为重要的是，历史资料的有系统的整理及其出版，为一代又一代史学工作者创造了条件，进而使一些研究者建立起自己的研究领域，获得学术上的成就，以至卓然名家。例如，中国史学会主持下编纂的《中国近代史料丛刊》和《中国近代经济史资料丛刊》就发挥了这样的作用。

我读大学本科时，在教学方面，有《中国通史参考资料》八册和《中国近代史参考资料》两册，是对教学的补充，可供学生课外研读，对保证教学质量产生了积极的效果。

这些年来，由于数字化的发展，人们对于资料的掌握、搜寻和利用已大大超过了以前，这是科学技术的发展所带来的进步，是社会发展的大趋势，也是学术工作发展的大趋势。在这种趋势下，许多学术工作者创造了优秀的学术成果，因为他们既懂得利用数字化带来的高效率，也了解传统方法的历史资料整理工作的重要性，两者结合，可谓"如虎添翼"。但是，有一些学术工作者不甚了解传统的历史资料整理及其成果的重要性，在数字化的"茫茫大海"中，并未建立起来扎实的、系统的历史资料整理的理念和能力，而使自己的研究工作基本上处于从搜寻资料到连缀成文的状态，这就缺少了一个从认识历史资料到认识历史的艰苦的过程。有鉴于此，我

在这里还是要"老调重弹"，讲一讲传统的历史资料整理、研究对于提升学术水平的重要性，希望不至于成为"多余的话"。

一 关于原始性资料的编年

已故著名史学家杨翼骧教授以研究中国史学史闻名于世。杨先生研究中国史学史的突出特点，是重视学科的基础建设。他从 20 世纪五六十年代起，即着手清理中国古代史学发展的过程及其代表性成果，分阶段地编纂《中国史学史资料编年》。至 1987 年出版了第一册（先秦至五代，南开大学出版社，下同），1994 年出版了第二册（两宋时期），1999 年出版了第三册（元明时期），共百余万言。它的编辑体例是：

一、本书系将先秦至清朝末年比较重要的史学事迹按年编列，以为学习和研究中国史学史的参考。

二、引录的文字，以原始资料和最早记载为主。后人的论述，除对于考证史学事迹确有必要者外，都不具录。

三、所标年代首列公元纪年，次列各朝帝王的年号及年数。但在分裂割据时期，同时并存的政权大都在两个以上，如全部胪列则嫌烦赘。今为简明扼要起见，在公元纪年之后，仅列其与某年史学事迹有关的王朝年号及年数，无关者从略。

四、有些著作在过去的目录书中虽曾列入史部，但现在看来不应属于史学范围的，如地理、仪注、刑法、神仙鬼怪传记等，都不具录。地方志除有特殊价值者外，一般亦不具录。

五、史家的生平事迹，只列其主要经历及有关史学的著述活动，其他如政治、军事、文学、哲学等方面的事迹，都不具录。

六、所列事迹的年代，如引录的资料中没有明文记载，则加案语以说明编于某年的理由。有些事迹，仅知在某朝，而不能考定其确实年代或大约年代的，则附编于某朝灭亡之年。

七、有些史书，虽不能考定其著作年代，但知其作者的卒年，则编于作者卒年之下。

八、史家的生卒年代都可考知的，除对于史学有重大贡献者外，一般只列卒年，不列生年。①

此书是一部"主题编年"的资料的书，它的特点是选择中国史学上有重要影响或重大意义的事件、史家、史书，分别提炼其主题或要义，以明确的文字标目，继之以简洁的概述并适当征引原始历史资料中的文句。凡需要考订年代者，则附有编者按语，予以考订；凡一时无法考订者，则予以存疑，并置于适当位置。全书以年为经，以事为纬，使人读来一目了然。全书以编年形式的面貌展现出来。

此书并非收录有关原始资料全文，而是以事目概括其所涉及的历史资料，故本文称之为"主题编年"。其优点有三：

第一，以年代为序反映史学发展中的事件始末、史家活动、史书编撰，认真读来，则可知某一历史时期史学发展之脉络、梗概，成为初学者探寻路径的"向导"；

第二，编者视野开阔，所收事目（主题）不限于史部之书，这对专业研究者来说，也具有参考价值或提供了进一步研究、考察的空间；

第三，书中所做的按语或考证，提出了编者的一家之言，对推进某一具体问题的深入讨论具有启发意义。

2013 年是杨先生辞世十周年，杨先生门下以乔志忠教授为首，经过数年的努力，完成此书的第四册（清时期）60 万字。四册合成共 160 万字，由商务印书馆同时推出，以嘉惠学林，这不仅是中国史学史研究领域的一个重要成果，也为学术界同人做原始性资料编年提供了有益的借鉴。

二　关于原始性资料的分类编纂

近十几年来，在全国展开的《中华大典》编纂工作，可视为对原始性资

---

① 杨翼骧编：《中国史学史资料编年》（第一册），例言，天津，南开大学出版社，1987。

料的大规模的分类选编工程。由于工作性质的需要，我主持了《中华大典·历史典·史学理论与史学史分典》的编纂事宜。自1994年至2007年，这项工作断断续续用了十几个年头才得以完工出版（上海古籍出版社，2007）。

由于专业上的关系，我和我们的团队对这项工作是十分重视的。但是，尽管如此，我们还是深深感到它的难处：一是分类难，二是选编难，三是校对难。

关于分类问题，既不能脱离原始性资料的本来含义，又要使其具有时代特点，使人读来得体、自然，进而便于理解、使用。根据这个思路，我们把《史学理论与史学史分典》划分为三个"总部"，即历史理论总部、史学理论总部和史学史总部。历史理论总部下设12个部，即论天人、论古今、论地理、论时势、论华夷、论国家、论正统、论分封、论兴亡、论鉴戒、论风俗、论人物。史学理论总部下设4个部，即史学功用、史家修养、史学方法、史学批评。史学史总部下设36个部，即史学通览、先秦史学、编年体史书、纪传体史书、纪事本末体史书、典制体史书、起居注、时政记、日历、实录、国史、会要、训诂、方略、传记、谱牒、方志、民族史、地理书、边疆史地、域外史地、历史蒙求、杂史、笔记、学术史、史论、史注、史考、史表、史官、史馆、史钞、目录、史评、史家传记。在分类过程中，一方面要讲求体例，但又不能拘于体例，而应根据实际情况有所变通。例如，史学史总部分成36个部，大致是按史书的性质或内容区分的，但先秦时期的史书较少，且难以分类，所以起首便设立了"史学通览"和"先秦史学"两个部，以期对先秦史学做总的概括。又如在史学发展过程中，相关的诏令奏议占有重要地位，但其常与其他各部相重复，我们根据出版社的建议删去此部，而将其内容分别编入有关各部。总之，关于分类问题，一方面要考虑到古今相宜，一方面也要在讲求体例的原则上做适当变通，否则要么顾此失彼，要么自缚手脚，下一步的工作也就难以开展了。

关于选编工作，这在烦琐的程度上，其难度又远过于分类。这是因为：第一，中国史书浩如烟海，尽管有分类列出标目，但在相应的标目之下，怎样才能做到既准确又有重点，这是主持人和所有参与此项工作的同行都没有十分把握的；第二，由于所费时日长久，参与此项工作的人手不断发生变化（我主持这项工作时，从1994年入学到2004年入学的博士研究生都参与其中），从而带来了许多麻烦和困扰；第三，有许多未经整理出版的重要古籍，因无法复印而失载的情况多有，成为一桩桩憾事。

关于校对问题，不论是初稿同原文的校对，还是排印稿同初稿以及原文的核对，由于参与者程度的不同，往往出现太多的讹误，成为原始性资料整理、选编、出版最难把控的一道"关"。

以上三个难点，环环相扣，不论哪一个环节有所失误，都会殃及全书。由此可见，关于原始性历史资料的整理，确是一件极为重要而又极其困难的工作。

在这些困难面前，当然也存在着不断克服困难的方法和途径，一是不断自我反省，提高工作水平和工作质量；二是诚恳地、虚心地对待出版社工作小组提出的批评和建议。今天回想起来，《史学理论与史学史分典》历经十余年而最终得以面世，一是我们这个团队的坚持，二是出版社方面的严格把关。几十次的长途电话通话（当时还没有普及手机）和一二十次的书信往返，使编者与出版者及时交流从而达成共识。从我个人来说，是从内心深处感谢上海古籍出版工作小组的几位资深编辑，不论他们的批评多么严厉、多么尖锐，我都能认识到这是在为出版物的面世扫清障碍。正因为如此，在十多年的合作中，不仅颇有收获，而且心情愉快。

如果说，上面所写的这些，也能勉强称为"经验之谈"并有一点参考价值的话，那就是对我极大的安慰。

三 关于研究性资料的历史述评

一般说来，学术研究的传承创新，离不开对于相关研究领域的学术史考察。这种考察至少可在以下几个方面给研究者提供参考：一是该研究领域发展的脉络，二是在这一脉络中前人提出了哪些问题，三是其中哪些问题已经有了相当深入的研究，四是哪些问题还尚待研究，五是研究者本人在考察中发现的新问题。

如果我们把这种学术史考察的对象名之曰"研究性资料"的话，那么对这种资料的整理和评价，也是资料整理工作的一个重要方面。这里，我举杨翼骧先生审定，乔治忠、姜胜利二教授编著的《中国史学史研究述要》一书（天津教育出版社，1996）为例，做一简要的说明。

该书包含八章，第一章为绪论，论述中国史学史研究对象、学科特点、研究的意义及研究方法等方面的问题。第二章至第四章是研究状况概述（上中下）。第五章至第八章分别介绍研究中国史学史的基本史料、参考书、工具书及重要论著索引。总起来看，这是一本指导中国史学史研究的入门之书。

这里要着重讨论的是该书的二、三、四章，即研究状况概述上、中、下三篇。其上篇概述了中国史学史的基本理论、中国史学史总论、中国史学史的起源及先秦史学、秦汉史学、魏晋南北朝史学；中篇概述了隋唐五代史学、宋辽金元史学、明清（1840 年以前）史学；下篇概述了近代的非马克思主义史学、近代的马克思主义史学。这三篇概述，把前人对于上至史学的起源、下至近代马克思主义史学的研究做了历史性的述评，使这一研究领域的发展脉络、主要问题、各家观点、代表性成果等具体状况都展现出来。这种关于研究性资料的历史述评，对后起的研究者具有重要的参考价值。诚如该书《后记》所说：

> 近年以来，中国史学史研究的学术队伍日益壮大，呈现出兴旺的发展前景。而凡是学术事业，知故方能创新，只有了解已有的研究状况，才可作进一步的探索。所以，我们不揣浅陋，特编著此书，力图向学术界集中地提供中国史学史研究已达到的水平，但愿可为海内同人提供一些信息、线索。本书努力将学术性、资料性、工具性融合于一体，以适应初学者和研究者不同层次的需要。全书内容以介绍解放后国内的研究状况为主，时间下限止于 1987 年，此后发表之宏篇巨论，留待将来续补。（见该书第 457 页）

由此可见，提供信息，本是编著者的初衷。但是，从该书的内容来看，只有对相关领域有相当的研究，才能提供高水平的、真正有参考价值的信息。以唐代史学中关于刘知幾史学的研究为例，编著者就任继愈、侯外庐、白寿彝、杨翼骧、王玉哲、程千帆、傅振伦等老一辈学者对刘知幾及其《史通》的研究和评论一一做了概述（见该书第121～125页），从而使后继者得知关于刘知幾及《史通》的研究进一步探索的路径、重点、方法等，得到许多启示，显示出对研究性资料做历史述评的价值所在。

又如中编部分内容之一"对于司马光《资治通鉴》及其相关问题的研究"标目之一，首先介绍了《资治通鉴》一书的编撰及司马光的其他论著，同时追述北宋以至于清朝，后人对《资治通鉴》的研究，涉及注释、续作、改编等。其中着重强调了元初胡三省的《资治通鉴音注》，明末清初严衍、谈允厚的《资治通鉴补》，突出了近代梁启超、章太炎对《资治通鉴》的评价，指出崔万秋的《通鉴研究》和张须的《通鉴学》是对《资治通鉴》研究的总结性专著。新中国成立后，由于《资治通鉴》研究受到更为广泛的关注，该书编著者则按专题研究予以概述，这些专题是：关于《通鉴》的编修分工及其过程，关于司马光的政治态度，对司马光历史观点的评论，对《资治通鉴》史学地位和史学方法的评介，对司马光其他著述的评介，对《资治通鉴》参修人员的研究等。其征引的研究范围，有翦伯赞、陈千钧、柴德赓等老一辈学者的论著，也有许多后起的中青年研究者的文章，展现出《资治通鉴》研究的历史和现状（见该书第134～142页）。这是把历史述评和专题介绍结合起来了。

有志于此道的专业工作者，若在此基础上，略仿该书的体例，编著自1987年以来二十余年的《中国史学史研究述要续编》一书，一定是很有意义的。

四 关于研究性资料的分类汇编

与研究性资料历史述评互为补充的，是关于研究性资料的分类汇编。其实，对于研究性资料所做的历史述评中，也必然包含着分类的原则。例如，上述"研究状况概述"中篇之"关于隋唐五代史学"，在按"隋朝""唐朝"顺序概述中，对唐朝史学即按"对唐代官方史学的研究""对刘知幾史学的研究""对杜佑《通典》的研究"三个分类予以概述，这是于历史述评中包含着分类汇编的体例。当然，在这种情况下，不论是历史述评，还是分类概述，都不是研究性资料的原貌，而是经过编著的"述评"的文字。

这里要讨论的研究性资料分类汇编，是在保持研究性资料原貌的基础上所做的分类汇编。

2001年，北京大学陈平原教授受湖北教育出版社的委托，出面主编"20世纪学术文存"大型丛书。我受陈平原教授之约，编纂了这一多学科的大型丛书中的《中国史学史研究》分卷（湖北教育出版社，2006），确切地说，是编纂一本"20世纪中国史学史研究文存"。编纂的要求是：编者撰写一篇四万字左右的《导言》，选编约占四万字篇幅的论著目录索引，而主体是三十余万字的文选。

陈平原教授在总序的最后一段文字中这样写道：

> 本丛书之兼及"史家眼光"与"选本文化"，要求编纂者将巨大的信息量、准确的历史描述，以及特立独行的学术判断，三者有机地融合在一起。这样的工作，虽不属如今大受推崇的"个人专著"，但借此勾勒出20世纪中国学术史的若干面影，并给后来者的入门提供绝大方便，在我看来，"功莫大焉"。（见该书第3页）

文中所说"三者有机地融合在一起"，谈何容易？"三者"中哪一条都不容易，尤其是"特立独行的学术判断"，我本人更是不敢以此自诩。假如我要是早些读到这篇总序并经过认真的考量，那就只好望而却步了。可见这件事情是带有"冒险"性质的因素的。但是，作为专业研究者，还是应当有这样的责任感和使命感，即使编纂出来的东西存在这样那样的缺点，引起人们的关注以至于矫正，也是值得的。这些都是后话，当时并没有想得那么多。当然，还有一点，是不便推却陈平原教授之约，这也是实情。

20世纪的百年中，中国史学史研究的论文至少有两三千篇。作为"文存"，这里碰到两个问题：一是选哪些论文？二是按什么体例编纂？这就是"总序"所说的"史家眼光"和"选本文化"。其实这两个问题是有内在联系的，即"选文"时自然要考虑到编纂体例的要求；换言之，在一定的程度上说，或多或少都会考虑到将体例的合理性作为取舍论文的标准之一。两者结合得适当，庶几成为一个好的选本，一本有参考价值的"文存"。

根据中国史学史研究的特点和诸多论文呈现出来的不同面貌，我对"选文"部分做了这样的界定：

> 凡论史学而及于史学发展者，以及对中国史学史研究的过去与现状予以评论者，编为总论。凡对中国史学史作贯通的研究并对此作概括之表述者，以及提出与此相关之论述者，编为通论。凡论某一时段之史学发展概况者，编为分论。凡论述中国史学史上重大专题者，编为专论。以上，均按发表时间先后编次。（见该书第 57 页）

这是把所选之文按其内容分为总论、通论、分论、专论四类，而每类之中又按其发表时间先后编次。这就是说，对于研究性资料，在采取分类汇编的基础上，其中也部分地包含历史考察的因素，即在同一类文章中亦可略窥其"学术史"源流。

顺便说说，根据大致相同的原则，我曾主编了一部十卷本的"20 世纪二十四史研究丛书"，以"二十四史"中各史地位及研究状况，或一史单独成卷，或数史合为一卷，皆选择有代表性的研究论文汇编成卷。其标目分别是：20 世纪二十四史研究综论，《史记》研究（上下），《汉书》研究，《后汉书》《三国志》研究，《晋书》、"八书""二史"研究，新旧唐书与新旧五代史研究，《宋史》研究，《辽史》《金史》《元史》研究，《明史》研究。这一方面可以反映出 20 世纪中，学人对于哪些"正史"研究得最为深入；另一方面也可以了解"正史"研究中存在哪些薄弱环节。从性质上看，这部丛书也可视为"20 世纪二十四史研究文存"。对于研究性资料做分类汇编的各种类型，还可以举一些来，它们大多能够起到推动各相关领域进一步研究的积极作用。

　　这篇小文就原始性资料和研究性资料的整理、编纂问题谈了一些想法和做法，这同当前历史资料的数字化建设比较起来，实在是过于陈旧了。我对于数字化的理论和手段一窍不通，自然也讲不出什么章法来。我写这篇小文，只是基于如下的一点模模糊糊的认识，那就是：历史资料的数字化，似乎也不能缺乏最基础的研究，如会通思想与类例思想及其实际运用，这对于数字化的编制程序与检索方法是很重要的。

　　前人在历史资料的整理和编纂方面给我们留下了丰富的遗产，我的这些认识和做法，都是直接或间接受到前人的启发。重视这些遗产，对于今天我们在历史资料整理工作上的传承创新，对于当今学术水平的提升，仍具有参考价值。

（作者为北京师范大学历史学院教授）

推进原始古籍的数字化建设

沈乃文

一

今天，人文学科研究已经进入了以计算机处理和网络通信为基本手段的时代。为人文学科研究提供所需文献资源的服务，也已经进入了以资源数字化和网络通信为基本方式的时代。文献资源数字化和网络通信在技术上已经没有应用障碍。

今天人文学科研究所需文献资源服务的对象，绝大多数是高校人文学科的学生、教员，和研究人员。由于自身承担的科研任务的压力，使他们产生了对文献资源的迫切需求。

二

人文学科研究所需文献资源分为当代文献和古代文献。

当代文献将纸本数字化的瓶颈在于著作权的限制，这听起来问题很大，但从国际到国内，这一转换的进展很快。其途径有：第一，作者授权、立法授权给出版单位，或作者自行发布电子版；第二，企业做数据库销售；第三，使用者将纸本转换为电子版自己使用，而后上传到网上，实现社会共享。目前学生、教员、研究者所使用的当代文献，相当多的部分是在网上下载的电子版。

古代文献（通称古籍）又分为两类。一是原始古籍，即在古代抄写或刻印的、图书馆严格控制借阅的线装书。二是当今出版社出版的平装本，也称新印古籍。新印古籍再分两类。一是古籍文字的整理重排本。二是原始古籍的图像影印本，多数汇印为丛书。

古籍文字的整理重排本和原始古籍的图像影印本的情况，与当代文献相同，主要按第 2、3 两种途径转换为电子版。目前学生、教员、研究者所使用的古籍全文版和原始古籍的图像影印版，相当多的部分也是在网上下载的电子版。

三

出版纸本的古籍整理重排本和/或原始古籍图像影印本，只能是原始古籍中有限的一部分，不可能也不需要将原始古籍全部出版为纸本的整理重排本和/或图像影印本，而人文学科研究需要穷尽所能找到的文献资源，从而得出前所未有的研究成果，所以必须要阅读相当一部分原始古籍。但是原始古籍存世稀少，分散于各地，保管严格，阅读不便，形成了人文学科研究在获得必需的文献资源服务上的困难，年复一年，矛盾日益尖锐，使用者将借书视为畏途，迫切需要找到解决办法。

2007 年国务院办公厅发布《关于进一步加强古籍保护工作的意见》（国办发〔2007〕6 号），第五条明确指出"进一步加强古籍的整理、出版和研究利用。制订古籍数字化标准，规范古籍数字化工作，建立古籍数字资源库"。

原始古籍的数字化和网上服务，既是保护原始古籍的最好方法，又是学生、教员、研究者在获取原始古籍资源时，可以克服时间、空间障碍的最方便、最快捷的方法，可以有力地促进人文学科研究，因而早为学界所至盼。在既有中央意见，又无著作权限制的情况下，理应组织实施，尽快落实。

四

六年过去了，原始古籍数字化的进展缓慢，没有国家级项目，只有企业之作。

目前在一线使用的，只有内地的基本古籍库和香港的四库全书库，以及其他一些小库。成绩是给使用者提供了方便，以下只说问题。

第一，企业数据库的思路仍然是卖书，换成数据库的形式卖给图书馆，赚取利润。在不同的数据库之间，所包含的书往往有相当一部分是相同的。与纸本的印刷出版不同，数字产品的拷贝只是举手之劳，因此让购买者重复购买数字产品是不应该的，问题是卖数据库的形式造成的。

第二，为了把没花钱的使用者挡在门外，各数据库都设置了独特的技术手段，造成使用者不胜其烦。有的图书馆因而开办培训课程，训练使用者。如此给使用者增添麻烦，也是数字时代所不应有的，问题也是卖数据库的形式造成的。

第三，基本古籍库和四库全书库都是以原始古籍的图像版和全文版相对照的，对于使用者来说是非常好的。然而由于图像版的相当一部分是转自新出版的纸本图像影印本，又由于新出版的纸本图像影印本的图像质量比较差，没有灰度，存在失真和不能反映原始印刷部分和后来手工补写部分的区别等问题，一直在国际和国内受到批评，以致再转成的数字化产品也不能达到使用者的希望和要求。这个问题是企业能力的局限所造成的，也就是说，企业不能够或不愿花太多的钱从图书馆得到合格的原始古籍图像。

五

只有直接用原始古籍，按照规定的图像数据加工标准扫描或拍照，获得数字位图，才能比较逼真地反映原始古籍的原貌。只有在网上提供开放性服务，而不是卖数据库，才能达到资源共享的目的。在这方面，国外走在前面。

美国有国会图书馆、哈佛大学哈佛燕京图书馆、普林斯顿大学葛斯德图书馆，以及与中国台湾傅斯年图书馆合作的中文善本数位典藏计划。其中哈佛燕京图书馆目前已上线273种珍善古籍，其中有不少精抄本。显示为 JPG 图像格式，点击 Printable Version 可转换为 PDF 格式。

日本有东京大学东洋文化研究所的汉籍善本全文影像资料库。从 2002 年开始建立，在网上免费提供开放性服务。可按照经、史、子、集四个部进行分类浏览。数据包括东洋文化研究所和一些专藏文库中的珍贵宋、元、明、清善本和民国时期抄本，以小说、戏曲为大宗，具有重要的史料价值。

六

我国原始古籍数字化和网上服务有收藏权的瓶颈，有收藏单位行政管理系统条块分割的瓶颈。由于数字化的服务对象——各类研究者的呼声微弱，各藏书单位对于将自己存有的原始古籍数字化、建库、提供网上服务缺乏自身动力，长期等待巨额投资，处于被动状态。

满足人文学科研究所需的原始古籍数字化和网上服务的规模，应该在十万品种之上，这是一个很大的规模，涉及相当多的收藏单位，运作当然应该是国家行为。企业没有这么大的号召力和实力，同时如此项目也不能以为企业争取最大利润为目标。但是国家什么时候会投资？以何种形式组织运作？不能预知。

七

持续等待总不是办法，目前需要的是采取切实步骤，给原始古籍的数字化建设一个推进。

海内外都有一些公益性的自助餐式的古籍资源网站，由几个人建立和维护，古籍数据库由社会共建共享。网友可以免费从网站下载资源，同时也自愿把自有的数字资源上传到网站，提供给他人。几年之间，有的网站已积累古籍资源达数万种之多。这样的形式或者可以参考。

基于全国高校人文学科研究队伍是原始古籍资源数字化服务的主要对象，教育部社会科学委员会迫切需要加快原始古籍资源数字化服务的步伐，以促进全国高校的人文学科研究的发展，可以研究考虑向教育部申请建立原始古籍资源数字化服务项目，每年拨付必要的经费，设立原始古籍资源数字化服务网站，发布图像数据加工标准，组织和发动有关藏书单位（首先是高校）自愿上传自藏的原始古籍数字化数据，只要符合图像数据加工标准，就按照规定给予一定金额的报酬，予以鼓励。以全社会的群策群力，共建共享，不用太久，必可开创原始古籍数字化建设和服务的全新局面。

八

"中华字库"工程是国家新闻出版重大科技工程，于 2006 年列入《国家"十一五"时期文化发展规划纲要》，于 2009 年列入国家《文化产业振兴规划》，是引领中华文化步入信息化、数字化时代的先导性、奠基性工程。目的是要"建立全部汉字及少数民族文字的编码和主要字体字符库。重点研发汉字的编码体系、输入、输出、存储、传输以及兼容等关键技术"。完成后的"中华字库"，预计可编码字符数在 50 万左右（汉字古文字约 10 万、楷书汉字约 30 万、各少数民族文字约 10 万），力争达到能对我国所有的出土、传世文献和当代文字作品进行数字化处理，全面打通信息化的发展瓶颈，使中华各民族文字的使用、中华文明的普及与传播更加方便和高效。预计经费 4.8 亿，5 年完成。

由上可知，"中华字库"工程是以对现存原始古籍图像进行文字识别和自动处理为目标之一的。特此附列，以供参考。

（作者为北京大学图书馆研究馆员）

中国族谱资料的整理、研究和数字化建设

常建华

在中国传统文献当中，族谱（或称家谱、家乘、宗谱、谱牒，一般意义上可以混称）以记载祖先、世系、宗族制度引人注目，族谱反映出中国社会与文化的祖先崇拜、血缘意识文化与社会组织结构，传承至今，数量巨大。探讨中国族谱资料的整理、研究和数字化建设，是很有必要的。我从 1983 年起，由于参加《中国家谱综合目录》的编辑以及研究宗族的兴趣，留意于族谱学已达 30 年，在此将获知的有关信息与感想谈出，与大家分享，并请批评指正。

一 中国族谱资料的整理

中国族谱资料的整理工作，可以分为编目、提要、选编、汇编、影印、考释几个方面。

(一) 族谱编目

"工欲善其事，必先利其器"，对于族谱资料的整理工作来说，首先应当了解家底，编辑目录是首要工作。

日本为了深入认识中国社会，重视中国族谱的搜集整理。出于研究中国宗族与教育史的需要，多贺秋五郎的《宗谱之研究（资料篇）》（日本东洋文库，1960）一书说日本存有宗谱 1510 套。该书第二部分把世界现存的 2935 套宗谱做了目录索引，同时又按藏谱地区做了分类索引。这是较早的全球中国族谱收藏目录。多贺秋五郎继续出版《中国宗谱研究》（日本学术

振兴会，1981 年、1982 年分上下卷出版）完善对于全球中国族谱目录的了解，该书说全球中国族谱日本有 1491 部，美国有 1406 部，中国（含港、台）有 980 部，以上三国共计 3877 部。

在美国家谱学会网络全球传记、谱系资料中，中国族谱也是重点搜集对象，设立于犹他州的美国家谱学会图书馆搜集了大量中国族谱。他们在中国台湾学者的帮助下，由特德·德福（Ted A. Telford）等编写《美国家谱学会中国族谱目录》（成文出版社，1984，共 370 页），内容包括：导言，简述中国族谱；族谱目录，收中国族谱 2811 部，另收补遗 298 部，共收 3109 部；区域分布姓氏索引，分华南、华中、华北、东北各省市县地；谱名索引。

中国大陆由于长年的政治动荡，对于族谱的搜集、整理略显滞后。改革开放以后，族谱研究奋起直追。由国家档案局二处、南开大学历史系、中国社会科学院历史所图书馆所编《中国家谱综合目录》（中华书局，1997），收录 451 姓家谱 14719 条。目录正文以姓氏笔画排列，附有地区索引。另一部较大的族谱目录是山西省社会科学院家谱资料中心所藏缩微胶卷目录《中国家谱目录》（山西人民出版社，1992），收录家谱 2565 种，其中含有明代族谱 60 种，按姓氏笔画排列，并附有诸姓分省数量统计表。

中国族谱目录最全的是上海图书馆王鹤鸣主编的《中国家谱总目》（上海古籍出版社，2008）。该书收录现存中国（包括台、港、澳地区）、各国藏书机构及散见于民间的 2002 年之前刊印的汉字中国各民族家谱。全书 1200 万字、共 10 册，收录了中国家谱 52401 种、计 608 个姓氏。基本著录要素共九项：书名项、责任版本项、载体形态项、附注项、先祖名人项、装订项、收藏者项和备注项。附录谱名、谱籍、纂修者、堂号、先祖、名人 6 种索引，还有姓氏拼音检索、主要收藏机构全称简称对照表。

中国台湾族谱编目开展较早。早期有王世庆等人编著的《台湾公私藏族目录初稿》（《台湾文献》，1974 年第 29 卷第 4 期），盛清沂主编的《国学文献馆现藏中国族谱资料目录初辑》（联经出版社，1982）；陈龙贵主编的《国立故宫博物院所藏族谱简目》（台北"故宫博物院"，2001），以联合报系文化基金会捐赠国学文献馆所藏缩影微卷中之族谱资料为主，包含中国族谱与域外族谱(韩国族谱、琉球家谱)两大部分,首列通谱,次为以汉族为主体之各姓氏族谱,再次为满族及其他少数民族之族谱,共收3156盒、10300部微卷族谱,该书著录书名、编者、年代、册数、微卷号、原藏者、地域别等信息。此外,台湾区姓谱研究社发行的《台湾区族谱目录》(1987)收录了10600余种族谱。

(二)族谱提要:主要依照馆藏和地方撰写而成

1. 地方性族谱提要

台湾地区起步较早,昌彼得著有《台湾公藏族谱解题》(台北图书馆,1969)一书。

(1)江西

梁洪生《江西公藏谱牒目录提要》(江西教育出版社,2002)集中收录江西省、市、县各级公藏机构(各级图书馆、档案馆、博物馆、部分文物管理所、少数县志办公室)收藏的江西谱牒(无论是旧修还是新编,一律收录)并做提要,分别著录藏馆、封面名、扉页名、书名、幅面(长×宽,以毫米为单位)、刻写形式、实存本数、谱本现状、修撰时间、主修人、内容提要共11项(另对各馆谱牒的由来和辗转变化情况,提要中还用"梁按"格式加以说明,借此反映由谱牒的毁损存藏所体现的社会变迁情况),以利于读者判知各谱的基本内容和价值。

(2)湖南

邹华享《湖南家谱解读》(湖南人民出版社,2004)著录湖南图书馆及部分市、县档案馆、图书馆和个人所藏家谱,收录在湖南省内使用的姓氏268个,其中单姓262个,复姓6个。每一姓氏下分:源流·语派、郡望·堂号、堂联、历代名人四项著录。湖南图书馆编的《湖南氏族源流》(岳麓书社,2006)是一部系统介绍湖南省氏族分布及其迁徙和繁衍的大型工具书。全书1200万字,汇集全省姓氏335家的近万个家族。各家族源流大致包括始迁祖、迁湘时间、迁出地、迁入地、家谱纂修概况、派语、人口及本族名人等内容。数据来源于湖南图书馆所藏家谱、地方志和文集。该书由湖南图书馆寻霖先生主编,书首有邹华享先生《湖南姓氏史话》长篇叙论，阐述了湖南姓氏的来历和湖南的"望"姓、稀姓、小姓以及湖南的少数民族姓氏，是一项颇有学术分量的研究成果。

（3）广东

骆伟《岭南族谱撷录》（广东人民出版社，2002）收录了海内外各主要公藏单位所藏岭南籍姓氏谱牒179姓、2332种族谱，收录的地域范围主要是原岭南行政区域所管辖的市、县，基本反映了岭南名门望族的概貌。

（4）浙江

励双杰《慈溪余姚家谱提要》（漓江出版社，2003）著录100个姓氏、528种家谱，其中编者所藏的有55种。李彩标编著《兰溪家谱探秘》（大众文艺出版社，2005）重点介绍了兰溪现存的102个姓氏548种计4800余卷家谱，另有242种家谱存目，还对兰溪家谱的发展历史、基本概况、特色以及价值等做了探讨。程小澜主编了《浙江家谱总目提要》（浙江人民出版社，2005）。该书收录浙江省内公藏与私藏的家谱和存于外省市及海外的浙江家谱，著录浙江家谱12000余种，其中省内收藏的家谱6600余种。全书字数255万字。该书著录以具有家族世系的谱牒为主，兼及牌册、堂册与家谱考订之作，包括稿本、钞本、印本、复印本、缩微本。该书著录浙江家谱姓氏299个，其中单姓291个，复姓8个。同一个姓氏家谱排在前十的是陈、王、张、吴、周、叶、黄、朱、李、徐和郑并列，而木、斋、惠、钦、姒等10个姓氏属稀少姓氏。

（5）海南

陈虹选编《海南家谱提要》（海南出版社，2008）收录了65个姓氏的180种家谱，绝大部分是周伟民、唐玲玲教授的私人复印本藏谱，偶有铅活字印刷及激光照排印刷本，多为20世纪后续修的家谱。著录书名、堂号、版本、纂修者、载体形式、内容提要，内容提要书写格式为：现居地、祖籍地、移居海外情况、姓氏源流、迁琼始祖、卷次内容、有价值之资料。该提要对同族之谱有不同版本、姓氏源流及迁琼始祖均一一列参考比较。

（6）江苏

朱炳国《常州家谱提要》（中国文联出版社，2005）是主编朱炳国十多年来收集的常州地区（金坛、溧阳及周边地区，无锡、江阴、宜兴、丹阳、靖江)100 多个姓氏、200 多部家谱实物，副主编吴之光收集了 195 个姓、1598 项条目的提要。此书对所搜集家谱每个姓氏的由来、始祖、郡望及历史名人加以说明。每个条目记述了宗谱名称、堂名、卷数、册数、主修人员、版式及印刷特点、始迁祖及由来、名人、收藏单位等。

(7)河南

谢琳惠《洛阳地区家谱提要》(国家图书馆出版社，2010)著录洛阳大学图书馆所藏河洛地区 200 部家谱情况。北方地区一向被认为族谱稀少，这部书的问世表明传统认识需要修正。

2. 馆藏族谱提要

上海图书馆是收藏中国家谱原件最多的单位，《上海图书馆馆藏家谱提要》(上海古籍出版社，2000)著录姓氏、书名、编纂者、出版时代、始祖等项目，提要中包括宗族迁徙、分衍以及名人题跋、人物事迹等内容。收录 319 个姓氏家谱 11700 种，近 10 万册。书后附有名人、地名、堂号等索引，便于读者检索。

谈家胜著有《国家图书馆所藏徽谱资源研究：32 种稀见徽州家谱叙录》(安徽大学出版社，2011)，叙录是全面揭示文献资源较为理想的一种叙述方式和文本体裁，该书大体上按照"版本及编撰者简介—家族变迁简况—家谱修撰历史—家谱体例与内容—家谱价值评述"的结构，揭示每一种稀见徽州家谱文献，间录一些原文，既佐证该谱的珍贵，以资学者援用。

(三)族谱资料选编：可以分为综合性和专题性两类

1. 专题性选编

(1)宗族资料

多贺秋五郎的《宗谱之研究(资料篇)》(日本东洋文库，1960)一书，第三部分做了宗族经济与教育、族人教化、族规宗约、祠墓祭祀、修谱凡例与体例五类资料汇编，并附有宗族的一般论述十种。冯尔康先生主编《清代宗族史料选辑》(天津古籍出版社即出)，以从族谱摘取的资料为大宗，为了能够全面反映清代各个地区、不同时期的宗族史，特别加强对北方、中原、西北地区族谱资料的搜集，因而能够涵盖河北、山东、山西、河南、陕西、甘肃、江苏、安徽、浙江、湖北、湖南、江西、福建、广东、广西、云南、贵州、辽宁十八个省份，并以江苏、安徽、江西、湖南、浙江、河北、山东、山西资料为多。全书区分为文字资料编和图像资料编二编，文字资料编又分为清廷法令政策和士庶宗族两大部分。全书采取六级标目，为编、篇、章、节、目、子目。其中文献资料编的篇、章两级的目录如下。

第一篇"律令政策与宗法伦理"：第一章"《圣谕广训》中的宗法伦理和宗族制度"，第二章"律令体现的宗法观念和宗族制度"，第三章"官制与宗法观念和宗族制度"，第四章"丧祭礼制与家庙制度"，第五章"族正设立与存废"。

第二篇"士庶宗族基本状况"：第一章"宗族组织与祠堂族长"，第二章"祖坟"，第三章"族产"，第四章"族学"。

第三篇"宗族观念与行为"：第一章"宗法变革论与宗族建设"，第二章"宗族与丧礼祭礼"，第三章"族谱理念与修纂"，第四章"族人规范"。

第四篇"宗族与外部联系"：第一章"宗族与社会"，第二章"宗族与国家"。[1]

（2）客家与珠玑巷传说史料

罗香林是香港地区研究中国族谱的权威学者，其编有《客家史料汇编》（九龙中国学社，1965），该书摘录他搜集的客家族谱共40姓86谱，为研究客家在中国东南沿海地区发展的重要资料。南雄珠玑巷人南迁后裔联谊会筹委会编的《南雄珠玑巷南迁氏族谱·志选集》（《南雄文史资料》第15辑，1994）选编了77篇族谱序言。

（3）闽台关系与华侨史

族谱资料的整理服从于学术与现实社会的需要，族谱这种反映中华民族凝聚力与近代社会历史的文献，首先在大陆与台湾两岸关系、华侨史方面受到重视，福建学者尤其致力于这方面的研究与族谱资料整理。庄为玑、王连茂合编的《闽台关系族谱资料选编》（福建人民出版社，1985）一

---

① 冯尔康：《中国宗族的历史特点及其史料——〈清代宗族史料选辑〉序言》，载《社会科学战线》，2011(7)。

书，共 36 万字，是新中国成立以来第一部较大型的谱牒资料专书。全书分上、下两篇，上篇为移民资料，分别介绍了福建各地，并有一篇综录；下篇为其他资料，有政治、文化、经济、婚姻、宗族几部分内容。该书还附有碑记、铭文，将全书所收录福建各姓族谱做了一览表（收谱 99 种）。该书有助于研究闽台关系，尤其是福建移民台湾问题，并为大陆与台湾人民的寻根问祖提供了难能可贵的资料，同时也有助于其他问题的研究。庄为玑、郑山玉主编了《泉州谱牒华侨史料与研究》（中国华侨出版社，1998）上下两册，规模较前书更大，主体部分是分区、县、市，按照各姓族谱辑录资料，并附有研究华侨的 5 篇论文。

（4）少数民族族谱

特别体现在东北学者对满、回、朝鲜等少数民族族谱的整理上。满族方面，李林主编《满族家谱选编》（辽宁民族出版社，1988）取材于从辽宁民间搜集的 400 余种满族家谱资料。赵立静等的《满族家谱选》（中国社会科学出版社，1994），收录收集于民间的 12 种满族家谱。尹郁山等编著的《吉林满族家谱资料选编》（一）、（二）（吉林文史出版社，2006、2009）收录清代满族的世谱或支谱与民国以后的汉文谱“谱书”“谱单”等。常裕铖、关捷编著的《盛京满族家谱精编》（北方文艺出版社，2007）汇集了最新发现的辽沈地区满族家谱 27 部，近 50 万字。谱书突出了满族八大贵族姓氏的重要地位。书中含有大量珍贵史料，如人物传略、帝王御赐碑，以及各家族中显赫人物呈给皇帝的题本。刘庆华编著的《满族谱牒序评注》（辽宁民族出版社，2010）摘录和点评了佛（陈）满族氏族家谱 157 篇序。本溪市党史地方志办公室编有《辽东满族家谱选编》（辽宁民族出版社，2012），该书所选均为满族家谱，包含清代八旗满洲、八旗汉军、盛京内务府旗人和汉军旗下人，上编选录八旗满洲之谱 18 种，下编为余谱 11 种。国家清史编纂会员会配合编修清史立项《清代满族家谱选辑》，由辽宁省民族研究所承担，重点对东北地区的满族族谱数据进行整理。蒙古族方面，布和哈达、阿音、铁木尔编著的《乌珠穆沁家谱》（辽宁民族出版社，2003）叙述了乌珠穆沁旗 600 多户蒙古族的谱系状况。朝鲜族方面，姚斌等人整理的《辽宁朝鲜族宗谱选》（辽宁民族出版社，1990）选录了《忠州金氏世系》《咸阳朴氏世谱》两谱中的多种资料，并加以注释。回族方面，较早的有泉州市泉州历史研究会《泉州回族谱牒资料选编》(1980)。刘侗主编的《辽宁回族家谱选编》(天津古籍出版社，1992)选编了六箴堂张氏、黑氏、脱氏、戴氏、铁氏、冯氏、杨氏(两个家族)、金氏、尹氏、白氏11种家谱中的资料，每种家谱资料前整理者都写有"简介"。马建钊编写的《中国南方回族谱牒选编》(广西民族出版社，1998)是南方八省区回族古籍协作项目"南方回族古籍丛书"的第一册，收录了广东、广西、湖南、湖北、福建、四川、云南、海南八省区的回族概况，有助于读者对八省区回族的历史源流的了解。伊牧之、许万荣主编的《济南回族家谱选辑》(济南市伊斯兰教协会，2004)收录了10个姓氏家谱的谱序、世系图表、家训、传略、诗赞等资料。吴丕清、马祥学主编的《河北回族家谱选编》(河北人民出版社，2006)整理了河北省16部回族的家谱资料。彝族方面，家谱的整理成果较多。楚雄彝族文化研究所编《彝族文化》(1996年刊，1997年刊)、贵州省民族志编委会编《民族志资料汇编》第八集《彝族》(1989)、《尼祖谱系》(云南民族出版社，1989)、《彝族创世志·谱牒志》(四川民族出版社，1991)、杨凤江译注《彝族氏族部落史》(云南人民出版社，1992)均介绍了彝族谱牒资料。畲族方面，朱洪、李筱文编著的《广东畲族古籍数据汇编——图腾文化及其他》(中山大学出版社，2001)选录了8部族谱中的有关资料。此外，王继光的《安多藏区土司家族谱辑录研究》(民族出版社，2000)论述了安多藏区(今甘肃、河西走廊、青藏高原以及四川西北部地区)的土司与土司家谱。

(5)地方文献选编

浙江温州市图书馆一向重视地方文献的搜集整理，2000年该馆成立浙南谱牒收藏研究中心，研究人员郑笑笑、潘猛补主编的《浙南谱牒文献汇编》出版了三种：《浙南谱牒文献汇编》(香港出版社，2003)从几百种家谱中遴选出谱序、谱例、寿序、赠序、行状、墓志、祭文、题跋、杂考、公文、契约等近200篇，以文章类别与写作日期为序汇辑而成；《浙南谱牒文献汇编·诗词篇》(香港出版社，2007)辑录宋代到清代未公开发表的家谱诗词553家、1885首，是经考证认定可靠而且诗品不俗者；《浙南谱牒文献汇编·第三辑》(香港出版社，2008)辑录119种族谱中的宗族、传记资料，附有温州族谱联合简目。此外，陈聪艺、林铅海选编的《晋江族谱类钞》(厦门大学出版社，2010)所分类别为源流、迁徙、建置、规训、贤俊、善举、妇德、神道、垂戒、灾异十类。

(6)社会经济史

例如，张海鹏、王廷元主编的《明清徽商资料选编》(黄山书社，1985)所辑资料不少是族谱。广东社会科学院历史所编的《明清佛山碑刻文献经济资料》(广东人民出版社，1987)中，下编选择了族谱资料。

(7)文学资料

张廷银著有《族谱所见文学批评资料整理研究》(人民文学出版社，2012)。该书分为内外两编：内编论析编，分为六章，探讨阅读倾向显示对作家的认同度、写作宗尚反应文学倾向、人生取向寓含作家评骘、诗文序赞中的作家作品评论、诗文序赞中的作家作品评论、论说文学基本问题和文学发展史；外编资料编，编选 7 类资料，即阅读倾向显示对作家的认同度、写作宗尚中所体现的选择倾向、人生取向所体现的作家评骘、诗文中论作家、对诗文篇句字词的析评、对文学基本问题的认识、关于各代文学发展的评论。

2. 综合性选编

国家清史编纂委员会配合编修清史立项《中国家谱资料选编》，由上海图书馆承担，整理方式为辑录、点校，分序跋、凡例、传记、诗文、家规、风俗、经济、教育、姓氏源流、图片等 12 个专题编辑，分为 12 册，字幅数 1300 万字，是一部大型族谱资料汇编。该书也列入《2011—2020 年国家古籍整理出版规划》，计划由上海古籍出版社于 2013 年出版。

(四)汇编影印

1. 选取族谱部分内容影印

台湾学者盛清沂主编的《国学文献馆现藏中国族谱序例选刊》(国学文献馆，1983)分 10 册影印出版，选取族谱序例出版，推动了族谱学与宗族制度的研究。

江源的《中华姓氏始迁祖世系大典》(线装书局，2008)选辑、影印了明、清、民国时期五千多种族谱资料，全套1000册，介绍了两百余个姓氏的始迁祖像、源流考、谱序、世系图、行派、支派、墓图、墓志等内容，为寻根祭祖提供了便利。

2. 整部族谱的汇编

冯尔康先生率先提出《关于编辑出版〈族谱丛书〉的建议》①，建议切实可行。实践者有山西社会科学院家谱资料中心所编《中国族谱集成》（巴蜀书社，1995），全书共分通谱、张氏谱、王氏谱、李氏谱、刘氏谱、陈氏谱六卷100册，这是按照姓氏编辑而成的。

3. 有的采取专题性族谱汇编

国家图书馆出版了几套大型族谱丛刊，有"侨乡卷"《北京图书馆藏家谱丛刊·闽粤侨乡卷》50册（北京图书馆出版社，2000）汇集闽粤两省著名侨乡家谱计25姓40种，涉及地域包括晋江、福州、闽侯、潮州、香山、嘉应等。所用版本上起清顺治下迄民国，远及海外如新加坡，大多不为外界所见。内容除传统的世系表、祖训、族规、姓氏源流考、先祖图像、人物传记、坟墓图址和大事记等家族数据外，还详细记载了东南沿海各省中国人迁移、流落海外的情况。还有"民族卷"100册（北京图书馆出版社，2003），以国家图书馆馆藏为基础，更兼收了部分其他馆的馆藏，首次对汉族以外的其他民族的家谱、族谱文献进行大规模、成系统的搜集整理，共收入蒙、满、回、达斡尔、朝鲜、锡伯、彝、纳西等民族家谱150余部，涉及姓氏近百个。这部专题家谱具有极高的文献价值，是研究民族起源、民族迁徙、民族战争、民族融合以及各民族社会历史文化的珍贵数据。

由于福建与台湾的移民关系，闽台族谱的出版受到了重视。高志彬主编的《台湾关系族谱丛书》作为台湾文献类编之一，由台湾的龙文出版社2003年出版，收录11种族谱。陈支平主编的《台湾文献汇刊》（九州岛出版社、厦门大学出版社，2005）共七辑100册，由厦门大学人文学院和福建师范大学闽台区域研究中心的有关学者经过十年的策划整理而成，收录珍本古籍、档案、族谱、私人档、契约文书、碑刻等数据。其中第三辑《闽台

---

① 《古籍整理出版情况简报》第124期，1984-06-20。

民间关系族谱专辑》收录 20 种族谱。

4. 有的强调族谱的稀见性

国家图书馆编，谢冬荣、鲍国强主编的《中国国家图书馆藏早期稀见家谱丛刊》(线装书局，2002)收录 65 种家谱，线装 365 册，108 函，收录族谱以安徽较多，其中有 4 部珍贵的明代族谱。北京采薇阁书店与南开大学中国社会史研究中心合作，出版《中国珍稀家谱丛刊》，计划分为明代家谱丛刊、稀见姓氏家谱丛刊、抄稿本家谱丛刊、总目(中国家谱总目)未收家谱丛刊四种出版，目前已经出版了《明代家谱丛刊》(凤凰出版集团，2013)，收录明代族谱 19 种。李书源、励双杰影印的《中国古代稀见谱牒丛刊》，预计卷册数 200 册，字幅数约 40 万幅，列入《2011—2020 年国家古籍整理出版规划》，计划由广西师范大学出版社和上海古籍出版社于 2018年出版。

5. 名人谱汇编也是一种思路

全国图书馆文献缩微中心影印出版《湖南名人家谱丛刊》(2002 年出齐) 44 册。首批推出湖南图书馆所藏 10 种家谱：湘军首领曾国藩、胡林翼家谱；革命领袖毛泽东母亲家谱，刘少奇、彭德怀家谱；江苏巡抚、两江总督兼两淮盐政陶澍家谱；湖北、安徽巡抚李续宾家谱；江苏巡抚、漕运总督黎培敬家谱；曾任安徽、湖南省主席何键家谱。国家图书馆"地方志家谱中心"从数千种家谱中精心挑选、版本与数据价值俱佳的 42 种家谱，以木活字本、刻本为主，同时也有抄本和稿本，编成《清代民国名人家谱选刊》47 卷(北京燕山出版社，2006)，收录清代、民国在政治、军事、文化、教育方面有影响的、有一定贡献的人物。特别是在历史上发生过某些作用但没有留下赫赫显明的人物，关于他们的资料也更不易留存，如清代经学家房东树的弟子戴均衡，清朝遗老、昆曲学家王季烈，清代目录校勘学家姚振宗等，西泠印社创始人之一吴隐，近代学者陈作森等。将他们的资料整理出版，对于研究中国近现代史具有极其重要的史料价值。编者对每部谱作的情况都做了概括介绍，其中包括谱籍、谱名、卷数、编者、编印时间、版本类型，以及族内重要人物即名人的生平事迹等，除此之外，还对与本族相关的人的情况，如为家谱题写书前签、序跋者，为族内人撰写行状、墓志、碑铭、颂赞、题诗、题字者，都予以介绍。励双杰主编的《思绥草堂藏稀见名人家谱汇刊》第一辑（广西师范大学出版社，2012）有31册，共影印收录励双杰"思绥草堂"所藏稀见名人家谱8种，涉及研究界所熟知名人有王懿荣、杨守敬、徐乾学、薛所蕴等。

（五）族谱考释

名人、名族事关重大历史与社会文化问题，往往成为关注焦点，整理资料为进行深入研究提供了保障。郑和七次下西洋，是中外关系史上的重要人物，郑和的重要性众所周知，搜集整理郑和家谱资料者持续不断。郑和家世与族谱研究专家李士厚著有《郑和家谱考释》（1937年旬刊）一书。此后补充者不断，《郑和家世资料》（人民交通出版社，1985）收集汇编近几十年来先后发现的《郑和家谱》《南京郑和家谱首序》，并将与郑和家世有关联的《赛典赤家谱》等篇作为附录，列于郑和家谱之后。李士厚的《影印原本郑和家谱校注》（晨光出版社，2005），不仅记载了郑和的家世和后裔情况，而且记载着郑和的出使、其出使官兵、下洋船舶、所到国家，特别是永乐、宣德两帝给郑和的敕书，为史书所未载。这本家谱是继郑和父马哈只墓碑之后的又一重要发现，也是作者继《郑和家谱考释》后的又一部极具保存和研究价值的作品。作者参阅了大量史料，潜心研究，对家谱做了简明扼要的注解。

郑成功的重要性也毋庸置疑，学界重视郑成功族谱的整理。厦门郑成功研究会等编写的《郑成功族谱三种》（福建人民出版社，1987）收辑了《郑氏宗谱》《郑氏家谱》《石井本宗族谱》，并附录3篇有关郑氏的墓志铭。后又增加《石井郑氏族谱》，出版了《郑成功族谱四种》（福建人民出版社，2006）。

出于研究历史人物的需要，还整理出版了几部族谱。例如，冯其庸在《曹雪芹家世新考》一书中，附有校本《五庆堂重修曹氏宗谱》。1980年浙江人民出版社出版了陈周棠校补的记录洪秀全世系的《洪氏宗谱》。1983年中国旅游出版社出版了白书斋续谱，顾学颉注释编纂的《白居易家谱》。这是十分可喜的现象，不仅为研究有关的著名历史人物提供了重要的史料价值，也是研究其他问题的宝贵资料。

国家清史编纂会员会配合编修清史立项《清代建筑世家样式雷族谱校释》，将对嘉庆年间修订的样式雷族谱进行校订、诠释和影印。

徽州宗族强盛，非常值得研究。《窦山公家议》是明代徽州望族程氏管理族产、族众的族规家法，周绍泉等撰写的《窦山公家议校注》（黄山书社，1993）的出版，为研究宗族制度提供了很好的资料，书末还附有《善和程氏仁山门支谱》和《布政公膳契簿》。

二 中国族谱资料的研究

20世纪20年代以来的90余年间，国内外的学者对中国族谱进行了广泛的研究和利用，大致可以分成奠基、复兴与拓新几个阶段，各个都有代表性的研究。

（一）族谱学的奠基（1929－1979年）

新史学开山者梁启超重视谱牒学，指出族谱资料的重要性。他说："欲考族制组织法，欲考各时代各地方婚姻平均年龄、平均寿数，欲考父母两系遗传，欲考男女产生比例，欲考出生率与死亡率比较……等等无数问题，恐除族谱家谱外，更无他途可以得资料。我国乡乡家家皆有谱，实可谓史界瑰宝，将来有国立大图书馆，能尽集天下之家谱俾学者分科研究，实不朽之盛业也。"①梁启超不仅敏锐地看到了族谱的学术价值，还呼吁搜集、整理此类文献，颇具现代学术意识。

生物遗传学与民族学家潘光旦先生，以他特有的视角开中国谱学研究之先河。1929年潘先生发表了《中国家谱学略史》（《东方杂志》，第26卷第1号）一文，首次全面地对谱学发展史加以阐述，翌年他又发表《家谱与宗法》（《东方杂志》，第27卷第21号），对二者的关系进行了研究。1931年，潘光旦又发表了《章实斋之家谱学论》（《人文月刊》，第2卷第8、9期），探

---

① 梁启超：《中国近三百年学术史》，第十五章，336页，北京，中国书店影印1936年中华书局版，1985。

讨中国古代史学理论家章学诚的族谱学。潘光旦也探讨了族谱价值与应用问题，他于 1947 年发表了《家谱还有些什么意义》(《东方杂志》，第 47 卷第 13 号)一文，提出家谱有四种意义：一是培养"谨怀始来"的优生意识；二是增进个人对于一己品性的认识；三是帮助人类遗传的研究；四是在史学之中，多确定一个专精的部门。潘光旦还研究族谱的纂修问题，他的《说家谱作法》(《社会科学》[清华]，1948 年第 5 卷第 1 期)一文，分为两个部分：前一部分专叙家谱的普通写法，可以供修家谱的人参考；后一部分论谱法的若干变通的用途，可以备研究人品与品性遗传的人采用。特别是潘光旦的《中国伶人血缘之研究》(商务印书馆，1941)、《明清两代嘉兴的望族》(商务印书馆，1947)等，在遗传与人才的研究上颇具特色。

其他学者探讨了族谱学。族谱的主体部分是世系的记录，可提供人口学方面的资料。柳诒徵先生的《族谱研究举例》(《江苏省立国学图书馆年刊》，1931 年第 4 期)一文，曾就太仓王氏与武进庄氏对比分析人口的数量与增殖。方豪著有《家谱中之天主教史料》(《中国天主教论丛》，1944)一文，就江西玉山吴、徐二姓家谱中所载与天主教有关的史料写成，在利用族谱研究宗教上有引发作用。图书文献学家杨殿珣发表了《中国家谱通论》(《图书季刊》，新 3 卷第 1、2 期，新 6 卷第 3、4 期，新 7 卷第 1、2 期，1945)长文，全面论述了中国谱学的沿革，家谱的名称、内容和体例，家谱的收集与应用。

中国 1949 年后视族谱为封建制度产物，研究停滞。至改革开放之前的三十年间，仅有极个别的学术论文。作为凤毛麟角的有白寿彝、马寿千《几种回回家谱中所反映的历史问题》(《北京师范大学学报》，1958 年第 2 期)一文，注意到家谱对研究民族史的重要性。徐规的《畲族的名称、来源和迁徙》(《杭州大学学报》，1962 年第 1 期)也使用了族谱资料。

1949 年以后，从内地来到香港地区的学者罗香林专攻族谱学，蔚然自成一家。罗香林先生从 20 世纪 30 年代起就重视族谱，著有《国父家世源流考》(1942 年重庆初版)，根据所发现的孙中山世系家谱抄本，归纳各种资料，证明孙中山上世出于客家系统及其历代史迹。移居香港后，出版有《蒲寿庚研究》(香港中国学社，1959)，对蒲寿庚为西域入华而又被华化的阿拉伯后裔，蒲寿庚家属之行谊，遗裔之分布，蒲氏子孙之传衍及其信奉回教与华化发展过程，乃至明初蒲寿庚曾孙曾遭受禁抑及其参与山东卫所诸事实，以及其他来自阿拉伯诸氏族之关系等进行依次考释，还有裨于中西交通史的研究。1971 年出版了他的《中国族谱研究》(香港中国学社)这部20 余万言的论文集，在书中罗香林先生对中国谱学的源流演变与特征做了系统的说明；阐发了族谱研究的史学意义，提出族谱研究与史实发现的四种例证，凡历史构成涉及的时、地、人、事四因素，多可于各姓族谱中得到参证。族谱对世系的记载以及众多的各种传记类资料，为研究历史人物及其家世提供了资料。

台湾地区在 1949 年后逐渐开展族谱学研究，不绝如缕。20 世纪 50 年代的探讨有杜学知《家谱之历史及其效用》(《中国内政》，1952 年第 3 卷 4 期)、杜学知《家谱的纂修方法》(《中国内政》，1952 年第 4 卷第 1 期)，20 世纪 60 年代有盛清沂《台湾家谱编纂之研究》(《台湾文献》，1963 年第 14 卷第 3 期)，20 世纪 70 年代有昌彼得《发展谱牒的研究与制作刍议》(《国立中央图书馆馆刊》，1978 年第 11 卷第 1 期)、盛清沂《当前编修家谱之体例》(《台湾文献》，1978 年第 29 卷第 4 期)、赵振绩《中国姓氏源流与族"祖"谱之制作》(《华学月刊》，1979 年第 85 卷)，这些文章偏重于修谱方法的探讨。留美博士刘翠溶的探讨别开生面，她的《历史人口统计学的研究的一个资料来源——中国家谱》(《中央研究院成立五十周年纪念论文集》，1978)讨论族谱研究历史人口统计学问题。

(二)族谱学的兴盛(1980—2000 年)

台湾地区在 20 世纪六七十年代进行"中华文化复兴运动"，将族谱视为传统文化予以重视。美国犹他家谱学会开展台湾地区业务，他们与台湾学者合作调查中国族谱以及编辑目录，也刺激了族谱学的开展。特别是随着台湾经济高速发展以后，大力开展族谱学研究，台湾《联合报》文化基金会成立国学文献馆，聘请台大教授陈捷先出任馆长，聘请族谱学家盛清沂进行研究，台湾的族谱学迈上新台阶，进入全盛时期。

台湾地区的具体情况是，1974 年"中华学术院"成立了谱系学研究所，赵振绩任所长，搜集族谱并提倡学生做族谱。1978 年谱系学研究所与美国家谱学会合作，继续在台湾地区以县乡镇为单位访谱，最终完成《台湾区族谱目录》(1987 年)。1977 年成立了民间团体"中华民国宗亲谱系学会"，李士贤是主要负责人，每年召开一次大会，并发行刊物，主办展览，安排演讲。国学文献馆在陈捷先的计划下，大力开展族谱研究，采购中国流落国外的族谱缩微胶卷，还多次召开有关族谱的讨论会。1983 年台北发起召开"亚洲族谱学术研讨会"，1984 年由联经出版公司出版《第一届亚洲族谱学术研讨会会议记录》论文集，此后"亚洲族谱学术研讨会"举行了九届，《亚洲族谱学术研讨会会议记录》出版了七辑，发表了大量高质量的谱学论文，有力推动了亚洲族谱研究的开展。刘翠溶的《明清时期家族人口与社会经济变迁》("中央研究院"经济研究所，1992)，以明清时期的 50 部族谱为基本素材，运用历史人口学的方法，就族谱的人口数据价值、家族人口的社会属性、家族成员的婚姻状况、家族人口的生育、家族人口的死亡、家族人口的出生与死亡的季节性、家族人口的成长态势、人口条件对家庭结构的制约、家族的功能与社会经济活动等进行了探讨，这是族谱历史人口学的代表性著作。在历史人口学方面，赖惠敏探讨了明清浙西士绅家族的人口与婚姻[1]，其研究也值得关注。不过 20 世纪 90 年代中叶以后，台湾地区随着政治的变动、经济的停滞以及学术代际更替等原因，族谱学研究盛极而衰。

罗香林先在香港大学任教，研究族谱，该校注重收集、研究族谱。后来又到珠海书院文学与历史研究所任所长，开设中国族谱的课程。继罗香林之后，在香港大学任教的林天蔚是重要的研究者，其所著《地方文献论集》(南方出版社，2002)的谱学篇收录了 7 篇论文。香港大学亚洲研究中心与美国犹他州家谱学会合作，在林天蔚的主持下，开展搜藏族谱工作，进行"从族谱研究香港前代史"的计划。1982 年香港显相书室出版了该中心萧国钧、萧国健著的《族谱与香港地方史研究》一书。

---

① 赖惠敏：《明清海宁查陈两家族人口的研究》，载《大陆杂志》，1989 年第 78 卷第 3、4 期；赖惠敏：《明清浙西士绅家族婚姻的研究——以海宁陈氏为例》，见《第四届亚洲族谱学术研讨会会议记录》，台北，联经出版社，1989。

大陆族谱学的复兴与冯尔康教授倡议编辑《中国家谱综合目录》有直接关联。1983年，南开大学历史系冯尔康先生找我说："《中国地方志联合目录》出版了，很有用。可是族谱还没有目录，也应编目。听说国家档案局为了了解地方志的现存情况，要求全国档案系统等地方单位上报所存地方志目录，同时也上报了族谱目录，你去国家档案局联系一下，争取合作编辑目录。"我奉命进京联系，得到国家档案局二处（地方档案馆处）郝存厚处长的响应与支持，遂布置处里南京大学历史系毕业参加工作不久的杨冬荃先生与我一道工作。我们一起还争得了教育部、文化部的支持，由国家档案局、教育部、文化部发出国档会字［1984］7号文件《关于协助编好〈中国家谱综合目录〉的通知》（以下简称《通知》），要求各地上报所藏族谱目录，《通知》正面指出家谱是宝贵的文化遗产，有力推动了人们对于家谱的认识。后来不少的族谱与谱学著作往往引用《通知》，我看到后觉得很欣慰。冯尔康先生与中华书局冯惠民先生取得联系，谈妥家谱目录编好后由中华书局出版。为了完善目录，鉴于中国社会科学院历史所图书馆藏有丰富的优质族谱，我们两家又邀请历史所图书馆参加编辑，历史所图书馆武新立、赵鹏洋加入进来，形成三家六人的编委会。冯先生连续发表族谱学文章①，并对我说，研究族谱的学者不多，应开展族谱研究，首先了解各地馆藏与研究信息，并推荐我到国家第一历史档案馆向皇族玉牒研究专家鞠德源等学者了解有关情况，使我得知日本等国外的一些研究信息，我又到国家图书馆查阅资料。随后，我将学术调研的情况写成研究综述发表。②族谱学引起国内学术界的关注，学术界将其视为继地方志研究之后新的学术热点。我们族谱目录编委会感到有必要举行关于族谱的学术研讨会、成立有关研究组织，武新立先生与时任山西省社会科学院副院长的张海瀛先生商谈成功，进行合作，于1988年成立"中国谱牒学研究会"，并于1988

---

① 冯尔康：《清史的谱牒资料及其利用》，载《南开史学》，1984（1）；冯尔康：《关于编辑出版〈族谱丛书〉的建议》，载《古籍整理出版情况简报》第124期，1984-06-20。

② 常建华：《家族谱研究概况》，载《中国史研究动态》，1985（2）；常建华：《家族谱研究述略》，载《古籍整理出版情况简报》第166期，1986-11-10。

年、1991 年在山西举行过两届研讨会，研究会出版的专门刊物《谱牒学研究》共计四辑，族谱研究一时兴盛，持续到 20 世纪 90 年代中期。

世纪之交，中国族谱研究再次转盛。上海图书馆为编辑馆藏族谱提要，推动族谱研究，连续组织研讨会。1998 年召开"全国谱牒开发与利用学术研讨会"，2000 年又召开"谱牒研究及其资源的开发——迈入新世纪中国族谱国际学术研讨会"，两次会议的论文集均已出版。① 文集中所收刘志伟等学者的论文，颇具新意。

这期间大陆族谱学的代表作是陈支平的《福建族谱》（福建人民出版社，1996）一书，探讨了明清主要是清代福建族谱学的特色。利用族谱的历史人口学的成果也值得关注，如郭松义对清代的研究②，吴建华对江南的研究③，侯阳方的个案研究④。

日本人类学者濑川昌久著、钱杭译《族谱：华南汉族的宗族·风水·移居》（上海书店出版社，1999）以作者历时多年亲自收集的香港新界三十种族谱为资料，分七章讨论了族谱与历史意识、移居与地域社会的形成、宗族间的联合与纽带、风水与宗族的发展过程、风水与继嗣、客家的族谱与移居传说、少数民族的汉化与汉族的族源，是一部值得关注的专著。

（三）族谱学研究的拓新（2001－2013 年）

这十几年，学术研究更加多元化，受社会史、文化史、生活史的影响，学者追求族谱学的新突破。

第一，从地方文献的角度研究族谱。随着地方史的研究、地方志的编

---

① 王鹤鸣、马远民、王世伟编：《中国谱牒研究——全国谱牒开发与利用学术研讨会论文集》，上海，上海古籍出版社，1999；王鹤鸣等主编：《中华族谱研究——中国族谱国际学术研讨会论文集》，上海，上海科学技术文献出版社，2000。

② 郭松义：《从宗谱资料看清代的人口迁徙》，载《清史研究通讯》，1986(2)；郭松义：《清代人口问题和婚姻状况的考察》，载《中国史研究》，1987(3)。

③ 吴建华：《明清江南人口社会史研究》，第二章"明清江南宗谱人口增长与世代间隔"，北京，群言出版社，2005。

④ 彭希哲、侯杨方：《1370～1900 年江南地区人口变动与社会变迁——以江阴范氏家族为个案的研究》，载《中国人口科学》，1996(3)；侯杨方：《明清江南地区两个家族人口的生育控制》，载《中国人口科学》，1998(4)。

撰需要，"地方文献"越来越受到重视，有的图书馆单辟"地方文献"供人查阅，学者也探讨"地方文献"的文献学分类概念。传统文献中，"地方文献"中除了主题的地方志之外，族谱是其大宗。族谱与地方志互相印证是地方史研究中的重要方法。族谱也具有地方性与地域分布的特色，将族谱作为地方文献，就是看重族谱的地域属性。国家图书馆倡导地方文献研究，强调开发族谱文献，2004 年、2007 年先后举办了两届"地方文献国际学术研讨会"。国家图书馆古籍馆编辑出版了《2004 地方文献国际学术研讨会论文集》(北京图书馆出版社，2006)、《第二届地方文献国际学术研讨会论文集》(国家图书馆出版社，2009)两本论文集，收录了不少谱牒学方面的论文。安徽大学徽学研究中心致力于以徽州族谱研究推动徽学研究，2005 年举行"徽州谱牒：家族与社会国际学术研讨会"，收到学术论文 38 篇。2009年举行"宋明以来的谱牒编纂与地域社会"国际学术讨论会，会议论文近 60篇。徽州族谱数量大，且现存明代族谱主要是徽州谱，研究者较多。赵华富著有《徽州宗族论集》(人民出版社，2011)，收录十几篇徽州族谱研究论文。

第二，从民间文献的角度研究族谱。近年来，随着社会史、地域史研究的开展，学者普遍感到认识民众生活、基层社会，需要利用民间制作的文献。与官方文献相比，这一类文献对于历史的遮蔽相对较少，有利于建构另一类的民众史。地方志虽是地方文献，但又是官方或半官方文献。而族谱则是民间文献，尽管士大夫受到官方意识形态的影响，但毕竟是独立编写的。民间文献有独立的传承系统，反映着地方社会历史的脉络，传承着文化，族谱是民间文献重要的组成部分。厦门大学的社会经济史研究重视民间文献，形成了自身的学术传统。郑振满从历史人类学的理念开展民间历史文献研究，其总主编的《民间历史文献论丛》第 1 辑为饶伟新编的《族谱研究》(社会科学文献出版社，2013)，以往的研究主要将族谱作为史料使用，至于族谱文本本身的编纂、生产、使用和流传，以及与社会文化史之关系等重要问题则甚少关注。该书围绕以上问题，尝试从"族谱的编修与生产""族谱与时代变迁""族谱与宗族建构""族谱与地方权力结构"四方面探讨族谱研究的新视野与新的解读方法，并在总体上展现出今后族谱研究值得关注的新动向。

第三，作为历史文献之谱牒学的族谱研究仍在继续。司马迁曾看过周代的谱牒资料，并且在《史记·太史公自序》中使用"谱牒"一词作为记载世系之学。梁代阮孝绪在《七录》"纪传录"中把史学著作分为十二类，其中就有"谱状"一类，《隋书·经籍志》"谱系篇"设在史部，《四库全书总目》虽然不收录家乘，但认为其属史部传记类，一直流传至今。族谱作为历史文献的认识源远流长。山西省社会科学院家谱资料研究中心从 2006 年起编辑王岳红主编的《谱牒学论丛》，由山西古籍出版社于 2006 年、2007 年出版了第一、二辑，三晋出版社 2008 年出版第三辑，北京燕山出版社 2010 年出版了第四辑。上海图书馆于 2009 年举行"中国家谱文献价值及开发利用研讨会"，翌年上海古籍出版社出版会议文集《中国家谱论丛》。

这期间问世的一些族谱学论著需要介绍。王铁的《中国东南的宗族与宗谱》(上海人民出版社，2002)在阅读上海图书馆所藏大量族谱的基础上，叙述了中国东南(苏、浙、皖、赣、闽等省)王、张、陈、黄、周、吴、徐、朱、沈、顾、陆共 11 个姓氏的近百个大家族的历史，其迁徙、世系传承及分布，同时又依据正史、方志、碑刻等文献对所涉宗谱内容的真伪做了考辨。冯尔康教授所著的《18 世纪以来中国家族的现代转向》(上海人民出版社，2005)论述了清人谱法中求实际与慕虚荣的矛盾观念，20 世纪上半叶的家谱修纂和谱例改良，以及 20 世纪最后 20 年的族谱编修。冯尔康教授又著有《中国宗族制度与谱牒编纂》(天津古籍出版社，2011)一书，收录了一组"族谱及其学术价值"的论文，收录的论文中有 4 篇发表在中国台湾、中国香港和日本的刊物上。卞孝萱的《家谱中的名人身影——家谱丛考》(辽海出版社，2008)分内外编，内编收录从家谱看人物的 13 篇文章，外编是 6 篇家谱辨伪的文章。常州家谱收藏家朱炳国主编的《家谱与地方文化》(中国文联出版社，2008)近 40 万字，汇编新旧文章 43 篇，其中有不少著名学者的论述。余姚家谱收藏家励双杰的《中国家谱藏谈》(山西古籍出版社，2008)介绍作者的"系列收藏"，该书"附录"有三：家谱的保护措施及辨伪，家谱研究、目录工具书，姓氏家谱索引。王鹤鸣的《中国家谱通论》(上海古籍出版社，2010)论述了中国家谱的演变、体例、内容等，并有三个附录：上海图书馆整理、开发家谱资料工作大事记(1996—2001)，中国家谱论文索引(1874—2008)，主要家谱网站名录。王鹤鸣、王澄的《中国家谱史图志》(安徽科学技术出版社，2012)主要收录了《台湾区族谱目录》的编撰、大陆地区编修家谱简况、国内外宗亲共同编修新谱、新谱对旧谱的继承与创新、《中国家谱总目》的编撰、涵盖全球的《中国家谱总目》、特大型会通谱、统宗谱、"你中有我，我中有你"——中国少数民族家谱等内容。张全海的《世系谱牒与族群认同》(世界图书出版公司，2010)以满族、义门陈氏和古代中国向朝鲜半岛的移民为对象，考察了世系谱牒在族群认同过程中的角色问题。张桂萍编有《缅晗集——张海瀛谱牒研究文选》(山西人民出版社，2012)，收录相关文章。此外，郭玉峰的博士论文《明清以来湖南家族人口研究(1368—1949)》(南开大学历史学院，2007)是族谱历史人口学方面不多见的论著，其文利用湖南长沙府的三部族谱，在刘翠溶的基础上继续探讨。

台湾地区则有廖庆六的《族谱文献学》(南天书局，2003)一书，全面论述了族谱文献，重视族谱文献的信息。台湾史著名学者王世庆的《台湾史料论文集》上、下册(稻乡出版社，2004)收集了作者有关台湾族谱以及目录的多篇作品。

三 中国族谱资料的数字化建设

近年来，族谱数字化日益受到重视，学界也撰文探讨。例如，毛建军的《中国家谱数字化资源的开发与建设》(《档案与建设》，2007年第1期)指出："家谱数字化就是采用计算机技术，将常见的文字或图形符号转化为能被计算机识别的数字符号，从而制成家谱书目数据库和家谱全文数据库，用以揭示家谱中所蕴涵的极其丰富的信息资源，从而达到保护和利用家谱的目的。对家谱数字资源的分布做调查分析，既有利于指导下一步的家谱数字化工作，促进家谱数字资源的整合。又有利于社会各界充分利用家谱数字资源，挖掘家谱资源的文献信息。"该文介绍了上海图书馆，国家图书馆，台湾以及山东、安徽、浙江、福建、广东、四川诸省图书馆的家谱书目数据库。上海图书馆家谱数字化开展较早，黄显功的《上海图书馆的家谱数字化资源服务——古籍保护效果的一个实例》(《图书馆学刊》，2008 年第 1 期）介绍了上海图书馆在 20 世纪 90 年代开展古籍数字化项目的概况，并结合中国家谱数字化建设的背景，介绍上海图书馆家谱数字化资源建设和服务取得的成效。海南的家谱数据库建设也有论述，王芹的《海南家谱数据库建设的思考》(《图书馆学刊》，2009 年第 3 期）介绍，"海南家谱数据库"由海南师范大学图书馆 2008 年建库，系统采用 BS 结构，在 VS2005＋SQLServer 2000 的平台下开发。系统由前台页面和后台管理页面组成。前台页面使用了 lightBox 2.0 技术、图片组合在 FLASH 中使用了显示技术和 AspNetPager 分页技术。系统在 IIS5.0 和 NET 2.0 环境下运行。采用书名、责任者、版本、载体形态、附注、先祖、始迁祖、关键词、摘要、装订、收藏者、索书号、备注 13 个字段对家谱姓氏源流进行著录，对始祖、迁琼始祖的身世、生平、业绩、迁居背景也进行分析著录。王芹、邱红、余曰昆的《海南家谱收藏保护及开发现状》(《四川图书馆学报》，2010 年第 1 期）从《海南家谱提要》的出版、"海南家谱数据库"的建设等方面综述了海南省家谱开发现状，提出加强海南省家谱网站建设的建议。林红状的《高校古籍特色数据库建设实践探讨——以南开大学图书馆家谱研究文献数据库建设为例》(《图书馆工作与研究》，2011 年 第 11 期）探讨了家谱数据库建设的意义和优势，介绍了家谱数据库建设的实践，提出了高校古籍特色数据库建设的思考。讨论族谱数字化问题的还有管飒爽的《家谱档案的数字化生存》(《兰台世界》，2008 年第 21 期）等文章。程美宝的《网上织网：当代亲属关系的建构》(《学术研究》，2008 年第 9 期）利用这些网站提供的资料，辅以访问所得的事例，尝试理解族谱编纂者编修族谱的动机、方法和标准；并探讨在交通发达、资讯流通的 21 世纪中，城市人建构宗族联系的活动与过去乡村社会同类活动的异同。

图书馆加快中国族谱资料的数字化建设，网络检索族谱目录、阅读全文不断增加，家谱数据库制作取得显著进展。

国家图书馆与澳门基金会合作开发的"中华寻根网"于 2011 年 3 月开通，该网站称：

　　"中华寻根网"是建立在广泛合作基础上的全球家谱数字化服务、教育和研究项目，以保存人类文明的共同记忆为最终目标。该项目将在互联网上实现网络寻根、家谱编纂互动、家谱专家咨询、寻根百科、家谱在线阅览、家谱目录和全文检索、家谱谱系分析等功能。

　　国家图书馆将组织专业队伍全面处理家谱的数据整理、软件开发及相关工作。基于"中华寻根网"工程浩大，工作将分阶段开展。项目第一期的建设目标是建立家谱数字化综合服务系统，提供 500 个以上的姓氏、20000 条以上的家谱书目导航数据、1000 部以上的家谱文献。

　　"中华寻根网"已发布有影像的家谱 2392 条，可以按谱籍地、姓氏浏览家谱，该网站可以链接的家谱网站：中国大陆 48 个、港澳台地区 5 个，以及外国 2 个。

　　国家图书馆数字图书馆推进家谱的数字化，开设"家谱专题"。已提供家谱 200 多种，图片达到 12 万余张。

　　上海图书馆也建有"家谱数据库"。该馆共收藏有约 17000 种、110000余册中国家谱，是国内外收藏中国家谱（原件）数量最多的单位。收藏的中国家谱分为 335 个姓氏。该数据库系统支持基本检索和高级检索两种检索方式，此外，用户可在检索词后添加"?"，进行前方一致检索。数据库支持对七个字段进行检索：题名、姓氏、居地、堂号、著者、名人、丛书。同时可在检索字段中选择"全部索引"对这些字段进行合并检索。当用户检索命中记录时，便进入了结果浏览页面。该系统提供两级显示：简要信息、详细信息。其中，简要信息方式以 10 条记录为一页的方式分页显示命中记录的简要信息；详细信息则以字段方式逐条显示命中记录的详细信息，包括题名、作者、版本、居地、堂号、先祖/名人、摘要、索书号、全文（或有或无）。如果当前显示的家谱有全文扫描图片，则在"详细信息"页面的下部会有全文链接。检索结果可以保存和打印。

　　一些富藏家谱的省级图书馆也进行了馆藏家谱数字化工作。浙江图书馆家谱数据库可以检索 26574 条家谱目录。安徽省图书馆收藏明清至新中国成立前的家谱400余种、3200册，以徽州地区居多，部分收入《中国善本书目》，多为明代所刊，具有较高的价值。2005年该馆制作了有"谱牒文献"专题网页，首次完整地呈现了馆藏家谱（除新谱外），后来又建设"家谱数据库"，在"谱牒文献"专题的基础上，完善了其检索功能，丰富了检索途径，收录了包括部分新修谱在内的共计900余条数据。湖北省图书馆积极开展抢救性族谱征集活动，入藏家谱五百部。并充分利用数字化手段，采用高速微缩胶片扫描仪、赛数OS12000V古籍善本专用扫描仪，建立具有地方特色的家谱影像全文数据库，包括数字化家谱百余部。该馆五楼开辟500平方米家谱阅览区，免费为读者提供数字化家谱，供广大读者寻找"姓氏的根源"。[1]

南开大学图书馆自建特色数据库，包括"家谱研究文献数据库"，数据库称：

> 多年来家谱文献一直是我馆特色馆藏之一，目前数量上在天津地区占有绝对优势，在全国高校图书馆中也名列前茅。近几年，从国内普通民众到旅外华侨再到学术研究人员，对于家谱文献的阅读使用需求日益增加，为了充分发掘我馆馆藏家谱文献的价值和利用率，我馆特向天津市高校数字化图书保障中心申请了"家谱研究文献数据库"，并被批准为"十一五"天津市高校特色资源建设项目中的重点项目。
>
> 该项目的形式为一个以多个有关家谱文化的数据库为基础的综合性家谱文化网站，属于数字化网上资源，具有多重功能，其建设宗旨首先为了全面和比较深入地揭示南开大学乃至天津地区存世家谱，并为家谱研究专业人士提供一个便利的文献检索入口和工具；其次是为一般大众提供具体生动的中华家谱文化知识，为普及和传承中华传统文化知识作出相应的贡献；第三是迎合海内外华人世界编修家谱的需要，为需要者提供有益的家谱编修知识和参考依据；第四是也可以在一定程度上满足海外华人回大陆认祖归宗时查阅本家家谱的需要。

---

① 别鸣报道：《湖北省图书馆入藏家谱五百部 数字化家谱百余部》，载《湖北日报》，2013-07-25。

该数据库于 2011 年 4 月运行。内容包括馆藏特色家谱全文数据库、馆藏家谱书目数据库、中国家谱知识视频、馆藏特色家谱专家点评、其他馆馆藏家谱全文数据库、天津有关单位藏家谱书目数据库、家谱研究论著检索数据库、家谱相关网站链接、主要家谱收藏单位名录、家谱文化信息，其中"馆藏特色家谱全文数据库"计有家谱 50 部，可以按册阅览。"馆藏家谱书目数据库"为 357 部家谱提要，著录索书号、谱牒名称、书影、谱籍地、编修人、编修年代及版本、始祖及始迁祖、谱牒简介、数量、收藏单位、备注，计 11 项。"其他馆馆藏家谱全文数据库"介绍 53 种家谱（有个别非家谱）。"天津有关单位藏家谱书目数据库"为 213 部族谱提要。"家谱相关网站链接"，可以链接综合性、地区性、单姓、英文等各种网站 413 个，搜罗甚全。

此外，一些市县图书馆也进行了家谱数字化工作。例如，上虞图书馆的上虞家谱，介绍了 55 部家谱的部分图像。

值得一提的是"家谱网"。该网综合利用了已出版的家谱目录、提要，提供的检索条目数量大，检索方便，用于商业目的。该网称："家谱网是目前国内最为专业的家谱提供商，提供 20000 余种、近 200000 册中国家谱！……家谱网收藏的中国家谱共有 335 个姓氏，包含热门姓氏张、陈、王、李、刘、吴、周、朱、徐、黄、杨、胡等。收藏地区涵盖全国 30 余个省市，包括浙江、湖南、江苏、安徽、江西、上海、福建、湖北、广东、河南、四川、山东、河北等省。家谱网收藏的家谱多为清代、民国期间木活字本和刊本。"

特别是美国犹他家谱学会，经过多年努力，已拥有当今全球最大、最完整的华人族谱缩微胶卷库，目前正在着手建立全世界华人家谱目录。①中国的学术界在族谱数字化方面任重道远，应当建成全球中国族谱数字化最好、最大的系统。

---

① 《美国犹他家谱学会欲建立全球华人家谱数据库》，《中国日报》网站，2004-09-14，09：44。

四 结 语

以上论述了中国族谱资料的整理、研究和数字化建设的基本情况。可知中国族谱资料的整理工作，在编目、提要、选编、汇编、影印、考释几个方面取得了可观的成绩，但是还不太完善，需要继续努力。例如，民间族谱、1949 年以后新修族谱有待收集编目，族谱提要编出的只是一部分，资料选编还应选择新的专题，汇编影印也需要新的选题。

中国族谱的研究也取得了相当大的进展，在社会史、地方史、文献学、历史人类学等研究的促进下，族谱的研究不断求新进取，发展趋势良好。但是，我们也应当看到，研究在时间、空间上分布得不够系统、全面，空白之处不少，需要扎实的工作弥补。例如，晚清族谱普及化，民国族谱变化较大，都还没有研究的力作给予揭示。至于当代修谱活动，还需要深入地探讨。

中国族谱的数字化建设已经全面启动，初见成效。由于存世族谱数量巨大，只能分期、分批不断数字化，最后完善。事实上族谱的数字化属于古籍的数字化、馆藏数字化工作的一部分，这两项工作完成了，家谱自然不在话下，这当然需要时间。此外，出于寻根问祖与学术研究的需要，当然应该加强家谱数字化建设。

中国族谱资料的整理、研究和数字化建设的推进，有赖于专门性研究的推进。就族谱的收藏来说，图书馆特别是其古籍部都有一支以文献学、图书馆学为专业的研究队伍，特别是一些地方和单位还设立了专门的机构，如上海图书馆、国家图书馆、山西省社会科学院等。此外，大学的国家、省、校各类研究中心、院所也有重视研究族谱的机构，如南开大学中国社会史研究中心、安徽大学徽学研究中心、中山大学历史人类学研究中心、厦门大学民间历史文献研究中心、吉林师范大学满族文化研究所等研究机构开展专项研究，为此，收集整理族谱进行数字化，我以为应是一项重要工作，可以将学术研究、资料整理、公众服务三位一体，深化对中国族谱的认识与利用。

（作者为南开大学中国社会史研究中心教授）

我们的研究计划：数字化和智库

吴松弟

复旦大学历史地理研究中心自 2000 年开始和哈佛大学等单位合作，研究中国历史地理信息系统以来，即开始走上数字化的道路。本所制作的《中国历史地理信息系统》展出版，2009 年 9 月被教育部选中，参加中华人民共和国六十周年建国大庆，党和国家领导人都参观了该系统，教育部对此给予较高的评价。

此后，我们继续进行历史地理的数字化工作。目前状况和未来五年的计划有以下几方面。

第一，进一步深化研制中国历史地理信息系统(CHGIS)。一是完成一期需补充部分；二是进行二期研究，目标是将表达的时间从一期的 1911 年下延到 2010 年。上述两方面的工作完成以后，中国历史地理信息系统不仅可以为古代史的学者所利用，也能为近代史和现代史的学者所利用。由于各学科的数据绝大部分都与空间、地点有关，它们的数据库只要与 CHGIS 相叠加并略加改造，便能转化成表达各种专业数据的空间分布状况、可用于教学和研究的电子地图。

第二，帮助教师在研究工作中很好地运用中国历史地理信息系统，并鼓励他们除了出成果之外，还提交一个符合本所技术规定的数据库。本所将利用这些数据库，制作不同的专业性的历史地理信息系统的子系统，并对外公布，以便学界利用。

第三，本中心创建的"复旦大学历史空间综合分析实验室"去年已经挂牌，并开始初步的工作，以实现地理信息系统、数据库、数理分析方法和传统的历史地理研究方法的良好结合，通过方法论的进步，进一步推动历史地理研究的科学化、精细化和可视化。不仅推进历史地理的深入研究，而且使其相关成果有更好的表现形式，我们相信这一做法也会推进历史学的研究。

对全所教师而言，实验室将帮助他们在研究过程中建立配套数据库，再通过实验室的工作使这些数据库得以做空间表达和可能的运算。我们目前已完成30余个数据库的数据整理工作，其中292个已经可以上复旦大学历史空间综合实验室的网页〔http：//timespace－china．fudan．edu．cn〕查阅使用。

历史地理是历史学和地理学之间的交叉学科，它不仅可以通过扎扎实实的长时段、中时段和短时段的研究，帮助学界（尤其是历史学界和地理学界）和政府部门（国家和地方政府的两个层面），正确认识错综复杂的地理现象的变迁过程，还能在经济建设、文化发展、生态保护、国家统一、民族和谐和疆域完整等方面发挥自己的作用，间接或直接为现实服务。

在智库建设方面，本中心打算利用我们所掌握的丰富的历史地理资料和相关研究成果，建立"国家政策历史地理咨询平台"，供中央和地方政府领导人在制定相关政策时方便、迅速地获得直观、生动而又真实的历史依据。

"国家政策历史地理咨询平台"的研制工作，将由"复旦大学历史空间综合分析实验室"承担。它不仅包含大量的经过整理的历史地理研究成果和基本资料，也加入以政区为主的通用版"中国历史地理信息系统（CHGIS）"，以及利用各种数据库制作而成的许多专业性的历史地理信息系统。"国家政策历史地理咨询平台"的所有的内容一般都具有便于检索和空间表达的特点，并便于使用者反馈意见。

（作者为复旦大学历史地理研究中心教授）

县级档案与契约文书的搜集、整理与研究

曹树基

一 缘 起

2004 年 3 月，我从复旦大学转入上海交通大学工作，创办上海交通大学历史上的第一个历史系。有两个契机促使我们选择从历史文献的搜集与整理入手，为这个新生的历史系奠定基础。

第一个契机：2003 年，我完成了一部名为《大饥荒：1959—1961 年的中国人口》，专门讨论三年大饥荒中的人口死亡。这一研究承接我的中国移民史与中国人口史研究，可以看作中国人口史研究的一个部分。然而，由于这一研究涉及大饥荒的成因，所以，本研究也就成为当代中国史研究的一部分。从 2004 年开始，本系已经开始进行小规模的江南疾病史的档案搜集，积累了一定的经验。至此，为了全面研究新中国史，我们的资料搜集就从土改档案的全面搜集开始。

第二个契机：2006 年，为了更好地展开当代中国史的研究，我访问了香港中文大学的中国研究资料服务中心。在那里，我结识了香港中文大学建筑系的何培斌教授。何培斌教授正在研究移民建筑史，当他得知我曾经进行过浙南山区移民史的研究时，便邀请我加入他们的研究团队，在浙南山区寻找一个合适的移民村落展开相关研究。就这样，我们开始卷入浙南山区的村落研究，接着卷入契约文书之搜集、整理与研究。

二 县级档案

1. 档案开放

1987 年中国颁布《中华人民共和国档案法》，1996 年和 2010 年均有修正。大约从 2000 年开始，各县档案馆开始对外公布档案。学者们的研究工作随之而展开。在县级档案馆阅读档案，需要耗费大量的精力与经费。将档案带回学校进行仔细研读，可以取得事半功倍的效果。

2. 20 世纪 50 年代县级档案

由于以上原因，我们开始搜集县级档案。我们的目标是要在上海交通大学建立一个中国现代史的研究平台。我们所收集档案的形成时间主要是 1949—1963 年，我们将此笼统称为"20 世纪 50 年代县级档案"。这批档案不仅可以研究新中国史，还可以研究 1949 年以前的中国近代史。如果说 1949 年以前的中国社会是一个传统的社会，那么 20 世纪 50 年代则是中国传统社会的终结。在这个关键的年代，各地留下了大量档案，主要包括对旧制度进行改革、对旧人物进行整肃的档案，这些就是对刚刚结束的那个时代的证明。

每年夏天，本系教授都带领一批研究生，前往相关市县档案馆搜集档案。在征得档案馆方面的许可后，我们挑选目录，用数码相机拍摄，带回上海编目整理。也有相当一批档案直接来自档案馆制作的 PDF 文档，在经得允许后直接下载。

3. 从上海到中西部

我们最初的收集工作以上海郊县为中心，而后扩大到苏南与浙北地区。在这些地区我们发现，开放档案大约为全部档案的 50%。档案不开放的理由既有政治敏感的因素，如政治运动档案、人事档案与组织档案、宣传部门档案、县委会纪录、法院与公安局档案等；也有人事方面的考虑，如"五反"运动中处理小商小贩的档案。我们相信，在中国大约 2800 个县级单位中，其档案的开放程度一定是不同的。A 县的不开放档案，B 县有可能开放。于是，我们开始进入中国的中部和西部地区收集档案。

迄今为止，本系收得的 8 省共 50 个县级档案大约 6 万余卷，600 万页，是中国收藏县级档案最为丰富的学术机构。

4. 县级档案的基本架构

省—县—县委办、政法部、农工部、财贸部、整风办等、社教办、四清办、纪委等的档案。

县政府、财贸、粮食、民政、农业、水利、妇联、工商、人口普查等的档案。

乡镇政府：包括乡党委、乡政府为执行上级下达各项任务的实况记录。

银行、法院、公安等的档案。

5. 特色档案举例

(1)四川省江津县土改档案

迄今为止，江津县档案是我们所见县份中卷帙最为浩繁、内容最为丰富的档案。其中的土改档案也是所有我们见过的最为系统、最为翔实的档案。根据江津县土改档案，我们才知道新解放区的土地改革可以分为三个阶段：首先是"大户加征"，其次是"减租退押"，最后才是"分配土地"。土地改革中斗争最激烈的"诉苦"运动发生在"减租退押"而不是"分配土地"的阶段，而"大户加征"与"减租退押"具有的"财政"性质才是土地改革的目标所在，分配土地在某种意义上只具有象征的意义。

(2)江西省南昌县土改档案

目前所见数量最多、内容最为丰富的有关工商业兼地主的档案，对于我们了解土地改革中工商业者的遭遇以及土地改革的性质帮助极大。例如，我们的研究表明，由于 1949 年秋天的征粮(亦即江津县 1950 年年初的"大户加征")，南昌县农村陷入严重的"春荒"。

(3)安徽省无为县县委会记录

目前所见，只有安徽、湖南两省的中共县委会记录是开放的，其他省的皆不开放。在 1959－1960 年间，95 万人口的无为县死亡人口多达 25万。我们的问题是，县境内如此众多的人口死亡，县委到底知情不知情？如果知情，又采取了何种措施？最后的惨剧因何而造成？仔细研究县委会记录，我们得到了答案。

此外，特色档案还有江西省某县、河南省某县及湖南省某县的镇压反革命档案、反动会道门（民间宗教与信仰）档案、劳改劳教档案、纠正农村冤假错案档案、现行反革命档案等。

6. 研究内容

1949 年以前的社会结构、20 世纪 50 年代初期的乡村货币、大户加征、减租退押、镇压反革命运动与土地改革的关系、土地改革对工商业者的清算、统购统销的准备过程及数据制造、农业合作社退社风潮的形成、大饥荒中区域死亡率差异之形成、大饥荒与县级政治等。

7. 档案评估：结果与过程

以上所列各项特色档案，其最大特点是其性质的与众不同。对于绝大多数县级档案而言，我们今天所见大多数为"结果档案"，即各种运动的总结报告，而上述各项特色档案的最大特点为"过程档案"。"运动"及"任务"的细节，或在总结报告中不见，或被意识形态遮蔽，但在过程档案中却一一呈现。例如，在中共县委会的记录中，所有的重要工作几乎都被县委领导们所讨论。领导者的意见或高度统一，或偶有分歧，最后的决策过程与执行过程也清晰可辨。

8. 开放问题

由于各县档案馆都不允许其他单位开放自己的档案目录，更不允许其他单位出版自己的档案，所以，在目前情况下，本系拥有的县级档案尚无法对外开放。我们只能小范围地向学者开放。

三 契约文书

1. 石仓的发现

浙江省松阳县石仓位于小溪流域，原来是一个小乡，现并入大东坝镇。康熙后期，来自上杭的阙氏迁入石仓，发展成为现在石仓的主姓。乾隆至咸丰年间，阙氏通过冶铁业迅速积累财富，在石仓兴建了 20 余幢大屋，既满足了香港中文大学建筑系何培斌教授的研究需求，也为我们的建筑社会史提供了重要的素材。

第一次进入石仓时，我向村民寻查宗谱，村民将我带到阙龙兴家。后来我们知道，宗谱的收藏者往往都是一个宗族中有权势的领导者。当然，所谓权势，有时指的不是政治权力。例如，阙龙兴，他是一个刚刚退休的小学校长，在与我们合作几年后，接替一位九十高龄的长者，成为新一任族长。

通过宗族查找契约文书也成为我们常用的手法。借此，我们在石仓发现了大量的契约文书。在石仓大屋的某个角落里通常有一个小木箱，甚至有一个较大的木箱，那是这个家庭或家族收藏契约文书的地方。

鉴于石仓村民不愿意将契约售与他人，所以，我们在石仓建起了工作室，负责契约文书的搜集、整理与扫描的工作。回上海后，我们对扫描件进行编辑整理，进行录文后加以标点、注释并出版。

2. 契约文书的价值

明清时代至 20 世纪 50 年代初期形成的契约文书，每份都具有其独特性与不可复制性，每一份契约文书都具有自己独特的文化价值。它们是研究传统中国的土地制度、产权关系、乡村商业、乡村社会的最好资料。因此，每一份契约文书都具有较高的学术价值。

在 20 世纪 80 年代至 20 世纪 90 年代，以契约文书为基础的中国社会经济史研究，一直是中国史学最活跃、水平最高的分支。契约文书的搜集与整理，既构成学术基础，又构成学术前沿。21 世纪以后，中国社会经济史研究不再是中国史学的主力分支，渐被边缘化。现在，随着大批契约文书的出现，中国社会经济史完全有可能出现新的研究高潮。

3. 由点及面：浙南、徽州与江西

在一个村庄发现如此大量的契约文书，并不是一个偶然。在浙南山区，应当有其他的石仓、应当有更多的契约文书被发现。从 2010 年开始，我们以石仓为中心，对浙南山区展开拉网式的搜寻工作。以户为单位、以村庄为中心，我们大约搜集到 10 万件契约文书。目前，我们已将浙南山区的契约文书市场转交给浙江师范大学，上海交通大学将与他们分享浙南契约文书的搜集、整理与研究。

从 2009 年开始，我们的资料搜集工作扩展到徽州地区。在低价收购了两年以后，由于南方一所大学的强势介入，徽州文书的价格开始猛涨，逼迫我们不得不退出徽州市场。由于动手较早，在徽州，我们大约搜集到 10 万件契约文书。接着，我们在福建的契约文书搜集也取得成功，搜集的契约文书大约也在 10 万件左右。迄今为止，本系搜集的契约文书共计 32 万件。

2012 年夏天，为了给一篇博士学位论文寻找素材，我们在鄱阳湖区搜集契约文书。在半年的时间里，我们在鄱阳湖区北部、东部和南部跑了几十个村庄，采用"宗谱—契约文书"的询问方式，搜集了一批明清以来的契约文书及诉讼文献。之所以称之为"诉讼文献"而不称之为"诉讼抄底"，是因为这批文献是盖有官印的文献，而不是我们通常所见之白纸抄件。这批文献集中于鄱阳湖区，是本系收藏之契约文书中最为特殊的一类。

由于鄱阳湖区的契约文书涉及以宗族为单位的产权演变，我们暂且称之为"族产私有"，所以，这里的契约文书是不可以买卖的。我们说服宗族领袖将契约文书带到上海交通大学，经过整理、装裱、扫描，再将文书送回村庄。就这样，我们完成了鄱阳湖区共 10 册契约文书及诉讼文献的整理工作。

我们相信，在云南，在湖南，甚至在北方地区，都有可能找到相当数量的契约文书。中国的契约文书存量惊人。我们的发现可能只是冰山一角。

4. 整理的策略：户与村

我们在校图书馆建立起大型契约文书整理工作室，聘请三位有经验的装裱师傅主持契约文书的修理工作。以户为单位，以村为中心，我们目前的工作有：

第一，力争在 2014 年完成《石仓契约》《石仓账本》共 5 辑、50 册的出版工作，并出版"石仓文献"数据库；

第二，2014 年出版《上海交通大学藏地方历史文献汇编·鄱阳湖区契约文书及诉讼文献》第 1～10 册；

第三，2014 年出版《上海交通大学藏地方历史文献汇编·徽州歙县绍濂文书》第 1～30 册；

第四，2015 年出版《上海交通大学藏地方历史文献汇编·徽州歙县北岸文书》第 1～50 册；

第五，2015 年出版《上海交通大学藏地方历史文献汇编·浙南景宁、庆元文书》第 1～50 册。

我们在景宁县大祭镇梅坞乡山塘村所搜集到的吴姓契约，其数量多达 1500 余件，包括元代抄契一件，明代契约 38 件，其他则为清代及民国年间契约。在隔壁的庆元县某村，一户有契约 1100 件，其中有 150 件明代契约，实属罕见。

以徽州府歙县为例，我们可以"图"即村庄为单位，建立我们的数据库，这在徽学研究中将是史无前例的。我们也会出版一些少见地区的契约文书，如辽宁喀喇沁左旗牛营子村 284 件刘、王等姓契约（乾隆十年开始）和 264 件云南蒙化方氏、王氏契约等。

5. 研究内容

石仓研究：地权结构研究、产业研究、人口研究、赋役史研究、会社组织研究、建筑社会史研究、农民家计研究、地价、物价与工价。

鄱阳湖研究：鄱阳湖区私有产权之起源、鄱阳湖区渺水期私有产权之界定（股—船—钩）、鄱阳湖区枯水期草洲产权之界定、中共新政权对于产权的颠覆（湖底权、湖面权及历史习惯的崩溃）。

6. 开放研究

我们正在设计一个以会员制为主要内容的契约文书开放制度。我们拟将本系"地方文献研究中心"改造成为驻所研究员与非驻所研究员的形式。驻所研究员为本系教师，非驻所研究员由非国内外著名大学或研究机构的研究人员组成，他们享有与驻所研究员同样的查阅契约文书之权利。具体细则还在拟定当中。

（作者为上海交通大学人文学院历史系教授）

版本目录学的思考与实践

——《上海图书馆善本题跋真迹》编后记

陈先行

　　为纪念上海图书馆建馆六十周年，《上海图书馆善本题跋真迹》终于付梓问世了。我们既为之庆幸，又不免忐忑。庆幸的是，此书早在编撰《中国古籍稿抄校本图录》时已纂就初稿，但好事多磨，历经十多年后方觅得修订出版机会，曩昔所费心血总算未付诸东流。又幸在此期间，我们于版本目录之学续有学习与实践，此番通过增补厘定，不仅内容愈加丰富，质量也有所提高，则"多磨"不无益处。忐忑的是，闭门所造之车，出门是否合辙，即其总体上能否达到有功学术、便利研究之初衷，尚待读者评判。

　　偌大一部书，仅冠以一篇简短弁言，似不相称，实经三思。盖其资料本已精彩足珍，若增附冗言繁词，不啻续貂之狗尾，徒令读者生厌。不过，此书虽由公家发布，毕竟含有编纂者个人理念，诸如编纂之旨意、问题之发现与处理，似应向读者做必要的说明，故另撰本文，以为交代。

■ 一 版本目录重在鉴定版本

　　题跋流行于宋。宋人别集中，"题跋"一门所在多有，为便利用，明季常熟汲古阁主毛晋纂录宋人题跋二十余种刻入《津逮秘书》，遂导专辑前人题跋之先路。然而毛氏所刻诸编，多为题识字画墨迹、金石碑版之词，关涉书籍者几希，这从一个侧面反映了宋代的人文现象与学术特点。

　　书籍之题跋盛行于清代，此据现存古籍题跋大都清人所为盖可知晓。

究其根本，乃清代汉学勃兴，致目录、版本、校勘之学得获长足发展而演为显学。汉学家们整理古籍，由群经而至子史集类，莫不以辨别真伪为要务，于是检目录、择版本、施校勘成为治学之必需。每得一书，有所发明，便缀语题识其上，或叙版本异同，或辨字句讹误，或阐著书旨意，或述撰人仕履。而风气所及，又不局限于专门学问之家，但凡喜好蓄书贮本之士，皆有撰写题跋之雅尚。出于不同旨趣，其题跋于藏书之源流，刻印之精粗，流传之多寡，价值之贵贱，乃至攸关书事之友朋交往、经济生活等也每有论述，内容极为丰富。

乾嘉以还，伴随版本目录学之进步，为顺应时需，辑刻书籍题跋蔚然成风。迨至清末，公共图书馆接踵成立，大部分古籍由私庋转为公藏，惜乎迄今为止，大陆各类公藏图书馆鲜有纂辑馆藏善本题跋予以流布者，未餍人们研究之需求。

三十年前，台湾"中央图书馆"曾发布《善本题跋真迹》四册，因种种原因，多年以后才幸获该书，摩挲不忍去手。我们注意到，读者于该书的关注焦点，普遍停留在大量题跋原始文献之上，并没有意识到其于版本目录学领域之创获。该书从根本上说是一部版本目录，这从清代某些载录题跋的藏书目录中可寻得其脉络，但它一改以往编目只有文字著录、辑录题跋只有释文的旧习，采用以图版形式编纂古籍目录的方式，令人耳目为之一新。过去的古籍目录，或囿于客观条件而未能准确揭示原书版本面貌，或因未见原件而难辨题跋之真伪、难明系著者手迹抑或他人过录。故这部真迹影印本不特为读者提供第一手数据，亦是鉴定古籍版本与名家题跋之实证资料，具有较高的学术价值。艳羡之余，每思仿而效之，尽早将上海图书馆的善本题跋公之于世。

视一部没有解题的古籍版本目录为学术成果，是否有点自恋？现在有人甚至包括一些图书馆人，认为编纂版本目录并无学问可言，充其量不过是书皮之学而已。确实，由于工作性质与现状，图书馆员目前尚无条件像大学、研究所那样将主要精力用于专门学术研究，杂务而外，在日常从事大量基础整理编目的工作中，只能摸摸书皮，难能从容浏览研究，说懂书皮学实在也是受到抬举。何况古籍浩博难穷，经眼之书仅九牛一毛，识见有限；有的版本即便置于案头，也未必能看明白。但如果因此而否认古籍版本目录是一门不易掌握的学问而轻忽之，其结果可能是：编目者流于孟浪，难以编出有质量有特点的目录；使用目录者陷于无知，辨别不清目录之优劣，贻害其于文献之利用。

作为一名老编目员，我在工作中常思考一个问题：当代编制古籍目录，从哪方面能有所突破，体现出时代特点。思来想去，觉得利用前所未有的信息条件，在前人基础之上，对版本进行更为准确的鉴定与著录，是吾侪应奋发努力之正务，也是版本目录之学发展的重点所在。

以往的古籍目录，种类不一，功用也自不同。最为人们关注与首肯者，是符合章学诚所谓"辨章学术，考镜源流"的目录，尤其是具有这种功能的综合目录。具体而言，这种目录对古籍有着合理的分类，并辅以序录文字（或称解题、提要）加以阐发，便于读者对书籍的利用。因此，目录学家一直奉"辨章学术，考镜源流"为圭臬，并将分类之法当作编目重点与主要研究对象。根据章氏之理念，《四库全书总目》无疑是一部迄今为止相对完善的综合目录。因其在总结利用历代目录分类成就的基础上，因书制宜，制定了更为合理的分类法。从今人将"古籍"予以断代，赋予"主要指1912年以前书写、印制之书籍"含义的角度，可以认为，古籍的分类法到了《四库全书总目》已经定型，且为人们普遍接受。因为自乾隆至今之古籍目录，除个别如《孙氏祠堂书目》之分类标新立异但鲜有响应者外，几乎都沿用四库分类之法，即或有所变通（诸如有历史影响的现代大型联合目录《中国丛书综录》《中国古籍善本书目》等），终究未脱离其根本。由此出现了这样的情况，当分类法无须做颠覆性的变更，不再成为编目的主要问题，而后来公私目录于"辨章学术，考镜源流"之成就上又难以迈越《四库全书总目》时，目录学家失去了新的研究对象，再如何殚精竭虑也难有发明。那么，编者与利用目录者对现在的古籍编目工作不以为然，似乎也在情理之中了。

然而，有一桩极为要紧之事是绝不能忽略的，那就是版本鉴定。古籍目录真要达到"辨章学术，考镜源流"的境地，除对古籍予以合理的类分、撰写序录以阐述学术源流之外，还应对版本予以准确的鉴定著录。如果古籍版本的来龙去脉未明，其文本的面貌不清，"辨章学术，考镜源流"又从何谈起。而以往的公私目录，或多或少存在着疏于版本鉴定的著录问题，可是许多人对此没有足够的认识，当然也不会真正明白版本学及版本目录的功用。

目录学家们一谈到版本学、版本目录，即便不追溯至西汉刘向的《别录》，也会将宋人尤袤的《遂初堂书目》当作始祖，虽然有一定的道理，但他们似乎未认真思考过，为什么从宋末直至明代中后期长达三四百年的历史时期中，公私目录几乎都未效法尤氏之目录著录书籍的版本。任何学问的发端、形成与传承、发展，皆有实际需求与研究对象。当书籍的版本流传呈现错综复杂的情况，导致源流不清、真伪莫辨之状时，人们开始注意鉴定考订版本，版本之学随之发端，编纂目录者意识到著录书籍版本的必要，而该时间约在明代后期而非之前。彼时鉴定与著录的对象主要是宋元旧刻，尤其是宋版，一是宋版已成稀见之物，二是有伪造宋版出现。可以说，版本学的发端与鉴定研究宋版有着密切关系。因此，同样是对书籍版本的关注，刘向的《别录》抑或尤袤的《遂初堂书目》，以及其他宋人目录著录版本，主要是出于校勘方面的需要，属于校勘学范畴，与明末以后逐渐形成、发展的以鉴定版本为主旨的版本学、版本目录性质是不同的。有的人对此缺乏认识，又疏于版本学实践，遂片面认为明清藏书家目录著录宋元旧本只是一种收藏珍稀文物之炫耀，丝毫体会不到其鉴定版本的时代意义、成就与对学术研究所做的贡献，因而对当今版本学及版本目录应当如何发展，也难免陷于盲目。

版本之学真正流行，版本目录成为专门，是在清代。清初的版本目录以钱曾的《读书敏求记》为典型，对后来藏书家注重版本、藏书目录著录版本有着重要影响。但在当时只有朱彝尊等少数学者青睐于斯，整个藏书界并未形成风气，不著录版本的简式目录仍复不少，遑论踵接钱氏的版本赏鉴之作。这是因为，在官本位的社会里，若无官方认可与导向，学术即或有创新之迹象，也难以成型发展，更不可能成为主流。直至乾隆嘉庆年间，官方的《天禄琳琅书目》及《天禄琳琅书目后编》先后问世，藏书之家才纷纷仿效，真正成就了"版本目录"这一门类，从此以后，官私编制藏书目录，无论繁简与类别，著录版本成为必须，至今沿袭未变。

虽然，自版本目录成为专门之时起，官私编纂的目录由于受主客观因素的限制，在版本鉴定考订与著录上一直存在各种各样的问题。就以人们所推崇的《四库全书总目》来说，尽管《天禄琳琅书目》被收入《四库全书》，但《四库全书总目》于版本考订方面远不如《天禄琳琅书目》用力，甚至可谓忽略。该目录大致在书名、卷数之下仅记录底本来源，不直接著录某书确切的版本；有的提要因出自翁方纲等考据家之手，间或有版本考证，但更多的提要对底本的版本面貌往往不置一词（这里主要指《四库全书总目》三个来源之一的各地采进之本），反映出《四库全书总目》未在版本鉴定考订上下功夫，存在对底本不加甄别选择的情况。例如，宋陈襄的《古灵先生文集》，明明有孙仰曾进呈的宋绍兴三十一年（1161）的陈辉刻本（今藏上海图书馆），《四库全书总目》却弃置不顾，采用了讹夺颇多的别本。更令人难以接受的是，馆臣为撰写提要而无视版本面貌。余嘉锡先生在《四库提要辨证·序录》中指出："馆臣随取一本以为即是此书，而不知文有异同，篇有完阙，以致提要所言与著录之本不相应。如宗懔《荆楚岁时记》，提要所据为《汉魏丛书》本，而《四库》所收，则《宝颜堂秘笈》本也。"如果说这种率尔以别本撰写提要的现象早已为学术界所诟病，那么另一种为写提要而肆意删削原本文字的情况，则以前很少有人注意。明眼人都清楚，纵使是专家，要在短时间内写出一大批有见地的书籍提要，殊非易事。实际上，《四库全书总目》的有些提要系参考前人相关著述写成，并非馆臣的发明，这自然可以理解。有的提要乃径据原书的序跋、凡例等文字编缀而成，此法本来也无可厚非。但为了加以掩饰，抑或避免提要与原书序跋、凡例等出现文字重复，馆臣居然对原书进行随意删削而不据实抄录，这就淆乱了底本的原始面貌，导致《四库全书》文本的不确定性。例如，宋曾肇的《曲阜集》，《文渊阁四库全书》的底本用的是清康熙曾思孔刻本（今藏上海图书馆），该本前有清康熙六十一年（1722）李灏、曾俨两序，明永乐十年（1412）曾棨旧序，以及本传、目录，文渊阁本皆不抄录，而其提要实即据诸序写成。尤其是对曾肇著作历来传本的叙述，皆抄自曾俨序文，非馆臣考证所得。此外，该书为曾肇裔孙曾俨等编纂，名《曾文昭公集》，馆臣随意将书名改作《曲阜集》，使其传本面貌不清，同样是版本目录忌讳的做法。

窃以为，《四库全书总目》生发这些轻忽版本的现象，主要并非馆臣的认识不足，而是其背后存在他们难以克服的原因。须知鉴定考订与著录版本乃至撰写提要，得花大量精力与时间，谈何容易。而编纂《四库全书》及《四库全书总目》，原本是一项紧要的"政绩工程"，迫于时日，不得从容。这从现藏于澳门"中央图书馆"的翁方纲撰写的提要原稿（有 2000 年上海科技文献出版社影印本），也可看出仓促行事之端倪，其几乎没有时间考订版本，而撰写提要之业又与每天接收各地进呈之书同时进行，难度之大，恐神仙也会束手。故有意无意地避开版本考订，忽略文本的可靠性，实在也是出于为敷衍皇命而因陋就简的无奈之举。如果真以为馆臣之识见未到，将责任全往他们身上推，那便是后人的无知了。因此，揭示《四库全书总目》的缺陷固然必要，但目的是为避免今人治学及编制书目可能出现重蹈覆辙的现象，而非刻意批评以纪昀为首的编纂人员。

类似的情况同样出现在《天禄琳琅书目后编》（以下简称《后编》）之中。因《天禄琳琅书目前编》之书于清嘉庆二年（1797）遭回禄之灾，彭元瑞等奉敕复据宫中藏书编撰《后编》。《后编》之书现存世尚多，其中不少明代翻刻之本，《后编》著录皆为宋元本。例如，潘重规先生旧藏的明本《详注东莱先生左氏博议》，《后编》作宋本（笔者曾于 2007 年受沪港文化交流协会之托，赴香港鉴定潘先生遗藏）；今藏南京图书馆的明本《前汉书》，《后编》作元本（前几年评审《国家珍贵古籍名录》时所见）。诸如此类，不一而足。须知彭元瑞等专家乃当时官方眼中的一时之选，其鉴定版本水平在清代虽称不上顶尖，但毕竟掌握国家资源，见多识广，偶尔看走眼固属难免，若接二连三出现鉴定失误，甚至是较为低级的失误，则不能不使人怀疑，是其故意为证明《后编》所收之书无论数量与质量皆超过《前编》，从而取悦乾隆皇帝。他们如此不顾惜个人学术名声，想必也有说不出的苦衷。只是这种错误不仅是对反映当时版本学、版本目录最高成就之玷污，还贻害后人，至今仍时有以讹传讹的现象发生。

对此，乾嘉以来的版本学家们有着颇为清醒的认知，由于他们大多为藏书家，以自己的藏书与经眼之书校核前人的目录（包括《四库全书总目》《天禄琳琅书目后编》），便发现许多版本的鉴定著录存在问题，于是潜心版本鉴定考订，正讹纠谬，为古籍整理与研究和版本目录学的发展做出了很大贡献。其中尤以黄丕烈、傅增湘等最为著名，其鉴定版本水平之高，令人钦佩。

然而，世上轻视版本学实践者也不乏其人。与黄丕烈同时代的洪亮吉，在其《北江诗话》中唐突地发了一通藏书家类分考订、校雠、收藏、赏鉴、掠贩五等的议论，明显地褒扬以钱大昕、卢文弨为代表的考据、校勘家，贬低以黄丕烈为代表的版本学家。这让那些不重实学、喜好空谈者似乎有了理论依据。平心而论，洪氏以诗文名家，版本之学非其所长，其置清代的考据校勘与鉴定版本于截然对立之境地，且不顾客观，妄分等地高下，只能说明他于文献整理，于钱、卢、黄等人各自治学特点及其功用的无知。我们不清楚他所发议论的背景，却不能无视其言论之负面影响。

已故版本目录学家潘景郑先生曾言："目录版片，辅车相依。鉴赏装潢，虽不离乎骨董，而校雠考订，犹端赖夫旧椠。故耻言版刻而高谈簿录，诚非折衷之识。……叶氏《书林清话》论版本详矣，罗陈虽宏，实征攸待；可备掌故，靡以考镜。"（见《明代版本图录初编·跋》）又跋明本《盐铁论》云："邵亭审辨版本固非能事。尝读所著《经眼录》一书，其所称宋元本，误者不胜枚举。即此九行十八字之明本，余曾见之，字体轮廓固与寻常正嘉本迥异，无怪邵亭之诧为宋本，郋园又从而和之，更误其藏本为涂祯本，混淆莫衷一是，并世藏家聚讼纷纭。迄藏园胪列羣本，而涂刻之真伪始辩。盖实验为真，空言无以取胜耳。"（见本编）表面上看，这是潘先生对莫友芝、叶德辉的批评，实际上是对学术领域中存在的一种轻慢版本鉴定风气的抨击。这种不良风气，即源自洪亮吉对以黄丕烈为代表的版本学家的贬低，自以为学有专长而高自标举。其流毒之深，甚至传染当代。现实中就有这样的人，从未编过目录即以专家自居，不能辨识版本居然信口雌黄。此类现象很可能对版本目录学的实践与发展造成危害，我们不可掉以轻心。

迄今为止，学术成就最为卓著的版本目录乃《中国古籍善本书目》。该目录始纂于 1977 年，全部出版在 1995 年。这部目录的编纂背景是为了落实 1975 年周恩来"要尽快地把全国古籍善本书目编出来"的指示。该目录的主编顾廷龙、副主编冀淑英、顾问潘景郑等前辈，皆为饱受十年"文化大革命"之苦的著名版本目录学家。他们既将编纂此目视为实现周恩来的遗愿，同时亦视为他们一生最为重要的版本目录学实践。其所具有的工作激情与无私的奉献精神，又是当代人所极为缺乏的。

数十年过去了，冷静客观地回顾与分析《中国古籍善本书目》所存在的问题，对我们当前的相关工作，对版本目录学如何发展，或许同样会有所启示。由于受到时代局限，至少有两个因素导致这部目录的质量尚未达到前辈们的初衷。一是，因为要"尽快"，结果一部有 700 余家单位参与的大型联合目录，多达近 14 万部书的著录卡片竟然在 1980 年即汇总于北京，也就是说，仅用了两年时间就完成了善本的全国普查。现在我们不难认识到这种求快有欠科学，因为各地收藏单位的基础整理工作不尽完善，编目人员的水平参差不齐，递交的目录卡片存在五花八门的问题，但在当时，这些负面因素几乎被人们求快的高涨热情所掩盖，造成了之后按经史子集分类编校乃至最后总校工作的无比艰难。二是，除却普查工作的先天不足，当时物质条件极差，个别大馆尚能提供书影，而许多单位连一台复印机都没有，比对版本遂成了奢望。若非冀淑英等前辈具有丰富的经验并最终为之奋斗了 18 年，难能取得历史性成就。然而，出现版本鉴定与著录错误终究难以避免。

如今，人类社会早已进入互联网时代，别说书影易得，甚至流传在国外的珍稀古籍都有机会看到原本，则修订《中国古籍善本书目》成为可能。遗憾的是，现在讲"政绩"、趋利益的风气犹如危害生命的雾霾，怎么也驱之不尽，从官方到业内人士，鲜有意识到修订《中国古籍善本书目》的学术意义，即便有所认识，又有几个人愿意像前辈们那样甘于做长期奉献呢？于是编纂目录往往只是停留在简单抄撮前人成果的层面，不思进取，乃至以讹传讹。有的人甚至振振有词：即使有错，也是《中国古籍善本书目》之错。这种毫无事业与责任心之行为，想必九泉之下的前辈也不会原谅。

当我们不能左右客观而又欲在版本目录方面有所作为时，只能埋首做点力所能及的事情，遂将编纂《上海图书馆善本题跋真迹》视为版本目录学发展过程中的一个重要实践。之所以强调此书是一部版本目录，除形式而外，关键在于版本鉴定与著录。而版本鉴定与著录之准确与否，如果仅依赖书首所列的分类简目予以体现，读者未必能真正了解；倘若读者用此简目比对《中国古籍善本书目》的相关著录，恐怕更会疑窦丛生。因此，除题跋真迹而外，每种复冠以原书书影，希冀能收"实验为真"之效。诚然，台湾"中央图书馆"的《善本题跋真迹》已冠有原书书影，我们只是延续了这种做法。但同样在台湾，2008年傅斯年图书馆出版的《馆藏善本古籍题跋辑录》就没有原书书影；而大陆当前的古籍普查，也为快出"成果"，将原定普查书据中应有的书影项目随意删去。可见，许多人对书影这一鉴定古籍版本实证数据的重要性并没有充分的认识。而一旦离开原书书影，会出现什么情况呢？譬如，《上海图书馆善本题跋真迹》所收录的袁克文跋本《四书章句集注》，袁氏定作宋本，实为元刻本；孙星衍跋本《蔡中郎文集》，孙氏谓其为"正德时锡山华坚活字板本"，实乃据兰雪堂铜活字本影刻；叶德辉跋本《韦苏州集》，叶氏谓其为北宋胶泥活字印本，易培基亦误以为真（见易氏跋明末余怀刻本《韦苏州集》），实为明铜活字本；邓邦述跋本《韦苏州集》，邓氏称其为宋本，实乃明刻。类是者尚伙，如不置书影，读者不明其书之真实版本面貌，难免听信于题跋，那么《上海图书馆善本题跋真迹》的学术价值会逊色许多。因此，有无书影，决定了此书学术含量的高低与功用的多寡。然而，编纂此书最难之处也正是由于冠有书影，其于鉴定版本不易之沉重分量，是专事从目录到目录的编纂工作者或学术研究者所感受不到的。先哲有言："实事是正，多闻缺疑。"因此，在修订以前错误的同时，我们同样恳请读者能通过书影指正《上海图书馆善本题跋真迹》的鉴定与著录错误。

二　对原著录的修正与存疑

《上海图书馆善本题跋真迹凡例》有云："本编各书之著录，含书名、卷数、著者、版本及批校题跋诸项，凡有与《中国古籍善本书目》之著录相出入者，系重加考订所作之修正。有疑问但暂无确凿依据者，则从旧著录而不轻改，用括号注明存疑。"必须指出，这里强调《中国古籍善本书目》，是因为上海图书馆的馆藏古籍目录没有正式对外发布，读者对上海图书馆所藏善本的了解，通常根据《中国古籍善本书目》。但实际上有一批馆藏善本由于各种原因《中国古籍善本书目》未著录（在《上海图书馆善本题跋真迹凡例》中已做交代），而被收入《上海图书馆善本题跋真迹》，因此，编纂此书的过程，是对所收录的全部 1740 余部书进行重新编目，不仅《中国古籍善本书目》著录之书。重新编目过程中，纠正原来著录错误者，占比一成以上。兹就"修正"与"存疑"两端，择要举例加以说明。这些例子虽不能全面反映编目中所遇的各种问题，但颇为典型，既可供同行编目之参考，亦能使读者对编纂此书之意义有进一步了解。"修正"之例多涉稿、抄、校本，"存疑"之例则以刻本为主。

（一）修正举例

清陈鳣撰《经籍跋文》一卷，《中国古籍善本书目》著录为"清抄本，叶景葵、顾廷龙跋"。此本前有管庭芬所编目录，又附钱泰吉致蒋光煦手札一通。诸前辈或谓此本系陈鳣写定原稿，有吴骞题跋；或认为钱札系亲笔，而陈鳣之作及吴骞题跋为摹本。《中国古籍善本书目》即据后者意见著录，隐去吴骞题跋。

此本旧为管庭芬所藏，目录乃管氏手书编定，钤有"臣庭芬印"白文方、"培兰一字芷湘"朱文方二印；卷端钤有"芷湘书画"朱文方印；卷末（即吴骞题跋之叶）钤有"管庭芬印"白文方、"培兰"朱文方二印。细审正文，确如钱泰吉、叶景葵所言，乃陈鳣手稿。陈氏先是誊录旧文，复做修改，凡修改者约四十处，大多非出自抄写之误，而系文字内容之增损。例如，《宋本尚书孔传跋》"盖宋时婺本群经并刻也。是书每册前后有彭城楚殷氏读书长方印"，点去"也是书"三字，增入"九经三传沿革例云婺州旧本即婺所从出也"十八字；又如《宋本礼记注跋》"按所谓或据芳传者，盖指孙颐谷侍御《读书脞录》，有云：王制虞庠在国之西郊，据《北史·刘芳传》引作四郊，盖西字误也"下增入"侍御此论，曾亲告诸余"九字。又，检蒋氏《别下斋丛书》本，有清道光十七年（1837）管庭芬跋，谓其从西吴书舫以善价购得此本后，钱泰吉"读而称善，手录一通，藏诸学舍。今夏命芬校定数字，将属同门蒋君光煦刻入《别下斋丛书》"，则蒋本所据乃钱氏抄录、复经管氏校正之本（此本今藏国家图书馆），而非此稿本。稿本之吴骞题跋与蒋氏刻本也有个别出入，如"友直、友亮、有多闻"，蒋本改"亮"为"谅"；"钱宫詹辛楣"，蒋本改为"钱辛楣宫詹"，似亦管氏校改。稿本与刻本的差异还有：第一，稿本每篇末皆有陈氏撰写年代题记，刻本删去；第二，稿本卷末附《干氏考》一篇，刻本未收，若如《中国古籍善本书目》，将此手稿本著录于国家图书馆藏本之后，则此本之价值不显矣。

意者《中国古籍善本书目》所以定此为抄本，可能因为吴骞之题跋非寻常所见行书之体，而是端楷；且陈、吴二氏皆未钤印。然陈文用红格纸写，吴跋则别书于无格纸上，若是抄本，似无换纸必要。而吴跋以楷书，未必不出其手；或因故请人代书，也不无可能。检台湾《国立中央图书馆善本题跋真迹》收录吴骞校本《千顷堂书目》，有吴氏所题两跋，题于清乾隆四十年乙未（1775）者为端楷，题于清嘉庆十一年丙寅（1806）者为行书。因有行书题跋在焉，其端楷之跋（书迹与此本非出一手）即使出于代笔，要非伪作。类此，本编所收清初抄本《霏雪录》更能说明问题。该本经鲍廷博、吴骞校，有吴骞楷书题词、楷书抄录《镏绩传》，又有行草书题跋，谓"余既手校《霏雪录》，复从万季野先生《明史列传稿》见《镏绩传》，亟录于卷首"云云，则题词与《镏绩传》皆吴骞手书，而其楷书与此《经籍跋文》题跋字体完全相同。由此证明，《经籍跋文》既为陈鳣手稿，吴骞题跋亦非过录或作伪。顺便指出，《中国古籍善本书目》以有无印章定吴骞楷书题跋真伪的例子尚多，譬如，《上海图书馆善本题跋真迹》所收吴骞批校本《渔洋山人精华录训纂》，批校为行草书，题跋乃楷书，《中国古籍善本书目》仅著录其批校而略去其题跋。而《上海图书馆善本题跋真迹》所收元刻明印本《图绘宝鉴》，有吴骞、陈鳣、黄丕烈等题跋，吴骞跋为沈树代笔；吴昂驹辑稿《虫获轩笔记纂》（《中国古籍善本书目》作"拜经楼抄本"未妥），吴骞题跋亦楷书，《中国古籍善本书目》却皆著录，因有其印章之故。《中国古籍善本书目》此法似过于谨慎，但有欠客观。

清惠栋评点、王鸣盛跋本《孔子家语》十卷，《中国古籍善本书目》作

"明嘉靖四十三年陆治抄本"，排列在明崇祯毛氏汲古阁刻本之后，著录不确。

该本并非如王鸣盛题跋所言只是陆氏的手抄本，而是一部经陆氏悉心考证、重订而成的王肃注《孔子家语》新的版本，是陆氏手稿本。陆氏之考证，见诸其在书中之按语、夹注，内容包括改正传本讹误、补苴缺文、诠释王注、补注王注所未及、考具人物名氏事迹、考订六书本义以厘正今文写本等，并撰有《考证凡例》《每篇古文辨义总目》及《刻家语题辞》。此为其初稿，成于明嘉靖四十三年甲子(1564)，卷末有陆氏自跋云："余之知学也晚，而得此编又晚，考定甫成而年已七十矣，而复难于亲书。又一年而后书成，余岂老而忘倦、愚而好自用哉。念圣典之幸存者重，望述作于将来者深也，故并为一帙，以备遗亡，致慎焉尔。后之得斯编者，其慎保之。嘉靖甲子季冬后学陆治识。"越二年丙寅(1566)又跋曰："余初考定王注，惟正其传写之讹谬，其文虽有繁而不要者，皆仍其旧。及其登梓之时，重加考订，间有不合经传而义不相蒙及辞之繁衍者，据而易之，则此本之所未备也，观者又当以刻本为正。后丙寅九月陆治重题。"据此，则陆氏当有另一待刻之修改稿。而其修改之稿可能并未及时刊刻，这从今存明隆庆六年(1572)刻本可窥端倪。该刻本整体与此稿相同，卷末有徐祚锡跋云："《孔子家语》多异同，文恪王公谓王肃注本独为近正，其他皆舛戾，殊非孔氏所传之旧也。以今考之，诚然。公尝欲锓梓而未逮，其子延素授之包山陆治。治思欲竟公之志，乃校雠其间，凡篇章错乱及杂见他书者，并为补次其下；又以传写今文或非当时安国改定之旧，更为考订六书本义，厘而正之，为卷有十，藏之箧笥久矣。祚锡生也晚，世讲治之门，得与观焉，以是知肃有功于圣门，治有功于肃也。然此书校肃所注加十之六七，而治又不敢自居，其谦德不可及哉。祚锡以治之功不在肃下，不可以泯泯已也，请以付之梓人，而并着其所自云。隆庆壬申仲夏望，长洲后学徐祚锡谨识。"粗检徐跋刻本，确有与此稿出入之处，如《相鲁第一》中"匹夫萤侮诸侯者罪应诛"之"萤"，此稿注"户顶切"，徐本作"乌迥切"；"若其不具是用粃粺"下之小字注，徐本多"言享不备礼也"六字；"于是乃归所侵鲁之四邑及汶阳之田"下之小字注，徐本多"按春秋传及史记郓灌龟阴为三邑今灌亭龟山及郓皆在汶北岂并汶而言之乎"三十二字。则徐跋刻本所依据者，或即陆氏之修改稿，惜今不传，而此初稿之幸存，又何其珍贵也。又，陆治卒于明万历四年（1576），刻徐跋本时其尚健在，玩味徐跋"请以付之梓人"之言，或此本实即陆氏自刻，徐氏为其鼓吹，也未可知，则《中国古籍善本书目》将此刻径著录为徐氏刻本，盖可商榷。而无论如何，自王鸣盛以降，无视陆氏之考证成就而将其手稿当作抄本，而《中国古籍善本书目》又将明隆庆六年（1572）刻本排列在此稿本之前，则应予以纠正。

值得一提的是，《孔子家语》一向被认为是王肃伪造之书。自1973年，河北定县八角廊西汉墓出土的竹简《儒家者言》，内容与今本《家语》相近；1977年，安徽阜阳双古堆西汉墓也出土了篇题与《儒家者言》相应的简牍，内容同样和《家语》有关，说明《孔子家语》自有来历，并非伪书，则其相关传本定会引起人们的重视。因此，对上海图书馆这个本子予以重新认定，有其学术价值。

管庭芬跋本《别下斋书画录》不分卷，《中国古籍善本书目》著录为"清蒋光煦辑，手稿本"。此本虽钤蒋光煦印章，但光煦同门管庭芬的题跋明言"此许羹梅茂才《别下斋书画录》手稿"。羹梅名光治，与光煦同里，工书画篆刻。检民国十一年（1922）苏州文学山房活字印本《别下斋书画录》，知该书乃许、蒋二人去世后，由管庭芬据二人存稿整理而成，卷端题"蒋光煦编，许光治校"，系按旧时规矩，其编撰实以许氏为力。而此稿本既出许氏之手，若仍著录为蒋氏手稿本，则有欠妥当，故改为"蒋光煦藏，许光治撰，手稿本"。

《归震川先生文钞》二卷，上海图书馆原作清张士元手抄本，后《中国古籍善本书目》著录为"清张士元辑，清乾隆张士元抄本，清张士元批校"。张士元（1755—1824），字翰宣，号鲈江，江苏震泽人，清乾隆五十三年（1788）举人。性耿介恬淡，授以教谕不就。馆大学士董诰第中，诰待之颇厚，多所规诤。后浙抚阮元聘主诸暨书院。古文师法归有光，与王芑孙、秦瀛、陈用光等相研究，尤为姚鼐所激赏。此书不仅为士元手辑，复有其诸多手书评语，实为手稿。卷首清乾隆六十年乙卯（1795）自序有云："余生平酷嗜熙甫文，独病其集中间有应酬率易之作，不适于读也，因手录其尤可法者若干首，即用熙甫读《史记》之法读之，稍稍加评注焉。"显然，此选本乃士元刻意编纂，正其研究古文代表之作，而非寻常读书抄撮之本，若著录为抄本，其价值难免被淹。按士元序文已收入所著《嘉树山房集》卷五[清嘉庆二十四年(1819)刻本]，而全书未见刊刻，端赖此稿本流传，殊可宝贵。

清顾莼校跋本《唐书猎纻》，《中国古籍善本书目》作"十六卷，清毛奇龄辑"。顾氏题跋略云："道光七年三月朔，黄左田先生见过，出是书见示。……计是书之得，西河先生以示何义门，义门则赠之于左田先生之高祖，而五传至左田。原稿改抹处颇多，因嘱人代抄一过。适稿既模糊，而抄手亦劣，遂令鲁鱼亥豕不堪枚举，亲为校对一通。……其无序无目者，则又其稿之初成而未暇计及于此也。"据此，该书似经顾氏整理，非原稿面目，原稿是否为十六卷，是毛奇龄所辑抑或系毛氏旧藏他人之作，皆有疑问。《中国古籍善本书目》著录上海图书馆另一部清抄本《唐书猎纻》，卷端题"云间徐孚远闇公甫纂"，计二十四卷。两本相校，十六卷本之内容仅为二十四卷本之卷三至十。又，上海图书馆别藏一部残抄本(原分编两处)，存卷三至七，与二十四卷本分卷内容相符，是此书当为二十四卷。按徐孚远尝纂《十七史猎纻》，凡一百六十卷，《华亭县志》谓"孚远以吕氏《详节》琐而不要，唐氏《左编》博而不精，故著此书"。今《十七史猎纻》未见流传，但《唐书猎纻》当为其书之一，则作者非毛奇龄盖可知晓。

清孙潜跋本《禅月集》二十五卷，《中国古籍善本书目》著录为"清初影宋抄本"。但据孙氏跋谓"假得钱宗伯家旧钞本印写，钱本盖宋本印钞者也"，则此本非直接影抄自宋本，当属传模影宋抄本。若著录为影宋抄本，与国家图书馆所藏径据该书宋本影抄之明末毛氏汲古阁本混为一谈，似不妥当；况且钱谦益旧藏本是否直接影抄宋本也并不能肯定，故改此本为"清初抄本"。当然，由于此本行款与毛抄相同，即每半叶十三行，行二十字，《中国古籍善本书目》将其排列于国家图书馆所藏毛抄之后、上海图书馆所藏明柳佥抄本之前，是合理的。柳佥抄本为十行二十字本，疑出另一版本系统，抄写虽早，讹误颇多，显非影抄。

《中国古籍善本书目》中类此"影抄本"尚多，可能旧时有这样不加区别的习惯。例如，某著名版本学家尝称赞徐乃昌影宋抄本《李商隐诗集》，谓其精美能传书棚本神态，较所谓毛抄更胜一筹。其对毛抄的批评虽有道理，但徐乃昌本系据清初钱兴祖旧藏影宋抄本（今藏上海图书馆）传模，亦非直接抄自宋本。

其实，批校题跋之过录，也有类似情况。例如，清钱泰吉跋本《苏学士文集》，《中国古籍善本书目》著录为"清钱泰吉录何焯批校及跋"，实际上钱氏并非录自何氏原本，而是从姚世钰过录本传录。

叶恭绰跋本《文山先生集杜诗》二卷《附录》一卷，上海图书馆原著录为"旧影抄本"，乃据叶氏题跋之谓。此本纸颇旧气，钤有"席鉴之印"白朱文方、"席玉照氏"朱文方、"萸山珍本"朱文方三印。席氏乃明末清初常熟藏书名家。《附录》有明成化十八年壬寅（1482）刘逊《宋文信公祠堂记》，卷末有明成化二十年甲辰（1484）杨守址跋，则此本系自抄成化本，若按所钤印章，应抄在清初。然谛审席氏诸印，皆属伪造，则定为旧影抄本误矣。检《中国古籍善本书目》，成化刻本仅三家有藏，洵属稀见，书估伪造旧抄本射利，不足为奇。观其卷末钤有"海宁陈琰有年氏曾观"一印，颇疑即陈氏所为。余曾见黑龙江图书馆所藏"知不足斋影宋钞本"《南宋八家集》[民国十一年（1922）陈琰（字立炎）古书流通处曾影印出版，附于毛氏汲古阁影钞《南宋六十家小集》之后]，其字体与此本如出一手。陈乃干先生尝于《海上书林梦忆录》（见国家图书馆出版社出版之《陈乃干文集》）一文披露，该"知不足斋影宋钞本"实系古书流通处伪造，则此本很可能亦陈氏"杰作"。

章钰跋《河南集》三卷《遗事》一卷，《中国古籍善本书目》著录为"清抄本"，若孤立审视，似乎不错，但《中国古籍善本书目》将此本列于国家图书馆所藏道光许翰抄本、温州市图书馆所藏瑞安项霁水仙亭抄本之后，就有问题。观章氏题跋，谓该本"留"字缺笔，疑为吕留良家抄之本，虽未能确定，却有其道理，因为该本钤有"汪鱼亭藏阅书"朱文方印。汪鱼亭，名宪（1721—1771），字千陂，钱塘人，清乾隆十年（1745）进士，喜蓄书，有《振绮堂稿》。根据其钤印，则该本至迟当抄于雍正、乾隆之间，而《中国古籍善本书目》之著录，显然认为抄于道光以后，相去甚远。至于《中国古籍善本书目》著录之同书其他抄本，是否抄在此本之前，也有待查考。

《华阳国志》十二卷，明万历吴管刻《古今逸史》本（卷十上、中配清抄本），《中国古籍善本书目》著录为"佚名过录清何焯校，清惠栋跋，邓邦述、叶景葵跋"。事实上此本既有何焯校语，还有其题跋。何氏校跋与惠栋题跋，究属真迹抑或他人过录，先后阅此本者邓邦述、叶景葵、徐森玉、赵万里、顾廷龙诸先生意见相左。邓氏题有两跋，民国十一年壬戌（1922）之跋云何氏校跋乃真迹；翌年癸亥（1923）之跋则云系何氏弟子过录，且谓惠氏之跋亦真假难辨。叶氏认为惠栋之跋乃真迹，而何氏之校跋系惠氏所临。1950 年元旦，徐森玉、赵万里先生到合众图书馆阅书，定何氏校跋为真迹，顾廷龙先生表示赞成并题识数语，似已成定论。但数十年之后，《中国古籍善本书目》复定何氏校语为过录，并隐去其题跋，不做著录。前后反复，不禁令人感叹鉴定批校题跋本之难有如此。邓氏癸亥（1923）跋有云："此书底本藏吾乡图书馆中，为钱唐丁氏故物。今年余来金陵，亲检对之，唯无松厓跋语。"所谓丁氏本，亦《古今逸史》本，今藏南京图书馆，《中国古籍善本书目》也著录为"佚名录清何焯校跋"，与邓氏所云抵牾。余因此专往南京图书馆检览，所得结论适与邓氏相反。该本校跋字体与何焯不类，确系过录，而其底本实即上海图书馆本，唯其过录何氏校跋时间在惠栋题跋上海图书馆本之前，故无惠氏跋耳。至于惠氏临何氏校跋之说，若刻意临摹，不免露呆滞痕迹，难能如此流畅；若信手写来，则必显惠氏书风，而观其字体（包括《上海图书馆善本题跋真迹》所收其他惠氏手稿或题跋），即可做出否定之判断。故上海图书馆本之何氏校跋与惠氏题跋皆系真迹，应无问题。又，此本目录之叶为楷书抄配，并题有"华阳国志目录照钱叔宝所藏影宋抄本录出焯记"一条，前辈们似避而不谈，余认为亦何氏真迹，由此可知其校勘之依据，则此本之文献价值较《中国古籍善本书目》著录之其他版本为高。

《南华经注疏》三十五卷，上海图书馆原著录为"清慎思堂抄本，清彭元瑞批校，叶德辉跋"。卷前有黑格附叶，上有彭元瑞朱笔手书题记"知圣道斋评本""乾隆丙申春南旋舟中评点""嘉庆丁巳秋删益，芸楣记"二行；蓝格抄本首叶钤有"南昌彭氏"白文方印；蓝格纸版心上镌"南华经注疏"五字，下镌"慎思堂"三字。叶德辉谓此书"盖南昌彭文勤公元瑞旧藏，芸楣公字也。书中有朱笔校改及评论，皆公亲笔，前辈读书，一字不轻放过，洵可师也"。则上海图书馆原来的著录，显然受到叶氏题跋的影响。兹经细审，黑格附叶之三行题识确为彭元瑞手迹，但系从别本移易而来，或彭氏另有评本，或是彭氏评他书之题识，与蓝格抄本之朱笔校改及评论字体迥不相类；彭氏卒于清嘉庆八年（1803），蓝格抄本则纸墨颇新（与《上海图书馆善本题跋真迹》所收清道光二十九年（1849）姚椿跋本《四礼榷疑》版心镌有"通艺阁校录"之纸纸色相仿），其抄写年代当在彭氏身后，故书中批校断非彭氏所为。又，此本颇疑出于书铺抄写，或因此书传本无多，雕以版格，成批抄写，以应流传之需；至于"南昌彭氏"之印，乃书估为呼应黑格附叶而伪作，叶氏亦未能明辨。

明弘治十一年（1498）宋鉴、马金刻本《石屏诗集》，《中国古籍善本书目》题"佚名录清黄丕烈跋"，令人大惑不解。因此本荛翁手迹乃开门见山，所钤"士礼居藏"白文方、"丕烈之印"白文方、"承之"朱文方诸印皆好，毋庸置疑。或因国家图书馆藏有同样一部刻本，也有黄丕烈跋，故《中国古籍善本书目》于上海图书馆本如此著录也。殊不知两本黄跋非一，国家图书馆本黄跋虽未经寓目，但该本旧藏常熟瞿氏，其《铁琴铜剑楼藏书目录》明言"前后均有黄荛圃跋"，而上海图书馆此本仅卷末有黄跋，显与国家图书馆本不同。此本黄跋云："《戴石屏集》，余于七年前始得之，然目录缺八卷以下，目录前无《东皋子诗》，其所附录皆失。是时虽借有香严书屋藏钞本，行款不同，无从补录；即卷三中缺叶，钞本亦失之，故抱残守缺而已。顷书坊收郡中蒋辛斋氏书，适有此集，向所缺失都有，惟中多剜去字样，盖避明刻痕迹；卷末序亦间有扯去者，书贾欺人，致多伤损，甚为可恨。幸有香严藏钞本在，得一一补之。后序'黄岩老'云云以后，皆就周香严本钞补，而行款依刻本为之。卷二弟三十一叶及卷末后序弟二叶，则从前所得刻本影写入也。噫，仅一明刻宋人诗集耳，已难得完璧如是，何论宋元旧本耶。士礼居重装并记。丁卯十月廿二日，复翁黄丕烈识。越岁丁丑，复从此本补完前所得刻本，已十年矣。此本余已归执经堂张氏。又记。"按：此本钤有"重光"白文方、"子宣"朱文方二印，即黄跋所云蒋辛斋。蒋辛斋，名重光（1708—1768），字子宣，辛斋其号，是康雍间苏州藏书家蒋杲从弟，也喜蓄书。检书中补抄之叶，亦与黄跋所言相符，且皆系黄氏手抄。复检《荛圃藏书题识》，此跋失收，又可补所未备，十分珍贵。

(二)存疑举例

赵烈文跋本《资治通鉴纲目》，残存四卷，旧藏赵氏旧山楼、傅氏双鉴楼，傅氏钤"双鉴楼收藏宋本"朱文长方印。《中国古籍善本书目》作宋刻本，实与另著录之"元至元二十四年詹光祖月崖书堂刻本"同版，因当时不及比对，本应改正，但我们仍按原来著录，因有疑问。前人定其为宋板者，另有国家图书馆藏本与上海图书馆别藏残本。国家图书馆藏本仅目录后镌有"武夷詹光祖重刊于月崖书堂"一行，原作宋詹光祖月崖书堂刻本；上海图书馆别藏残本在编《中国古籍善本书目》时发现第五十九卷末有"武夷詹光祖至元丁亥重刊于月崖书堂"一行，于是《中国古籍善本书目》将国家图书馆藏本与上海图书馆别藏残本皆改为"元至元二十四年詹光祖月崖书堂刻本"。此外，20世纪70年代山东鲁荒王墓出土一部《黄氏补千家注纪年杜工部诗史》三十六卷(今藏山东博物馆)，在卷三十之末也镌有"武夷詹光祖至元丁亥重刊于月崖书堂"一行刊记，似为《中国古籍善本书目》之改宋雕为元椠，提供了更可靠的依据。虽然，前人将此本视为宋刻自有原因：一是避宋讳较严，玄、让、朗、恒、征、贞、完、慎、敦、廓等字皆缺笔；二是字体风格接近南宋后期；其他如有耳题、版心间或上记字数下有刻工(多单字)，亦宋刻本特点。如果没有"武夷詹光祖至元丁亥重刊于月崖书堂"之刊记，一般不会怀疑其本刻于元代，只是刻于南宋晚期而已。姑且不去怀疑詹光祖月崖书堂在元至元二十四年(1287)至少刊刻了两部大书，但有一个版刻现象不能忽略，即该本目录后"武夷詹光祖重刊于月崖书堂"、卷五十九末"武夷詹光祖至元丁亥重刊于月崖书堂"两条刊记，其字体与正文不类，尤其是后一条刊记，镌刻于"建安宋慈惠父校正"与"资治通鉴纲目卷第五十九"两行之间，显得局促不伦，詹氏似乎要强调其刊刻版权，而给人的印象却非其所刻，两条刊记疑为詹氏获得旧时书版予以重印时补刻而上者。那么，此刻是宋或元，未必确定。

清黄丕烈校跋本《贾谊新书》十卷，《中国古籍善本书目》著录为"明弘治十八年沈颉刻本"。此本缺目录，《中国古籍善本书目》著录版本之依据，乃同版别本目录后(即第三叶之背面)镌有沈颉的六行志语:"凡物久渐弊,弊久渐新。《新书》之行尚矣,转相摩刻,不知几家。字经三写,误谬滋多,所谓久则弊也。颉谨将洛本与他本三复参校,尚有传疑,其亦弊则渐新。若好古君子更得善本考正,则此书之弊尽革而永新矣。弘治乙丑勾吴沈颉志。"但此本为白口,仿宋字体,皆典型嘉靖刻本之特征,疑为嘉靖时翻刻之本。细读黄跋,也颇可玩味。作为一代鉴定大家,不直呼此刻为弘治本,仅以"细字白口"本相称,多少也表露出其对此版刻的怀疑。

类此情况或不在少数。例如,湖南师范大学图书馆所藏明刻本《文章辨体》五十卷、《外集》五卷、《总论》一卷,《中国古籍善本书目》著录为"明天顺八年刘孜等刻本",并被收入《第一批国家珍贵古籍名录图录》。该本亦白口,字体与此《贾谊新书》极似,不可能刻于明天顺年间。须知明代仿宋刻本的出现,与李梦阳(1472—1530)等人倡导的复古运动相关,而明天顺八年(1464),李梦阳还未出生。坦率而言,这类版刻虽一时未能深考,观风望气当能得之,此法可与相知者道。

徐乃昌跋本《范文正公集》二十卷,残存一至四卷,徐氏谓宋乾道中饶州路刻本,与《宝礼堂宋本书录》作宋乾道鄱阳郡斋刻本者同。宝礼堂盖据《别集》卷四之末宋乾道三年丁亥(1167)鄱阳郡守邵武俞翊刻书跋语。俞跋之后,有淳熙丙午郡从事北海綦焕跋,又有"嘉定壬申仲夏重修"及题名三行。唯俞、綦之跋及重修题名皆赵松雪字体,故宝礼堂认为是宋刻元修本。问题是,此徐氏跋本及宝礼堂本皆缺宋元祐四年(1089)苏轼《范文正公集叙》,而该叙叶之后,镌有"天历戊辰改元襃贤世家重刻于家塾岁寒堂"篆文刊记,《中国古籍善本书目》遂著录为"元天历元年襃贤世家家塾岁寒堂刻本"。据现存印本,该书除《范文正公集》二十卷、《别集》四卷外,还有《政府奏议》二卷、《尺牍》三卷、《遗文》一卷、《年谱》一卷、《年谱补遗》一卷、《祭文》一卷、《诸贤赞颂论疏》一卷、《论颂》一卷、《诗颂》一卷、《朝廷优崇》一卷、《言行拾遗事录》四卷、《鄱阳遗事录》一卷、《遗迹》一卷、《襃贤祠记》二卷、《义庄规矩》一卷等,因刊刻时间不一,如《政府奏议》刻于元元统二年(1334),《尺牍》刻于元后至元三年(1337),《中国古籍善本书目》便著录为"元天历至正间襃贤世家家塾岁寒堂刻本"。但这样的著录可能不确。此书固非乾道鄱阳郡斋官刻，而是范仲淹后人翻刻，然而纵观全书，字体并不相同，刻于元代者（包括修版），多赵松雪书体，而《范文正公集》二十卷、《别集》四卷虽有元代修补之版，其原刻却为方整之宋体字。此外，其白口、单鱼尾之形制，亦与后来元刻细黑口、双鱼尾者不同；又有张允、章益、周成、陈子仁、佑之、方才卿等刻工名，皆宋刻本之特征。最值得关注者，宋讳警、惊、恒、贞、桓、构、遘等字缺笔；《范文正公集》卷十一第二叶下第五行"为来俊臣诬陷下狱"之"陷"字，更以"御名"两字替代，明确避宋恭宗赵㬎（"顯"去右"頁"）名讳。宋恭宗在位两年，即宋德佑元年至二年（1275—1276），其时元世祖称帝已入至元十二、十三年，但按常理，《范文正公集》与《别集》应作宋德佑刻本著录，且与元天历元年（1328）相去五十多年，因而，此书之刊刻实由宋到元。然则，苏轼叙叶之后的"天历戊辰改元褒贤世家重刻于家塾岁寒堂"篆文刊记又如何解释？根据上述情况与现在的传本分析，该书既陆续刻成，《范文正公集》与《别集》曾经单行；后来每增刻之内容，或单行，或连同前刻汇印，于是出现汇印之本往往旧刻版片漫漶，或经修补而新刻版片则完好犹如初印的情况。那么有一个现象不可忽略，即传世汇印之本，《范文正公集》与《别集》之版片多为业经修补呈后印本面貌，而苏轼叙叶之后的篆文刊记却字迹清晰，丝毫无损，这就不得不令人怀疑该篆文刊记是元代重印时增刻，而非原刻所有。

三 此书的不足

由于《上海图书馆善本题跋真迹》篇帙已很庞大，故原书书影一般只用一帧，有的未能充分反映版本特征（如刻本之刊记等版本依据或有忽略），造成顾此失彼的情况，未餍读者所需。尤其是某些批校本，对书中之批校墨迹没有另配图版，读者不能直观判断我们所做的针对性鉴定与修正，令人颇感遗憾。

譬如，清乾隆五十三年（1788）庄逵吉刻本《淮南子》，《中国古籍善本书目》著录上海图书馆藏本为"顾广圻校并跋，袁廷梼录卢文弨校"，其实顾氏校跋在袁氏去世之后，因而不能置袁氏之前；更重要的是，袁氏本人亦做校勘并题跋，而其所校墨迹未能通过画面得到反映。

又如清乾隆三年(1738)马氏丛书楼刻本《困学纪闻》，《中国古籍善本书目》著录上海图书馆藏本有"顾广圻校并录钱大昕校，清蒋凤藻跋"。实际上该本还经黄丕烈墨笔校勘，其所依据者乃元泰定庆元路儒学刻本，蒋凤藻题跋已言及，但《中国古籍善本书目》并未接受蒋氏意见，不做著录，或黄氏多为一二字之校，不易辨认，且未钤印章之故。今检全书，如卷九第七、八页皆有多字之校，细审确为黄氏墨渖无疑，惜亦未能用画面向读者证明。

诸如此类的缺憾，我们希望在以后编纂相关版本目录时能有弥补的机会，在此只能向读者致以歉意。

（作者为上海图书馆研究馆员）

东亚同文书院中国调查报告的整理与研究

冯天瑜

一

古代中国曾长期雄踞东亚文化高势位，其物质文化、制度文化和观念文化领先于包括日本在内的周边诸国，成为滔滔不绝的文化输出源地。秦汉间中华文化即自发传入日本。隋唐（日本的推古朝至平城—平安时期）以降，作为文化受容国的日本，摄取中华文化更成为自觉的国策，受天皇政府派遣，阿倍仲麻吕（698—770）、吉备真备（695—775）、藤原清河（706—778）、玄昉（？—746）、空海（774—835）、圆珍（814—891）、荣西（1141—1215）等官员、游学生、游学僧竞相前往中国踏访，从中国吸纳汉字汉文、生产技术、典章制度、宗教教义教仪、艺文哲思等多方面的文明成果，并留下不少中国目击记，仅以入华高僧的纪行文而论，著名者便有"五大游记"——入唐日僧最澄大师（767—822）的《历行钞》，谥号慈觉大师的圆仁（794—867）的《入唐求法巡礼行记》，入宋日僧成寻阿阇梨的《参天台五台记》，入明日僧瑞䜣和尚的《入唐记》，策彦和尚的《初渡记》《再渡记》。古代日本人的中国踏访，是求教于先进文化的学习性考察。推古三十一年（623），日本入唐学问僧给天皇的奏本说："大唐国者，法式备定，珍国也，常须达。"[《日本书纪》卷二十二，推古天皇三十一年（623）七月条]表述了向文化高势位的唐朝学习的强烈愿望。这种运行达两千年之久的中—日文化传输大势，到近代发生了逆转——原来是汉字文化圈外缘和文化输入国的日本，因学习西洋、建设近代工业文明有成，社会发展走到中国的前头，占据了文化高势位。逐渐强盛起来的日本立即效法欧美，视中国为掠夺对象，日本人踏查中国的热情较之古时有增无减，而其目的，则由学习、师法中国，变为觊觎、侵略中国。

二

始于幕末，在明治维新正式展开的日本近代化进程，于资本原始积累、实现产业革命的资本主义初兴阶段，适逢世界资本主义向帝国主义转化时期，日本迫不及待地乘上帝国主义战车，跻身武力瓜分世界的行列。对外侵略本是帝国主义的固有特征，近代日本步欧美列强后尘，确立侵略扩张的国策。鉴于地缘特点和国力限定，日本的侵略矛头实指东亚，朝鲜首当其冲，中国则是主要目标。这使得近代日本演变为东亚的侵略战争策源地，军国主义构成近代日本的基本属性。

日本的军国主义，以疯狂扩张军备、对外侵略为最高国家目标，国家的一切政策都围绕其展开。军国主义在近代日本的恶性膨胀，既由帝国主义的固有性质所决定，同时还有着深刻的历史文化渊源。日本在建立近代国家体制之际，竭力保存并强化神权专制的天皇制度（即天皇绝对主义）和"武士道"精神，更使得近代日本具有强烈的对外侵略性。

作为日本中世（镰仓幕府、室町幕府时期）及近世（江户幕府时期）统治基础的封建武士，认定"武力为立国之基础"，穷兵黩武，以杀戮征伐为务。中世纪末期日本的军事强人丰臣秀吉（1536—1597）在初步实现国家统一后，立即向东亚大陆扩张。丰臣秀吉在致朝鲜国王的一封信中公然宣称："吾欲假道贵国，超越山海直入大明，使其四百州尽化吾土，以施王政于亿万斯年。"丰臣秀吉自视武功强大，称明朝为"长袖之国"（柔弱文士的国家），曾两次发动以明朝都城北京为攻掠目的地的侵朝战争，只是因为国力限制，被中朝联军击败，未能得逞。然而，此种对外扩张，以至称霸世界的狂想，如同病毒一样，在具有岛国文化根性的日本潜滋暗长，江户时期的某些国权论者，如平田笃胤（1776—1843）、佐藤信渊（1769—1850）对此种妄念有系统阐发。平田笃胤的《灵能真柱》提出"皇国是万国的祖国，天皇是万国的大君"。佐藤信渊的《宇内混同秘策》更宣称："我皇大国乃大地上最早成立之国，为世界万国之根本。根本一旦有序，则全世界应悉为郡县，万国之君应皆为臣仆。"佐藤设计"宇内混同"的步骤为——"必先自吞并支那国肇始"，即先侵入朝鲜，进迫北京；又从九州诸港直驱江南、浙江等地。佐藤信渊成书于 1823 年的《宇内混同秘策》的对外扩张计划，实为近代日本军国主义的精神先驱。从日本天皇 1868 年 3 月 14 日发表的御笔信所称"继承列祖列宗的伟业"，"开拓万里波涛，布国威于四方"（《明治文化全集》第 2 卷，33～34 页，日本评论社，1928），到 1927 年 7 月 25 日日本首相田中义一（1863—1929）上呈昭和天皇秘密奏折所说的"唯欲征服支那，必先征服满蒙；如欲征服世界，必先征服支那"（史称"田中奏折"），都贯穿着对外扩张、侵占东亚，进而称霸世界的设计。

如果说，佐藤信渊等江户时期人物发表的对外扩张言论，因与当时日本弱小的国力形成巨大反差，而被视作狂人妄想，那么，近代日本实现其侵略亚洲诸国的凶恶计划，则具备了现实的可操作性。此时日本的侵略设想，是以学习欧美列强先进工业文明，包括学习其先进的科学方法为前提与基础的。仅以对被侵略国国情的详尽了解而论，日本便追随欧美列强，实施令人震惊的大规模域外调查工程。

三

欧美列强是率先完成工业革命并掌握近代科学方法的先进国，在侵占、掠夺亚、非、拉美国家与地区时，总是伴之以对这些国家与地区的自然资源与社会状况做精密的考察。运用实证科学方法，特别是采用实地勘察的手段，对侵占、掠夺对象国做周详的调查，以掌握对象国国情诸方面的各种第一手或第二手材料，从而奠定侵占、掠夺的实施基础，这是西方列强为推行殖民主义、建立世界统一市场而从事的一项长期活动。日本作为后起的资本主义国家，深悉欧美列强此一玄机，并身体力行之，在有些方面较之欧美列强更有过之而无不及。而日本的域外踏查，又以东亚，特别是中国为首要对象，这是与其侵略范围相一致的。

中日两国是"一衣带水""一苇可航"的近邻，有着深刻的历史文化渊源，近代初期又都受到西方列强的殖民侵略，处境相似。日本自幕末"开国"之际，即十分关注在中国发生的鸦片战争、太平天国诸事态，以之作为日本决定国策的参考系数，并于19世纪60年代初中期，四次遣使上海等地，对中国情状做现地调查。冯天瑜著《"千岁丸"上海行——日本人1862年的中国观察》（商务印书馆，2001）一书详论于此。书中指出，幕末日本的中国踏查，主要是试图汲取清朝衰败的教训，对中国受西洋凌辱尚有唇亡齿寒、惺惺相惜之慨，这在1862年访沪的高杉晋作（1839—1867）的《游清五录》等日本藩士纪行文中有所表述，然而，幕末踏查中国的某些藩士，面对清朝的衰朽，已流露出蔑华情绪，如与高杉晋作同行的峰洁甚至发出"若给我一万骑，率之征战，可纵横清国"的狂言（见《"千岁丸"上海行——日本人1862年的中国观察》第283页。有关对于访沪日本藩士此类思想的评析，见上书第四章、第七章及结语）。这正是前述日本自丰臣秀吉以来对外扩张传统在近代早期的初步昭显。明治维新以后，日本国势骤强，正式确立"经略中国""雄飞海外"的战略，形成以独占中国为目标的"大陆政策"。日本从"大陆政策"出发，又占据地近、文近、人种相近之利，其对中国调查的强度、规模和系统性，较之欧美诸国颇有后来居上之势。

早在19世纪80年代，日本已开始对中国做系统调查。哲学家三宅雪岭在《真善美日本人》（政教社，1891）一书中宣称，"日本人系有为种族"，"亚细亚诸国相继败亡，而蕞尔岛国的日本却作为帝国屹立在绝海之东"。三宅雪岭指出，面对白种人的东侵，日本人肩负真、善、美三方面使命，其中"真"的使命是：进行史迹调查，向亚洲大陆派遣学术探险队，开展东洋文化、生物、地质学、人类学的研究。可见，近代日本把对以中国为主体的亚洲大陆的实证性探查，以掌握亚洲大陆的真实情状，视作日本与欧美列强竞争高下的"使命"。这是民间学者的论说。至于日本官方、军方、商界，出于军事、政治、经济目的，不断派出浪人、军人、商人、记者潜入中国各地，对清朝国情做周密踏查，甲午战争前夕，日本根据这些踏查绘制出包括朝鲜半岛、中国东北和渤海湾在内的军用详图，上面细致标明这些地区的每座山丘、每条道路、每条河流、每个渡口，为发动战争做了精到的调查准备。反观清朝军队使用的地图，则大而化之，不仅粗略，而且讹误百出，以之策划战事，清军的溃败便在必然。中日甲午战争以后，日本以掠夺、侵占中国为目的的中国调查，更成为日本政府、军方、民间有计划的、长期延续的行动。

四

近代日本的中国调查，留下卷帙浩繁的文献材料，较成系统的有如下几类。

第一，学者、官员、商人、军人、浪人的个人踏访记录，如19世纪中叶以来，高杉晋作、名仓予何人、竹添光鸿、冈千仞、安东不二雄、宇野哲人、内藤湖南等的中国旅行日记、随笔，日本尤玛尼书房于平成九年(1997)出版小岛晋治监修的《幕末明治中国见闻录集成》20卷本，平成十一年(1999)出版小岛晋治监修的《大正中国见闻录集成》10卷本，即为这批纪行文的精选本，从中可以得见近代日本武士、学者、商人、军人、记者中国旅行见闻、评述的范围与深度。

第二，日本驻华领事对中国商情、工农业、政治、社会、文化所做的分区调查。日本外务省从明治十四年(1881)起，将领事报告编为《通商汇编》年刊，继而改为半年刊。农商务省还于明治十八年(1885)至二十一年(1888)办《农商工公报》(月刊)，每号都载有"领事报告"。明治十九年(1886)以后外务省下属的《通商汇编》更名为《通商报告》，明治二十二年(1889)年底停刊，明治二十七年(1894)以《通商汇纂》复刊。汉口总领事水野幸吉著《汉口》、内田左右吉著《武汉港史》之类书籍，则是领事系统调查的副产品。笔者在日本的爱知大学图书馆所见《特调班月报》(1941)，是上海日本总领事馆特别调查班的调查报告汇编，与侵华战争关系密切。

第三，"满铁"调查。1906年组建的"南满铁道株式会社"，建立规模庞大的"满铁"调查部，在沈阳、吉林、哈尔滨、北京、上海等地设事务所，从事中国社会调查。1939年4月，为适应扩大的侵略战争的需要，"满铁"调查部改组、扩充，从事"支那抗战力调查""支那惯行调查""日满支工业立地条件调查""东亚重要物资自给力调查""世界情势调查"等。"满铁"调查部始于 20 世纪初，终于 1945 年的中国调查，历时近 40 年，调查范围是东北、华北、华东。已出版的《满铁调查资料》汗牛充栋。

第四，兴亚院的中国调查。1938 年成立的兴亚院，由日本首相兼任总裁，陆军大臣、海军大臣、外务大臣、大藏大臣兼任副总裁，具体事务由总务长官负责。本院在东京，并在中国的北京、上海等地设联络部，开展对中国的政治、经济、文化的"实态调查"，包括中国工业调查、重要国防资源调查、流通关系调查、社会调查等，发表了 2000 份调查报告。

第五，"末次情报资料"。这是日本侵华军北平情报机关对中外报刊以剪报形式做的中国调查，累积数千万言，广西师范大学出版社 1994 年将该资料的中文部分出版。

第六，日本各实业团体做的中国经济、商情调查。笔者曾翻阅日本兴亚银行 1942 年、1943 年、1944 年的《调查月报》，以及南亚海运株式会社的《调查内报》16 卷，关于中国经贸及交通的调查十分详细。类似的以"商战"为目标的调查报告甚多。

第七，东亚同文书院（1901—1945）及其前身汉口乐善堂（1886—1889）、上海日清贸易研究所（1890—1893）在长达半个多世纪里做的旅行调查。

五

对于近代日本的中国调查做历史观照，可以获得两重认定。

其一，近代日本进行的中国调查，多系"大陆政策"的产物，是为日本侵略中国的目标服务的。

20 世纪初，鲁迅（1881—1936）留学日本之际，对外国人大规模展开的"觊觎"中国主权的踏查活动深怀忧患，他于 1903 年写作《中国地质略论》一文，列举德国人利忒何芬 1871 年的中国踏查，匈牙利人式奚尼 1880 年的中国踏查，俄国人阿布佉夫 1884 年的中国踏查，法国里昂商业会议所 1887 年的中国踏查，此后日本人神保、巨智部、铃木的辽东踏查，西和田的热河踏查，平林、井上、斋藤的中国南方踏查。鲁迅揭露这些外国人"入吾内地，狼顾而鹰瞵"，怀着掠占中国的用心，进而尖锐指出："中国者，中国人之中国。可容外族之研究，不容外族之探捡；可容外族之赞叹，不容外族之觊觎者也。"（《鲁迅全集》第 8 卷，4 页，人民文学出版社，1981）湖北留日学生也有类似评议，认为"彼碧眼儿之入吾室以窥伺吾长短"，包藏祸心（见《辛亥革命前十年间时论选集》第 1 卷，上册，445 页，生活·读书·新知三联书店，1977）。而清末、民国间，"觊觎"中国，"入吾室以窥伺吾长短"的不止"碧眼儿"（欧美人），近邻日本怀着更强烈的独占中国的野心，开展中国调查，窥探中国内里。对于这一历史真实，必须加以揭示。

其二，日本的官方与民间，在一个长时段内运用近代实证科学方法开展周详细密的中国社会调查，有些是对当时中国官方及民间零散资料的集中与整理，有些是运用社会学的实证调查方法采集第一手材料。经数十年积累，日本人掌握了关于中国经济、政治、社会、文化方面的翔实资讯，留下卷帙浩繁的见闻录、考察报告，以及在此基础上编纂的志书、类书等文献，其历史认识价值不容忽视，可为从事晚清、民国政治史、经济史、文化史、社会史研究提供直接或间接的资料；至于其调查方法的精密、系统，则非处于半殖民地状态的清政府、民国政府的国情调查工作所能比拟。

毛泽东（1893—1976）1941 年在《〈农村调查〉的序言和跋》中，强调社会调查的重要性，并指出："中国幼稚的资产阶级还没有来得及也永远不可能替我们预备关于社会情况的较完备的甚至起码的材料，如同欧美日本的资产阶级那样，所以我们自己非做搜集材料的工作不可。"（《毛泽东著作选读》，下册，467 页，人民出版社，1998）这里对"中国幼稚的资产阶级"来不及做较完备的社会调查的估量，大体符合历史实情。需要补充说明的是，自晚清以降，一些有识之士已开始重视并躬亲社会调查，如清末的湖北留日学生鉴于"各国人之于其国也，无一事不有调查会，或政府提创之，或人民自组织之"，在 1903 年成立"湖北调查部"，对在本国、本省开展社会调查有所规划，列举了"政法上之调查""教育上之调查""经济上之调查"

"实业上之调查""军事上之调查""历史上之调查""地理上之调查""民族上之调查""出产上之调查""交通上之调查""外人势力上之调查"诸方面的调查细目(见《辛亥革命前十年间时论选等》第1卷，上册，443～452页，生活·读书·新知三联书店，1977)。限于条件，这一计划无法在晚清实现。民国时期，国民政府的某些部门，如地震局，曾组织力量做专题社会调查，留下一批宝贵材料。某些从西方学习社会学、民族学回归的中国学者，做过具有相当水平的社会调查研究，其成果如陈达的《南洋华侨与闽粤社会》(英文版1939年出版)，费孝通的《江村经济》(英文版1938年出版)至今闪耀光辉，被视作社会调查研究的范本。20世纪30年代出版的"社会调查丛书"(中华平民教育促进会出版)也不乏佳作，如李景汉的《定县社会概况调查》(1933)便有较高价值。此后，各类调查研究报告续有面世，如费孝通等人的《乡土中国》(1945)、许烺光等人的《祖荫之下》(1945)、杨懋春的《中国乡村》(1945)、林耀华的《金翅展翅——中国家族之社会学研究》(英文版1944年出版)。当然，就整体而言，清末、民国积贫积弱，战乱频仍，国家与民间无力做大规模、长时段、成系统的社会调查。而日本当年以强势的国力为依托，以侵霸中国为目的，对大江南北、黄河上下、白山黑水、西域大漠进行了地毯式的社会调查，其积累的调查材料，经过批判性辨析，可为研究清末及民国历史所用；其调查方法，亦可为我们今天开展国情、地情调查工作提供参考。

六

近代日本的中国调查，以"满铁"调查部所做的东北、华北、华东"惯行调查"最著声名，也较为广泛地被世界各国研究中国问题的机构和专家所使用。美籍华裔社会学家黄宗智关于华北小农经济的研究(中华书局已出版该书中文本)、关于长江三角洲小农家庭的研究(中文本为《民事审判与民间调解：清代的表达与实践》，中国社会科学出版社，1998)，即依凭"满铁"调查材料。美国社会学家杜赞奇所著《文化、权力与国家——1900—1942年的华北农村》(王福明译，江苏人民出版社，1994)，研究华北地区村级结构，主要材料亦取自"满铁"调查。近年来，中国的近代史及社会史、经济史研究者也开始注意利用"满铁"调查材料。

自 20 世纪 50 年代开始，中国学术界已开始整理"满铁"调查材料，20 世纪 80 年代以降，"满铁"调查材料渐为学界所重视并使用，日本驻华领事系统的中国调查等其他调查材料也进入研究者的视野。

在近代日本关于中国调查的诸多系统中，东亚同文书院及其前身汉口乐善堂、上海日清贸易研究所的中国旅行调查，持续时间最长（从 19 世纪 80 年代中期至 20 世纪 40 年代中期，几近 60 年，而"满铁"调查则不足 40 年），调查地域分布最广（除西藏、台湾之外的全部中国省区，还涉及邻近中国的西伯利亚、东南亚地区，"满铁"调查则限于东北、华北、华东），调查材料（主要是旅行记和调查报告两大类）又基本保存完好，而且相对集中（原件分别藏于日本丰桥的爱知大学图书馆和中国北京的国家图书馆）。但是，对于东亚同文书院及其前身在中国长达半世纪以上的办学活动，特别是其开展的持续、系统的中国旅行调查，中国研究者较少注意，相关的资料搜集整理、研究、利用尚未正式展开。

笔者 1996 年年初开始接触到这批材料，当即著文《日本"中国学"的启示》（《江汉论坛》，1996 年第 10 期）加以介绍，以引起学界对东亚同文书院及其中国调查的关注。1998—2001 年笔者在日本的爱知大学讲学期间，与同事刘柏林在名古屋、东京等处访问东亚同文书院在世老人，在爱知大学图书馆、北京图书馆（今国家图书馆）广泛查阅相关原始材料，并着手介绍、评析这一晚清、民国社会调查的资料渊薮，然因力薄势单，其间还遭遇意料之外的坎坷，故进展有限。但笔者始终以为，这一介绍工作的正当性与必要性是毋庸置疑的，它可以为晚清、民国研究敞开一个鲜为人知的资料库。这项工作既然有益于学术发展，有益于对近代中国、近代日本的认识，便应当坚持下去。由于我们人力、财力的局限，只能量力而行，先从原始材料的选译入手，一是将日本的沪友会所编《上海东亚同文书院大旅行记录》翻译出版（商务印书馆，2000），二是从浩如烟海的东亚同文书院的中国旅行调查材料中选择代表性篇目，延请李少军等翻译，成《东亚同文书院中国调查报告选译》一书，由文献研究出版社出版；与此同时，我们又着手开展对东亚同文书院及其中国调查的评析。希望通过这些译介、论析，使读者能对东亚同文书院及其中国调查观其大略，为进一步的评议及资料整理、利用略奠初基。

附录

（一）《近代日本人禹域踏查书系》，见冯天瑜主编：《上海东亚同文书院大旅行记录》，北京，商务印书馆，2000

（二）《东亚同文书院中国调查资料选译》，冯天瑜等选编，李少军等译，北京，社会科学文献出版社，2012

目　次(节选)

导言

第一部分　东亚同文书院学生大旅行秘话

一、朔北行

二、跨太行之月

三、蜀汉之旅

四、洞庭摇月

五、跋涉秦山蜀水

六、思秦蜀之地

七、遇匪被囚记

八、赣粤穿行记

九、穿越云贵高原

十、南滇行

第二部分　关于各地情况的调查报告

一、清末民初的调查报告

（一）《清国商业综览》第五编　清国货币及银行

第一章　总论

第一节　中国货币史概述（略）

第二节　清朝的币制

第二章　长江

第一节　上海

第二节　汉口

第三节　内地大市场（上）

第三章　华南

第一节　广州

第二节　三江名埠

第三节　华南沿海名埠

第四章　中国北方金融状况

第一节　天津

第二节　北京

第三节　营口

第四节　芝罘

《清国商业综览》第四卷卷末所附图片

（二）芝罘·威海旅行记

（三）兰州纪要

（四）西域地方状况

（五）中国内地——夏季大旅行日记

（六）东亚同文书院第二十三回中国调查报告书

二、日本侵华战争时期的调查报告

（一）在汉口的外国人权益

第一章　序说

第二章　在汉口的外国人权益

第一节　制造业

第二节　进出口业

第三节　船舶业

第四节　银行业

第五节 一般

第三章 战后的外国人权益

第六节 制造业

第七节 进出口业

第八节 船舶业

第九节 银行业

第十节 一般

第四章 对外国人权益的展望

(二)汉口及北京居留民团制度研究

第一章 有专管租界的汉口居留民团

第一节 日本租界设置的法的根据及其沿革

第一项 日租界的设置

第二项 日租界的建设及经营

第二节 汉口居留民团的沿革

第一项 在居留民团成立之前

第二项 从居留民团成立到现在

第三节 汉口居留民团的现状

第一项 组织及其机构

第二项 财政

第三项 设施

第四项 前景

第二章 没有专管租界的北京居留民团

第一节 组织及其沿革

第二节 现状

第一项 财政

第二项 设施

第三项 前景

结论

(三)支那事变与汉口的物资

第一章　支那事变前的变化

　第一节　贸易上的变化

　第二节　腹地的变化

第二章　现在的物资流通状况

　第一节　土产物资的流通量及其价额

　第二节　输入物资及其价额

第三章　在汉口实地的统制经济

　第一节　统制的原则

　第二节　对于运出土产物资的统制

　第三节　对输入物资的统制

第四章　汉口贸易的未来与长江开放

(四)汉口货币金融状况

第一章　汉口在政治、经济及地理上的特殊性

　第一节　汉口自身的特殊性

　第二节　汉口与外国关系上的特殊性(租界问题)

第二章　币制改革以来至日军占领后汉口币制的状况

　第一节　货币

　第二节　金融机构

　第三节　军票政策与法币对策(日军占领后)

　第四节　金银搜集状况

　第五节　物资及物价

(五)镇江金融状况

(六)南昌县的财政

绪言

第一章　财政组织

　第一节　财政系统及组织概况

　第二节　财务组织实态与财政官吏

第二章　地方收入概要

　第一节　各种课税及收入实态

第二节　各种收入之征收方法

第三节　免税、漏税及征收情况

第四节　地方税负问题

第三章　地方公债、借款及其他各种政策

第四章　地方经费概要

第一节　现在的经费内容

第二节　经费支出办法及物资筹措

第五章　预算及决算制度现状

第六章　新政权下地方财政之根本问题

（七）关于战时九江的米谷

序论

第一章　九江县概况

第二章　九江米的由来及其内涵

第三章　米价

第四章　市场统制状况

（八）长江流域中国人的日常生活

（九）江南地区的民船

前　言

第一章　水路

第一节　水路

第二节　水路系统

第三节　中国事变的影响

第二章　作为物质要素的民船

第一节　民船的名称

第二节　民船的数量

第三节　民船的形状、材料、建造费用等

第三章　与民船相关的人的要素

第一节　随船

第二节　伙计

第三节　老大（船头）

第四章　民船上的生活状态

第一节　收支

第二节　支出

第三节　生活资料

第四节　文化状态

第五章　民船运输

第一节　经营方法

第二节　民船和货物的密切关系

结语

附录一　关于苏浙皖民船公会的报告

附录二　关于吴县航船同业公会的报告

附录三　关于华中戎克协会的报告

（十）岳阳城的人口调查

第一章　旅行调查日记

第二章　序论

第一节　与人口增长相关的岳阳城自然人文的诸条件之考察（事变前的概况）

第二节　我采用的人口调查方法

第三章　本论

第一节　本次事件之后的居民离散及复归状况

第二节　日本人的近况

第四章　结论及附言

（十一）以南京、苏州为中心的教育状况

第一章　教育思想史

第二章　教育宗旨的变迁

第三章　教育实施方针的变迁

第四章　新政府的教育建设状况（以南京、苏州为中心）

第一节　建设方针

第一节　各种税课的种类、课税对象、课税基准及其征收额

第二节　征收方法

第三节　免税、逃税状况

第四节　征用、征发、强请

第五节　民众的租税负担

第三章　公债、借款及补助贷款的发放与其他

第一节　公债、借款及铜钱券

第二节　中央与军事机关发出的补助金

第三节　官有财产与官有事业的实际状况

第四节　金银政策

第四章　地方经费概要

第一节　定县地方经费的内容

第二节　物资调节方法

第五章　预算及决算制度现状

第六章　新政权下地方财政的根本问题

(十五)闽江流域之经济

(十六)广东的货币金融状况

序论

第一章　攻陷广州后的敌对银行及以往通货的流通状况

第一节　敌对银行的现状

第二节　民众对既有通货的信任情况

第二章　新秩序建设形势下的经济工作

第一节　支那南部军票的现状

第二节　军票价值维持及流通区域扩大工作

第三章　日本方面的三家银行

第一节　各家银行承担的业务

第二节　三家银行(正金、台湾、华南)月底存款余额表

第四章　日本方面对支那方面金融机构予以指导的情况

第一节　广东省立银行的恢复

第二节　公认钱庄同业公会的设立

第三节　广州市银业交易所的设立

第四节　广州市商业同业公会的设立

第五章　华侨汇款状况

(十七)广州香港商业通道之现状

(十八)关于法国殖民地印度支那的对日感情

第一章　绪论

第二章　中国事变以前的对日感情

第一节　法国人(特别是法印当局)的对日感情

第二章　中国事变以前的对日感情

第一节　法国人(特别是法印当局)的对日感情

第二节　华侨的对日感情

第三节　土人(越南人)的对日感情

第三章　中国事变发生后的对日感情

第一节　法国人(特别是法印当局)的对日感情

第二节　华侨的对日感情

第三节　越南人的对日感情

第三部分　大运河调查报告书

1916年度(第10次)调查报告书

第十一卷　江苏、山东两省

第一编　地理

第一章　大运河

第一节　概况

第二节　镇江　扬州之间

第三节　扬州

第四节　扬州　高邮之间

第五节　高邮

第六节　高邮　宝应之间

第一编　大运河沿岸治水借款问题

第一章　大运河概说

　　第一节　大运河沿岸

　　第二节　漕运

第二章　山东南运河筹治水利方策

　　第一节　预定规划

　　第二节　筹备处工程计划

　　第三节　测绘

　　第四节　工款概要

　　第五节　第二段预定工程经常临时支出预算表

第二编　山东大运河的航运状况

第一章　总论

第二章　山东、直隶大运河之航运

　　第一节　山东运河航运状态

　　第二节　大运河的构造

第四编　山东省内大运河沿岸的城镇

第一章　徐州

　　第一节　位置与地势

　　第二节　市区状况

　　第三节　金融

　　第四节　教育、宗教

　　第五节　工商业

第二章　韩庄

　　第一节　位置

　　第二节　户数及市区状况

　　第三节　物产

　　第四节　交通

第三章　济宁

　　第一节　位置

　　第二节　交通

（作者为武汉大学历史学院教授）

近代中日关系研究的史料与史学

桑　兵

　　近代中日关系的研究，绝非中国与日本历史的交际边缘。如果没有对于两国长期历史发展演化及其相互关系乃至近代东亚整体性的深入认识，单就中日双边关系立论，研究很难到位。毋庸讳言，一般而论，中国的日本研究远不及日本的中国研究。受此制约，相对于日本的日中关系研究，中国的中日关系研究在视野宽深、取材广泛、论证翔实等方面，也处于下风。不过，承认这一事实，并不意味着日本的中国研究已经尽其所能。不仅如此，从西学、东学、中学相互影响和近代东亚一体化的角度看，甚至日本的日本研究也有可以大幅度拓展的空间。与此相关，中日或日中关系研究，亟须贯通各个时段层面，使得研究水准更上一层楼。

一　问题与取向

　　若以王芸生《六十年来中国与日本》为代表，近代中日关系研究已经历时 80 年，其间进展不小，成果颇丰，但也存在许多不尽如人意的问题。以报人应急的业余之作历经 80 年仍然堪称代表作而论，虽然包含不少独家材料，其间又经过修订，这一领域显然还有很大的拓展空间。概言之，有如下各项。

　　第一，应从整个中日关系发展的历史长河考察近代中日关系的走向及其变动，不要只就近代甚至抗日战争时期的中日关系立论。如果以抗日战争作为近代中日关系的结局反观此前两国关系的发展变化，很容易将必然看成是宿命，其间的种种变数在命定之下显然会降低其可能性的作用。要顺着历史发展的顺序看下来，探究相关史事发生演化的渊源流变，不要仅仅用后来的观念看上去，先入为主，以致看朱成碧。中国与日本长期存在密切关系，研究近代中日关系史，如果不上溯至清嘉庆、道光年间与日本幕末时期，很难理解得当。即使近代以后，在相当长的时期内，中国仍处于东亚的掌控主导地位，明治政府要想改变现状，必须冒险。甲午之战日本侥幸取胜，渡过难关，成为中日两国态势根本变动的转捩点。在此之前，日本对于清朝心存畏惧，而从现在朝韩的立场看，甲午之战是中日两国争夺东亚的控制权。

第二，应在深入认识中日两国历史的基础上研究中日关系。所谓外交是内政的延伸，对于内政的认识肤浅，很难深入理解双边关系。不仅如此，内政并非政策而已，尤其重要的是制度文物，可谓决定各国国性以及政府人民思维行为的根本所在，对此了解不深，则考察双方处理双边关系时千差万别的思维行事往往流于表面文章。例如，东亚从以中国为主导的宗藩体制转向近代以所谓国际法为依据的条约体制，今人不仅视为近代化的表现，而且用后出外来的观念重新审视从前的观念行事。其实国际法不过是欧洲用于处理内部关系的准则，随着殖民扩张的脚步，被赋予万国公法的外衣，成为普遍的国际行为准则。尽管后来经过不断的修订，加入了一些新的元素，现在被普遍或不得不接受，基本还是体现了人类社会至今仍处于欧洲中心笼罩之下的现实，且不能证明其产生于欧洲历史文化的准则观念就是适合世界各国的最佳准则，更不能以此解读衡量此前东亚通行的理念行事，用后来的价值判断古人以就我。如果对于中国的天下观缺乏认识，或是用后来的观念加以解读，就很难领悟其中道理以及相关的思维行为。

第三，要根据各种相关资料，从不同视角看问题，不宜仅就一面的说辞立论。首先要从中日双方的视角进行考察，不要只从单一方面着眼。但凡双边关系，各自的记述及其含义必然千差万别，片面立论，势必不能恰当解读领悟，造成许多隔膜错解。进而要顾及其他各方因素，尤其要从国际关系着眼，注意各种相关性及其变数。近代各国的双方关系大都受制于多方关系，晚清的联俄与联日，便是"以夷制夷"的变种。而近代中日关系的激化，主要由于日本军国主义的侵略扩张，英美等国自巴黎和会以来的外交政策也有重要作用。

第四，不宜简单地将中日两国看作相互对立的统一单位，应注意中日双方均非铁板一块，存在众多利益诉求各异的派系。晚清朝野对日态度不同，政府内部也分成不同派系，如联俄、联日。民国时期，政治分裂，各自与日本的关系不同。国民政府统一后，内部仍然派系林立，对日关系及其态度复杂多变。例如，两广方面伍朝枢公开主张抗日反蒋，蒋介石则指其联倭反蒋。考察各方史事，两广的确与日本有着千丝万缕的联系，标举抗日旗号，旨在令蒋被动。政府外部还有逊清皇室和其他政治势力。同样，日本方面亦存在多种派系，政界党派分立，军界不仅各军兵种之间彼此矛盾，对华态度政策也有所分歧。即使都是侵华日军，关东军、华北派遣军以及华中方面各有所图，纷纷插手各自的势力范围。创造"伪满洲国"的板垣征四郎、石原莞尔等人，深受内藤湖南的影响，对中日现状均不满，试图以"伪满洲国"为模范，建设新国家。因而新京（今长春）等地往往成为日本首先实验新设施、开展新建设的地方。对于日本内部的差异，中国学人好以左中右派划分，存在以我画线的偏蔽，往往不能理解各派之间错综复杂的关系。例如，关于大陆浪人，被指为左翼的宫崎寅藏与被称为右派的头山满实际上关系相当密切。

第五，不要受分科治学的局限，仅从某一方面考察中日关系，应就中日关系的整体着眼。同一问题在不同分科领域的取径观念有时大相径庭，使得认识历史问题的本义反过来屈从于分科的观念，导致本末倒置的怪象。例如，明治初期借由西学而产生的新观念系统逐渐生成，对于东亚后来精神世界的发展变化具有长期的根本制约作用。甲午之战固然是近代中日两国竞争发展的重要分界，其实早在19世纪80年代，日本发明了一套对应西学的概念，在语言支配思维定律的制导，已经预设了后来掌控东亚话语权的格局。这不仅导致清季新政和宪政时期中国全面学习日本或通过日本学习西方，甚至一度在清政府的决策层出现非东学莫属的情形，而且一直影响着近代以来中国人的精神世界，此后中国人实际是发汉音，说日语，用西思。尽管后来看似留美学生的影响日益扩大，留欧学生在学术思想的深度方面更胜一筹，可是日本对中国知识界、思想界的辐射作用长期持续。相当于日本大正时代的民国北京政府时期，包括北京大学教授在内的中国知识人，参考、借鉴甚至模仿东学著述，仍是相当普遍的情形。五四时期的东西文化论战，与西相对的是东而不是中，便是东西两洋分立的表征。只是其时日本对华野心日渐暴露，加上"二十一条"的刺激，国人一般不愿称引，这也是坊间甚多抄袭传闻的起因。受此制约，国人一方面得以重建重估文化价值，一方面则深陷日本式对应西学解读中学的缠绕和困扰。迁延演变至今，这些概念名词已经成为人们不言而喻的认识前提或工具，正本清源诚非易事，拨乱反正似无可能，而因陋就简，则犹如戴上有色眼镜，了解过去、认识现在、展望未来，均不免变形变色，无法为世界展现中国思想文化的本意。此事无法用政治、社会、文化的分门别类加以划分，必须综合考察，才能认识清楚。

第六，应注意日本因素对于中国影响的复杂性。在近代中国的有识之士看来，各列强当中，日俄对中国有领土要求，野心最大，因而为害最甚，最应当警惕。留日学生甚至早就有日本为中国宿敌之说。即使被视为"亲日派"的"知日派"，内心也深知中日之间必有一战，只是对于战争的结果表示悲观。可是实际上为中国提供各方面援助，又以两国为多。梁启超自从戊戌政变亡走日本，与日本朝野上下建立了广泛联系，希望通过学习日本来学习西方，全面以日本为楷模，并且相信日本人士援助中国的真心。直到护国战争期间，才觉悟到日本各方支持中国的不同势力，都是为了实现控制中国的野心。其形形色色的援助与收留，背后均有深远的利益要求。

日军侵华，对于中国究竟造成多大的损失？这一问题战时战后都极为引人关注。自国民政府光复之日起，就展开了财产损失的普查，可是限于直接损失。其实，抗战期间日本占领当局实行的资源掠夺，对于中国各地的经济发展具有长期的根本性制约。以广东为例，在战前陈济棠主政时期，曾经聘用欧美专家制定长期和阶段性经济发展规划，并据以开展经济建设。由于条件限制，起步阶段必须依靠各种资源的开发输出，以换取建设资金。日本占领当局的破坏性掠夺，使得该省永远失去这样的条件和机会，直到改革开放，才找到新的发展契机。如果只是统计直接损失，无异于轻描淡写社会惨痛。

二 史料的整理与解读

鉴于上述问题，为了大幅度提升近代中日关系研究的水准，对于中日关系史料的整理出版，应当尽可能在时段和层面上做到全面系统。最为理想的方式，是在全面调查掌握所有资源的基础上，设计出覆盖完全的整体大框架，进而设置有机联系的各分支结构，以求竭泽而渔地囊括所有时段、层面和类型，然后先易后难、循序渐进地推动整理出版工作的展开，最终达到既包罗万象，又具有条理的境界。就观念和当前的需求而论，应特别注意以下方面。

其一，日本人写作的汉文文献。这并非指日本出版的中文书籍，而是日本人士用汉文写作的著述。现在日本研究日本史的学人利用汉文有困难，研究中国史的学人则不重视日本的汉文书。作为中国史研究，日本的汉文文献固然价值相对较低，可是作为日本研究尤其是中日关系研究，却有不可替代的重要作用。例如，明治乃至大正时代，不少日本人用汉文记日记或写游记，尤其是来华游历之际。今日的日本学者，包括研究中国史的学者在内，利用这些资料存在不小的困难，即使翻译成日文，对于相关人事乃至文本字义，也每每发生误会。

不仅如此，一些著名的幕末明治思想家如中江兆民等人都有汉文著述，有的还有汉文文集，如岛田重礼的《篁村遗稿》、中村正直的《敬宇文集》等。岛田重礼作为汉学家，用汉文写作当在情理之中，观念上或有落伍之嫌，不受重视可以理解。而中村正直是明治六大思想家之一，其日文著述以及翻译西书，受到日本明治思想史研究的充分重视，可是其线装本的汉文文集却很少有人利用。幕末明治日本思想界兼采中、东、西学，且通过汉语古典理解西洋，忽略日本人写的汉文书，不免片面，难以深究。

即使不用汉文写作者，要想承接对应西学知识，也离不开程度较高的中文典籍和汉语词汇。在这方面，井上哲次郎《哲学字汇》的编辑出版，据有重要的历史地位，经过几度调整，逐渐形成并固定了一整套表达新知识的专门术语。尤其重要的是，诸多学科概念的发明时期——西周虽然使用汉字，却并未刻意从中国典籍中寻求对应解读。《哲学字汇》所收词汇，较弗列冥的《哲学字典》增加一倍有余，而井上等人从儒佛经典取名定义的解读取向，与西周明显有别。由于该书并未详尽注出所本的中国文献，除井上的绪言指名的几种之外，注释中涉及的相关经典包括《易经》《书经》《庄子》《中庸》《淮南子》《墨子》《礼记》《老子》《传习录》《俱舍论》《起信论》《圆觉经》《法华经》以及杜甫、柳宗元的诗文，涉及的词汇有形而上、转化、俱有、解脱、凝聚、轮回、伦理学、无限观等。其余广泛参考的儒佛诸书，因各词汇未加注释，无从查考。① 此书对于哲学的普世化以及"东洋哲学"或"支那哲学"的合理化无疑起着至关重要的作用。

其二，应有效整合及利用保存在中国的日文文献。今日中国学人研究中日关系，往往喜欢到日本去寻找日文文献，误以为日本文献理所当然地主要保存在日本。实则涉及中日关系的许多重要文献不一定都在日本，都要到日本才能找到。这种"灯下黑"的情况使得研究者严重忽视在中国各地各机构保存的日文文献。实际上，中国各地图书馆不仅收藏许多日文文献，而且有的较日本的收藏更加丰富完整。例如，日本关于中国情况的各种调查报告，以往主要利用"满铁"的惯行调查，而晚清民国时期日本对中国的调查，由各个系统分别进行，除了"满铁"之外，日本领事馆、东亚同文会、兴亚院、军部特别班以及各大会社（有时以个人研究室的名目出现）、占领军当局都会展开调查活动，各有侧重，各具特色。日本领事馆按照各馆分布，将中国整体划分为若干区域，其调查活动长时期有系统、全方位地持续进行，并定期刊印调查报告，包含人口、交通、出产、贸易、资源等多项详细信息，数量庞大。东亚同文会虽然也由各分会划区负责，但是分会数量较少，各自覆盖面大，无法进行全面系统的调查统计，但也有其特长，如关于中国南部的调查较早，有的方面相当深入，该会清季对广东缫丝业的调查统计，甚至超出中国官府的掌握。而军部特别班关

---

① 《哲学字汇》《改订增补哲学字汇》和《英独佛和哲学字汇》，均为名著普及会1981年覆刻版，由飞田良文解说。

于山西妇女缠足率的调查统计，其完整详尽程度首屈一指。

值得注意的是，这些调查报告战前战时大都属于"极密"文件，战后混乱之际，部分散出，日本各大学和其他学术机构只有零星收藏，即便已经公开的外交史料馆、国会图书馆等处亦无完璧，反而中国的个别图书馆集中保存了相当数量的底本。

此外，从 1890 年到 1931 年，日本人在中国至少创办过 260 种报刊通信。以语种分，有日文 189 种，中文 43 种，中日文合刊 11 种，英文及中日英文合刊各 5 种，俄文、日韩文各 2 种，蒙文、日俄文、中韩文合刊各 1 种，共使用 6 种文字。以形式分，有日报 108 种，周刊 23 种，月刊 28 种，通信 24 种，双日刊 5 种，旬刊 6 种，半周刊和半月刊各 3 种，双月刊、季刊及每年 5 期刊各 1 种，年刊 1 种，其余不详。种类相当齐全。以地域分，奉天(今辽宁沈阳)最多，达 42 种，其他依次为上海 37 种，青岛 21 种，天津 20 种，北京、大连各 19 种，哈尔滨 17 种，济南 12 种，汉口 11 种，安东(今辽宁丹东)10 种，长春 8 种，铁岭 6 种，厦门 4 种，福州 3 种。东北虽较集中，但在关内创办者达 135 种，占 53％。除上述地方外，还延伸到广州、汕头、重庆、烟台、江西、香港等地。在日本本土，也出版过专门针对中国的中文报刊，如《华文大阪每日》。

自晚清始，来华日本人及在华日本机构就在中国搜集书籍文献，除运回本国外，还在中国各地设立图书馆资料室，持续时间长且效果显著的如东方文化事业总会北京人文科学研究所图书馆、"满铁"图书馆、新京图书馆、天津日本图书馆等。作为支持海外扩张的重要一环，日本曾经有组织、有计划地向其建立的图书馆赠送日文图书。战后这些图书大都归入当地图书馆。此外，20 世纪 20 年代起，日本各学术机构就陆续与北京大学国学门研究所等机构建立资料交换机制，而中国方面则加强对日问题的研究，成立了为数众多的对日研究团体机构，均收藏了丰富的日文书刊。

日本侵华期间，除了搜集中国的图书资料外，在华日本的官方和学术机构出于种种目的，还在占领区各地专门设立了军事性或半军事性的图书资料整理机构，进行各种形式的编制工作。昭和十五年，设于上海的兴亚院华中联络部中支建设资料整备委员会就组织兴亚院、"满铁"、中支振兴、华中矿业、华中铁道、华中水产等机构召集专家，利用中支建设资料整备事务所图书整理部的 2600 种中文杂志，选取其中 350 种杂志所载重要论文编制出版《支那文雜誌内容索引目錄》，该事务所所长清水董三所定凡例称：分类旨在实用，不拘科学分类。并计划续编另外 400 种杂志的内容索引作为第二辑。这些以中文为内容的图书，也分在日文图书之列。

总之，中国各图书馆、档案馆、博物馆数量不等地收藏了各类日文书刊，虽然分开看每一单位均谈不上完整，但是全面整合，则相当丰富，而且有些方面超过日本的收藏。有鉴于此，应当适时调查整合各地馆藏的所有资源，以便系统整理出版，为相关研究提供便利。

其三，与中国关系密切的日本人关于中国的著述。由于分科治学的制约，一些对近代中国影响重大的日本人士，迄今为止仅在不同的分科涉及其人其事之际有所触及，缺乏全面综合的研究，以致很难真正理解其言行。不仅中国方面如此，日本学界也存在类似情形。例如，晚清民初长期在华担任顾问的有贺长雄，日本编辑其文集，仅包括关于日本法政方面的论著，而关于中国方面的大量论著则付诸阙如；而中国方面的研究，则仅仅提及几篇与清季民初宪政尤其是袁世凯称帝问题有关的文字，望文生义的指摘，与其本意差距不小。

东京美术学校教授大村西崖，是该校创校之人冈仓天心的弟子。冈仓天心与井上哲次郎是东京大学同学兼舍友，与井上将哲学普世化并使东洋哲学、支那哲学合理化相类似，冈仓天心是明治日本创立所谓与西洋美术对应的"东洋美术"的最重要人物。此事后来看似轻而易举、自然而然，但在近代的东亚，在西学的冲击之下，人们往往因为无法对应门类繁多的西学而根本怀疑固有文化的价值。这样的对应一方面可以面对西学重建对于固有文化的自信，一方面则有助于在东亚取得话语权。冈仓天心的"东洋美术"的目的之一，就是重构以日本为中心正统的东亚美术传统，压抑中国等其他东亚国家"美术"的地位。而后来中国的学人如陈师曾、蔡元培、顾颉刚等，正是在冈仓天心的传人大村西崖等人的影响下，重新确立了文人画以及古代雕塑的美术价值，才避免国画陷入国学、国医等国字号事物的尴尬，并且亡羊补牢地开始保护硕果仅存的古代文物。当然，如此一来，也难免用了西洋的美术眼光重估固有的作品，并陷入日本式话语的笼罩。

诸如此类跨越两国的历史人物，要恰如其分地理解其言行，必须将两面的资料事实联系贯通，才能认识其思想理念，应深入了解其在明治日本的活动交往等各种学历阅历，认识其人，尤其要关注其长期在华以及与中国有关的言论行事。中日双方若各执一偏，要想认识到位，相当困难。中方至少应将其有关中国问题的所有文字编辑成书，与日方编辑的资料参照印证，才能避免由于学科有别、国家各异以及视角不同而导致的各说各话，切实推进相关研究。见仁见智不至于成为盲人摸象的遁词。尤其像大村西崖，日本的中国史和日本史研究均对其视而不见，美术史研究也鲜有论及，更不要说其对中国的影响，只有在陈师曾、顾颉刚等人的年谱传记之中，才略有涉及。

其四，沦陷区的资料，语种包括中日文和其他西文，类型有档案、报刊、日记、函电、文集等。在整个中日关系研究中，沦陷区研究尤其薄弱，相对关注稍多的沦陷区文学研究，由于资料不够充分，有关论著也难免错误百出。1981 年出版的《1833—1949 全国中文期刊联合目录（增订本）》，依据编辑者所定"编例"，"仅收录比较有参考价值的品种"。"至于纯属反动宣传、诲淫诲盗以及反动宗教会道门等毫无学术史料参考价值的期刊，不予收录。伪满、伪华北、汪伪等汉奸军政机关出版的期刊，除自然科学方面的期刊酌收外，其他的不予收录。"也就是说，在编者看来，沦陷区军政机关的刊物毫无学术价值。可是以今日的眼光看，这些刊物的学术参考价值当然不言而喻。所以，从 1985 年年底起，由国家图书馆和上海图书馆共同主持，全国 56 个省、市、大专院校图书馆参加，编辑了一本补充目录，共补收期刊 16400 余种。与 1981 年版的《1833—1949 全国中文期刊联合目录（增订本）》相比，数量已经相当于百分之八十有余。其"编辑说明"还特意强调，补录的包括原来认为毫无学术史料参考价值的"抗日战争时期敌伪刊物"。

抗日战争期间的沦陷区，除了日伪机关所办报刊通信外，一些具有日伪背景的团体组织或人员也举办了不少报刊，仅以涉及文史掌故类的为例，就有《中和》《大风》《古今》《天地》《风雨谈》《子曰》《朔风》《逸文》《学文》《艺文杂志》《文史》《雅言》等。《中和》的主办人瞿兑之，是晚清名臣瞿鸿禨之子，由于家世、经历、师承的关系，瞿兑之交游广泛，结识众多京华学人，使得《中和》的稿源格外充裕。作者主要有周作人、王揖唐、瞿兑之、徐一士、金惠生、郭则沄、陈慎言、孙作云、向耕、谢国桢（谢刚主）、谢兴尧（五知）、傅增湘（藏园）、孙海波（海波）、黄宾虹（予向）、傅芸子（芸子）、钱稻孙、柯昌泗、梁绳祎、曹家儒、程树德、罗继祖、林同甫、朱启钤、刘厚泽、莫东寅等，署名既有本名，也有别号或室名。还刊登过内藤湖南、驹井和爱、水野梅晓等日本学人的文章或译文。创刊之初，每期篇幅达到 170～180 页，印行 1000 册，在北京和天津、山西、汉口等地设有代售处，据说颇受欢迎，订购零售之外，每年还出版合订本。从第 3 卷起，篇幅有所削减。1944 年以后，随着战争和国际政治形势的变化，《中和》的情况渐趋窘迫，篇幅内容较前大幅度减少到一半甚至三分之一左右，直至终刊。

《中和》的《征稿简章》声称："以研究学术，灌输知识，发扬东方文化，树立民众信念为宗旨。"可是有了伪组织的背景，便不可能那样单纯。《中和》的发刊词主张本民族的自讼与自救，鉴古知今，似有种种欲说还休的难言之隐，但是后面的反对西方列强和纪念日本纪元，还是显露出了屈从的身形。《中和》由日伪控制的新民印书馆印刷发行，该印书馆是日本平凡社社长下中弥三郎于北京成立的出版社，旨在向占领地学校供应含有他所信奉的大亚细亚主义内容的教科书，实施文化侵略和奴化教育，总经理是曹汝霖。后期《中和》的编辑部实际上与新民印书馆的编辑课合二为一。这些牵连，都预设了《中和》即使不能直接配合日本的军事占领，至少也不会与之相反相异。

事实上，这一类文史刊物的出版，背后的确有适应政治军事形势的变化以及日本侵略政策调整的需要。为了建立稳固的殖民统治，日本占领当局除了继续使用武力高压手段外，吸引中国人士，培植文化汉奸，制造"中日共荣"的假象，成为当务之急。《中和》的编者一再声称是仓促发刊，与此不无关系。其对民族历史文化的自讼，只能在日本占领当局允许的范围之内。据说瞿兑之曾做过周作人的说客，果真如此，则更加复杂。

抗日战争时期，北京长期处于日伪统治之下，作为近代中国的学术文化中心，这里曾经聚集了大批对社会具有广泛影响力的文化人士。战争爆发后，许多人千里辗转，迁徙大后方，可是还有不少人因为种种缘故，滞留沦陷区。关于日伪在北京的文化统治、文化组织与文化政策，国民党和国民政府在华北文教界的地下组织与活动，以及沦陷区各界人士对于各种政治势力的态度，尤其是他们的生活、工作、情绪、心境等，以往的研究严重不足。文学史的研究涉及稍多，其余只有在牵扯个别人物的汉奸问题时，才会有所提及。如此一来，不要说深入研究，就连一般性地了解相关史事，也很不容易。坊间（包括网上）流传的一些有关《中和》的现代掌故，谈及相关史事，往往错漏百出。例如，瞿兑之的生卒年月、历任职位甚至与瞿鸿禨的关系，连各种正式出版物的记录也是五花八门。又例如，指郭则沄（署名龙顾山人）的《红楼真梦》只在《中和》连载了两期，了解杂志的背景后，便停止供稿，与事实相去甚远。《中和》的作者群包含各类人物，其中固然有文化汉奸，也不乏在复杂环境中艰难挣扎的文人学士，探究文史，既是兴致所在，又可以缓解心灵的压抑，寄托无尽的愁怀。字里行间，透露出各种信息。近年来关于华北沦陷区的问题逐渐引起国外学术界的关注，研究者日渐增多，如果不能予以重视，很难掌握发言权，更不要说具备平等对话的能力。而中国历史上的汉奸问题，更是需要认真解读的一大难题。

由于战争的结束，各沦陷地区遗留下来大量日本和伪组织的档案，后来分别归入各地档案馆、图书馆、博物馆。在沦陷区的研究相当薄弱的情况下，这些档案在相当长的时间里没有得到充分开放，因而接触使用者为数不多，有的甚至未经系统整理，有着很大的利用空间。其中固然不乏日本保存的印制文件，也有许多日本亦无的原稿底本。

其五，应当以影印形式，大规模出版没有版权问题的日文文献，方便并且促使研究者直接使用日文文献，以便切实推进相关研究，从根本上改变中国的日本研究远不及日本的中国研究的状况，大幅度提升中日关系研究的水准。以近代中日关系文献的丰富程度来说，如果都要翻译，既不现实，亦无必要。所有保存于中国的图书、报刊、档案、函电、日记、图册、照相及其他未刊稿本，都应当全面系统地影印出版。此外，一些关于中日关系的大型文献汇编，因为市场有限，成本又高，在日本出版颇具难度，也可以争取在中国出版。例如，日本来华游记共约 500 种，东京大学小岛晋治教授编辑出版了明治时期 10 册，大正、昭和时期各 20 册，还有不少未出。而近代中国人的日本游记，实藤文库收藏加上其他中日各馆所藏，大约 350 种，迄今为止出版的还不到一半。诸如此类的文献为数甚多，均为研究中日关系的重要凭借。只有打破资料壁垒，便于利用，促使研究者掌握相关技能，近代中日关系研究才能得到坚实的基础支撑。

在这方面，应当分别收藏家与研究者对于文献眼界取舍的差异，应当变通有关部门关于古籍整理出版的观念，依照黄侃、钱锺书等人对版本的意见，以及傅斯年"史料越生越好"的说法，尽可能保持原状，减少所谓增加学术含量过程中必然造成的诸多错误。要抓住未来 10 年左右的良机，通过大规模电子化或影印出版，多快好省地一举解决抢救性保护与研究急需的两难困境，最大限度地夯实研究基础，争取掌握中日关系研究的主动性和主导权。

在人类历史上，由于地理接近、利害矛盾、文化冲突等因素的作用，使得一些国家成为宿敌，长期进行你死我活的殊死争斗。英法、德法之间，都曾经历经以战争为极端形式的激烈冲突，试图彻底征服对方。经过反复较量，付出沉重代价，却仍然势均力敌，终于认识到无法凭借武力改变彼此关系，必须另谋生存之法，才能获得相对的稳定，最终通过相互妥协磨合，实现了和平共处。在近代东亚，中日两国同样成为宿敌。在多种因素的作用下，经过长期对抗，力量对比发生了重要变化，局势早已今非昔比。但是迄今为止，仍然未能找到适当的共处双赢之道。在国家利益至上的主导下，或许仍将持续尖锐对立。而就双方的根本利益而言，冲突势必对两国的社会以及彼此的关系造成严重伤害，使得第三方坐收渔利。两国的有识之士，应当设法寻求从根本上化解利益冲突的办法，化干戈为玉帛，使得世仇变成睦邻。进一万步说，即使处于敌对状态，知己知彼也是百战不殆必不可少的前提。

（作者为中山大学历史系教授）

从清宫秘藏到日本官板

——记和刻本蒋氏《东华录》

辛德勇

一 蒋良骐《东华录》的编纂定稿和它的史料价值

清蒋良骐撰《东华录》①，今通行者作三十二卷，因与后来王先谦在清末修撰的同名书籍相对称，后世治史者习称蒋氏此书为"蒋录"（或称"蒋本《东华录》"），称王先谦书为"王录"（或称"王本《东华录》"）。

蒋良骐为广西全州人，清乾隆十六年（1751）进士，清乾隆三十年（1765）入史馆参与纂修清朝国史。在馆期间，蒋氏利用清宫秘藏档案史料，私自写成此编年体史书，乃纂辑清太祖天命至世宗雍正间史事。在下文所要讲述的日本天保四年（1833）刻本《东华录》的卷首，有一篇蒋氏自撰跋文，用以叙述其纂修原委：

① 按：谢国桢《清开国史料考》（台北，艺义印书馆，1968 年影印民国铅印本）卷五之"东华录"条（290 页）曾著录此书作者名为"蒋良骐"；日本学者松浦嘉三郎所撰《蒋本「東華録」の異本に就て》一文，亦将某些写本误书的"蒋良骥"视作该书作者的本名，并且推测由于此"蒋良骥"未见于通行的清人传记记载，不甚为人所知，后出的写本才特地冠以"蒋良骐"之名，以增重其身价。这些标注形式和说法，俱属误记误判。蒋良骐有仲弟名良骥，但与此书撰述略无干涉，辨见傅贵九：《〈东华录〉作者新证》，载《历史研究》，168～170 页，1984（5）；又同人撰：《蒋氏〈东华录〉作者补证》，载《历史研究》，189 页，1989（6）。松浦嘉三郎文载"满铁"奉天图书馆编：《收书月报》第 50 号，2～7 页，1940-01。

乾隆三十年十月，重开国史馆于东华门内稍北。骐以谫陋，滥竽纂修。馆例，凡私家著述，但考爵里，不采事实，惟以实录、红本及各种官修之书为主。遇阅分列传事迹及朝章国典、兵礼大政与列传有关合者，则以片纸记之，以备遗忘。积之既久，遂成卷轴云。赢州蒋良骐千之父识。①

蒋良骐这段话，讲得不够清楚，据嘉庆续修《全州志》记载，实际上当时他在史馆中是具体负责纂修"名臣列传"②，而同时参与此事的所有史臣，要通过抓阄的方式，决定各自所承当的人物。延至清末，此制始改为由提调官派分。③ 因知所说国史馆定例要求"凡私家著述，但考爵里，不采事实，惟以实录、红本及各种官修之书为主"这段话，应当是指在纂修这些人物传记时，凡涉及当时社会大事，不采私家著述所记事实，而以实录等官方典籍为基本准则，其私家传状碑志，只许用作叙述其官爵乡里等事之参考。为此，蒋良骐需要依据实录、红本以及其他各种官修史书，来排比相关史事，作为处理所分担列传中人物行事的基准，故日积月累，形成此书。④

早在道光年间，就有学者以为蒋良骐的《东华录》内容过于简略。⑤ 清末时人李慈铭对本书文献价值的评价也不是很高，以为不过"士生下邑，既不获窥金匮石室之藏，得此为天管海蠡，良非无补"而已。⑥ 在晚近时期的西方学者中，也有美国学者毕乃德（Knight Biggerstaff）在比较该书首卷

---

① 见日本天保四年刻十六卷原本《东华录》卷首蒋氏自撰《东华录跋》，1a 页。如下文所述，后来流行的三十二卷本对蒋氏此跋文字做了很多修饰，但实质性内容并没有变易。

② 《全州志》（清嘉庆四年刻本）卷八《人物》上《乡贤·蒋良骐传》，62 页 a。

③ （清）李慈铭：《越缦堂读书记》之《史部·编年类》"东华录"条，393～394 页，上海，上海书店出版社，2000。

④ 孟森：《读清实录商榷》，见作者文集《明清史论著集刊》，619～623 页，北京，中华书局，1959。

⑤ （清）萧穆：《敬孚类稿》卷八《记何子贞太史所纂高宗政要》，204 页，合肥，黄山书社，1992。

⑥ （清）李慈铭：《越缦堂读书记》之《史部·编年类》"东华录"条，394 页。

東華錄跋

乾隆三十年十月重開國史館于東華門內稍北。駭以謭陋濫竽纂修舘例凡私家著述但考爵里不采事實惟以實錄紅本及各種官修之書為主遇闕分列傳事蹟及朝章國典兵禮大政與列傳有關合者則以片紙記之以偹遺忘積之既久遂成卷軸云赢州蔣良騏千之父識

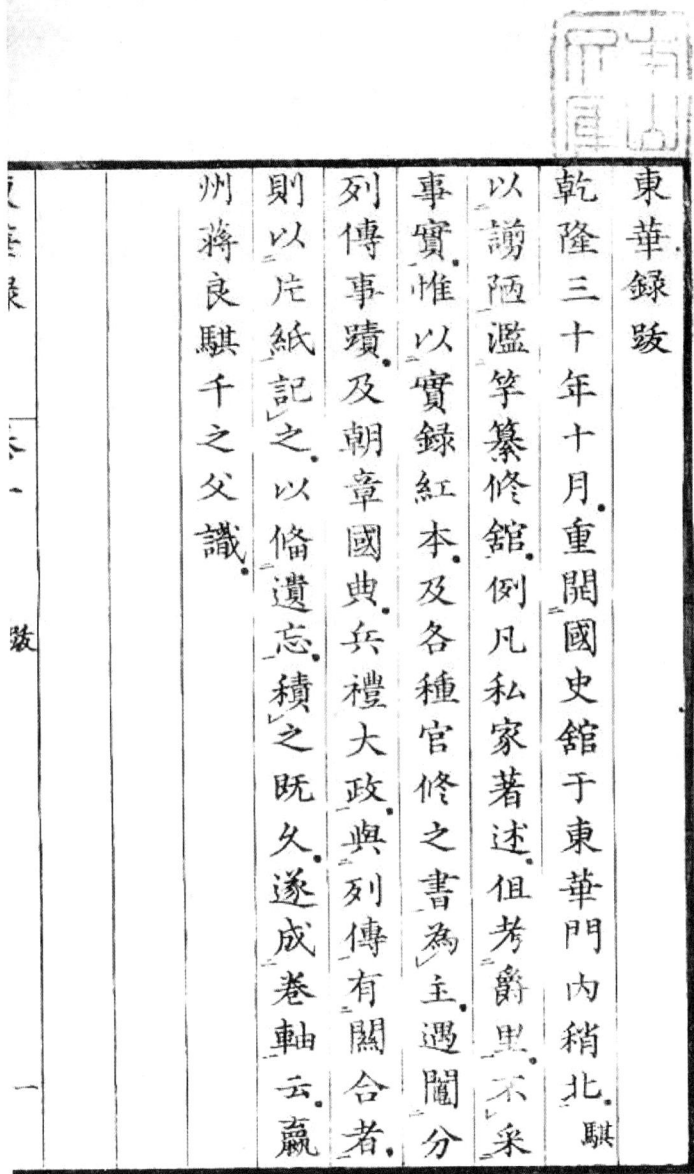

图 1　天保四年（1833）和刻十六卷原本蒋良骐《东华录》之蒋氏自撰跋文

的内容之后谈道，由于只是从实录中很概要地抄撮出来一小部分内容，与后来王先谦编著的同名书籍相比，蒋良骐此书史料价值甚低，而且蒋氏书

中超出于清朝实录以外的内容，多属关于人名、地理方位的注释和对历史事件的评议，殊不足重。①

在中国国内，至民国年间为《续修四库全书总目提要》撰写书稿的吴廷燮，始对此书做出积极的总体性评价，谓"清初事迹，赖是书以存正多，洵可珍也"②。近人孟森先生亦尝论及蒋氏《东华录》与后来王先谦在清末所撰同名史书的繁简异同问题，乃谓其文字虽简，内中却殊多独有的史事：

> 至同、光时，其书已盛行，而长沙王先谦入史馆，援例遂为详备之《东华录》，凡政事之可纪者悉录之，惟去其例行之祭祀等条。由此推之，似乎王录行而蒋录可废，蒋所录者王必不遗漏也。岂知蒋录虽简，而出于王录以外者甚多，且多为世人所必欲知之事实，如顺治间言官因论圈地逃人等弊政而获谴者，蒋有而王无。康熙间陆清献论捐纳不可开而获谴，李光地因夺情犯清议，御史彭鹏两疏痛纠之，使光地无以自立于天壤，蒋录皆有之，而王录无。③

吴廷燮在为此书撰著提要时亦具体阐述云：

> 王氏《东华录》人皆称其纪载详赡，然如是书所载顺治十二年正月左都御史屠赖言投充之人多占田亩，逃人窝主一次即斩，立法太严；给事中李裀言逃人一事，立法监（滥）多，可为痛心者七；康熙元年二月伪桂王朱由榔遗吴三桂之书，二十九年十一月陆陇其劾偏沅巡抚于养志在任守制诸事，皆未载〔（顺治）十二年六月严禁沿海省分无许片

---

① Knight Biggerstaff, "Some Notes on the *TUNG－HUA LU* and the *SHIH－LU*", *Harvard Journal of Asiatic Studies*, Vol. 4, No. 2 (Jul., 1939), Harvard－Yenching Institute, pp. 104-105.

② 中国科学院图书馆整理：《续修四库全书总目提要（稿本）》之吴廷燮撰"东华录"条，第23册，310～312页，济南，齐鲁书社影印民国稿本，1996；又第1册《提要撰者表》，2页。

③ 孟森：《读清实录商榷》，见作者文集《明清史论著集刊》，619～620页，北京，中华书局，1959。

帆入海等事亦无〕。而顺治十二年彭长庚等之请雪睿亲王、康熙二十八年两江总督傅拉搭之劾徐乾学等（作者按：蒋氏《东华录》记康熙二十八年劾徐乾学者实为副都御史许三礼。此处疑误），亦有详略之不同〔其他如顺治十五年十二月，洪承畴奏水西宣慰司投诚；十六年二（正）月，给事中杨雍建言，前使粤东，目击粤民困苦，滥委、滥派、里役无定例、用夫无限数、私埠、私税皆害；十六年三月，立明崇祯帝碑，王氏《东华录》亦均不书〕。①

孟森先生分析造成这种情况的原因，乃谓"初疑王氏自以己意为去取，以顺时旨，既而翻检故宫定本实录，则皆与王录同，然后知王所见之实录，非蒋所见之《实录》也"②，所说自然很有道理。不过，蒋良骐撰著此书，既然并非仅仅摘录《清实录》旧文，这些与今本《清实录》的违异，也就不一定都是出自当时未改的《清实录》，至少有一部分内容很可能是蒋氏依据红本等官私著述录入书中。盖蒋良骐在乾隆年间撰著此书，所处时代既近，所见史料又详，自易知悉清修《清实录》的隐情，故多摘取其他更为可靠的原始资料，以备撰著国史名臣列传文稿之需。因而，恐怕并不能完全依据《蒋录》来推断旧本《清实录》的面目。

蒋良骐《东华录》的价值，与其编修过程中所依据的史料来源具有密切关联。即如蒋氏跋语所述，除了《清实录》之外，此书还利用了"红本及各种官修之书"。所谓"红本"，是指各地方官员和朝廷部院官员奏呈朝廷的"题本"，由内阁草拟满、汉两种文字的"票签"之后，送呈皇帝御览；皇帝批复之后，再发回所谓"批本处"，由该"批本处"依照皇帝核定的满文签，用红笔于本面批录满字；继之，再由所谓"典籍厅学士"依照汉文签用红笔于本面批录汉字，此即谓之"红本"。明此可知，这种"红本"不仅原始性极强，而且清楚留存有皇帝对各项事务最直接的旨意，关涉一朝大政匪浅，

---

① 中国科学院图书馆整理：《续修四库全书总目提要（稿本）》之吴廷燮撰"东华录"条，第23册，311～312页。

② 孟森：《读清实录商榷》，见作者文集《明清史论著集刊》，619～620页，北京，中华书局，1959。

对《清实录》中刻意载定的史事，可以起到重要的补充和订正作用，史料价值，不言而喻，而采录清宫秘藏"红本"的内容，正是蒋良骐《东华录》较诸其他同类著述（如王先谦后来编著的同以"东华录"为名的清朝编年体史书）具有独特史料价值的一项重要原因。

其实，蒋良骐采录资料的范围很广，除了《清实录》之外，并不完全囿于"红本及各种官修之书"，另外还有官员的奏疏，以及一些重要的函牍。这些奏疏函牍，同样涉及很多重要史事，亦属宫廷秘藏的档册。① 例如，著名的史可法答多尔衮书，蒋氏就是依据原函完整录入书中，记云：

> 案史公答书，《实录》不载，其原书尚存内阁，今上命检出装潢，御制书事一篇冠其首，今恭录于左（右）。史公书用红帖写，皮面写"启"字，盖印即系"督师辅臣之印"六字，每页四行，写连抬共二十字。②

虽然因乾隆皇帝的褒扬，这通在整个中国历史上都具有非常特别价值的信札，后来在清乾隆四十二年（1777）由朝廷大臣于敏中奉敕"书于像卷，勒石扬州祠壁"，供世人观摩，复被史家后人编入清乾隆五十三年（1788）刊刻的《史忠正公集》，但检读史可法的文集，可见其中缺载原函开头"大明国督师兵部尚书兼东阁大学士史可法顿首谨启大清国摄政王殿下"这句话和信函篇末题署的"弘光甲申九月十五日"这一时间③，终究不如《东华录》能够准确地载录它的全貌。而观看《东华录》附记的信函书写格式与印鉴使用情况，即可知蒋良骐乃是直接移录史可法信函的原件④，所记自可信据。

---

① 按：牟润孙《蒋良骐的〈东华录〉与〈清实录〉》一文，对此亦有所阐释，请参看。牟文原连载于《大公报》1975 年 11 月 23 日、24 日，此据作者文集《注史斋丛稿》，479～485 页，北京，中华书局，1987。

② 见日本天保四年刻十六卷原本《东华录》卷三，22a 页。

③ （明）史可法：《史忠正公集》卷二《复摄政睿亲王书》，清乾隆五十三年史氏教忠堂原刻本，1a～4a 页。

④ 见日本天保四年刻十六卷原本《东华录》卷三，19a～22a 页。

由于蒋良骐编录此书，本来只是备其本人查考相关史事，所以，当李慈铭在清末读到此书时，感觉"其书断烂错杂，往往挂一漏十，有首无尾"，不禁指斥云，作为一种著述来说，《东华录》可谓"全无体裁，真断烂朝报也"。① 再加之书中有一些内容，与官修实录亦相抵牾，事实上也不便遽然公之于世，故此书勒定之后，长期以写本形式流传，没有刊印。不过，由于内容信实，广受读者欢迎，写本流传很多。与后来刊刻的三十二卷本不同，当时流传的写本，绝大多数都是分为十六卷，这应该是出自蒋良骐手定的原本。

据日本学者松浦嘉三郎研究，日本军队侵占东北期间，所谓"满洲国国立奉天图书馆"曾收藏有一部划分为三十四卷的写本，与这些通行的十六卷写本稍有不同。这个写本虽然从卷次上看，与后来的三十二卷刻本似乎比较接近，但实际上却与三十二卷刻本毫无关系，而与十六卷写本属于同一系统。它是在通行的十六卷本的基础上，依据实录，增入相关的上谕和奏议等。除此之外，同一时期，在"满洲国国立奉天图书馆"里，还收藏有一部编作八卷的《东华备挹录》，内容只是十六卷本的摘录，单纯就其内容而言，并没有独特的价值。

不过，《东华备挹录》这个书名，倒是比单称"东华录"能更直接地反映蒋良骐的撰著宗旨。松浦嘉三郎称所谓"满洲国省立沈阳图书馆"另外还藏有一部十六卷写本，题作《东华备遗录》②，这似乎更能直接对应蒋良骐所题"以片纸记之，以备遗忘"的说法。松浦氏推测，这一"东华备遗录"的题名和内容，才是蒋良骐书本来的面目，后来当出现三十二卷本以至三十四卷本那样被他人增入大量内容的文本之后，才去掉"备遗"二字，径以"东华录"称之。③ 今按松浦嘉三郎这种说法，虽然不够准确（如去掉"备遗"二字，是在三十二卷本出现之前），但总的来说，他的思路比较合理。傅贵

① （清）李慈铭：《越缦堂读书记》之《史部·编年类》"东华录"条，394 页。
② ［日］松浦嘉三郎：《蒋本〈東華錄〉の異本に就て》，载"满铁"奉天图书馆编：《收书月报》第 50 号，4～7 页。
③ ［日］松浦嘉三郎：《蒋本〈東華錄〉の異本に就て》，载"满铁"奉天图书馆编：《收书月报》第 50 号，6 页。

九后来也以为"《备遗录》似成书在前"，并云"向传此书系蒋《录》的稿本"①，不知他是不是在援用松浦嘉三郎的说法。

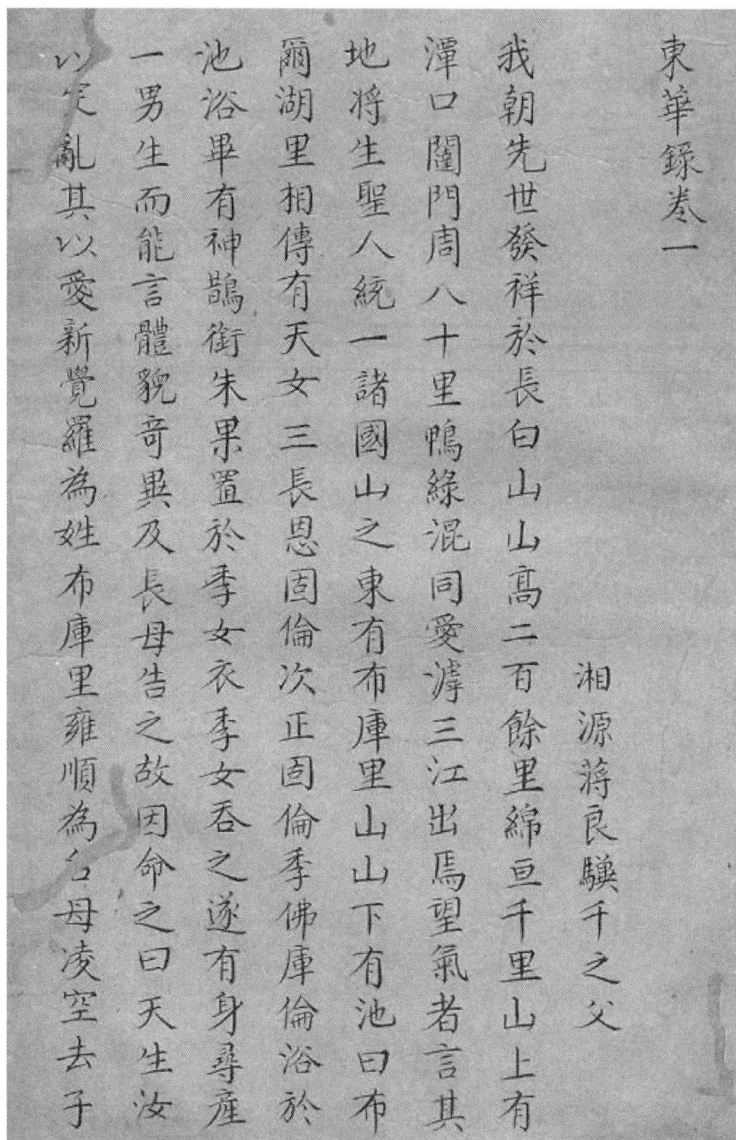

東華録卷一

湘源蒋良騏千之父

我朝先世發祥於長白山山高二百餘里綿亘千里山上有潭口闔門周八十里鴨綠混同愛滹三江出焉望氣者言其地將生聖人統一諸國山之東有布庫里山山下有池曰布爾湖里相傳有天女三長恩固倫次正固倫季佛庫倫浴於池浴畢有神鵲銜朱果置於季女衣季女吞之遂有身尋產一男生而能言體貌奇異及長母告之故因命之曰天生汝以定亂其以愛新覺羅為姓布庫里雍順為氏母凌空去子

图2　约清嘉庆间写录十六卷原本蒋良骐《东华录》

① 傅贵九：《〈东华录〉编纂者蒋良骐全州故里考察纪实》，载《文献》，107页，1986(4)。

陈捷先、傅贵九后来在研究中指出，东京大学、北京大学和中国科学院图书馆各自也都收藏有一部题作《东华备遗录》的写本，其中东京大学和北京大学的藏本都是分作十六卷，中国科学院图书馆藏本，据傅贵九所说，当为八卷本。① 陈捷先和傅贵九都曾引述过《东华备遗录》卷首所列蒋氏跋语，其中东京大学本偶有缺字，傅氏引述中国科学院图书馆本则失录蒋良骐署名，两相参合，得其跋文如下：

> 乾隆三十年十月，重开国史馆于东华门内稍北。骐以谫陋，滥竽纂修。馆例，凡私家著述，但考爵里，不采事实，惟以实录、红本及各种官修之书为主。顾实录卷帙浩繁，红本更浩如渊海，终日翻阅无暇，遇所阅分列传事迹及朝章国典，兵礼大政，与列传有关合者，则以片纸记之，以备遗忘，积之既久，遂成卷轴，不忍弃置，衰而存之，以为□余支枕之助云。赢川蒋良骐千之父识。②

与前面引述的天保四年(1833)日本官刻本《东华录》上镌印的同一跋语做比勘，下面画横线的部分，都是天保四年(1833)官刻本所删除的内容，两相比较，《东华备遗录》的文字确实要拖沓很多。显而易见，此《东华备遗录》的写录年代，一定早于天保四年(1833)日本官刻本所依据的底本（按：譬如，台北"中央图书馆"收藏的一部十六卷写本《东华录》，其卷首所列"东华录引"，文字内容就与天保四年(1833)和刻本完全相同③），这可

---

① 按：严宝善《贩书经眼录》（杭州，浙江古籍出版社，1994）卷二《史部》上（33～34页）记录其经手售卖过一部八卷本《东华备遗录》，约清乾隆间红格精写，严氏且抄录有卷首"自序"全文，字句与东京大学藏本的跋语相同。唯不知此书后来归入何处，亦不详是写录者合并蒋书两卷为一卷以成此八卷之本，抑或如下文所述《东华备挹录》，为庋藏者从十六卷全本当中摘录的节本（中国科学院图书馆藏本同样存在这一问题，有待核实）。

② 陈捷先：《蒋良骐及其〈东华录〉研究》之六《谈日本所见的蒋氏〈东华录〉》，107、129 页，北京，中华书局，2008。傅贵九：《〈东华录〉编纂者蒋良骐全州故里考察纪实》，载《文献》，107 页，1986(4)。

③ 台北"中央图书馆"编：《国立中央图书馆善本序跋集录》之《史部·编年类》"东华录"条，第 01942 号典籍，299～300 页，台北，"中央图书馆"，1993。

以为松浦嘉三郎的说法提供具体的佐证。又傅贵九在研究中曾经获知，蒋氏宗谱记载蒋良骐"充国史馆纂修官，著《名臣列传》、《东华备遗录》"①，亦显示《东华备遗录》更有可能是此书最早的名称。

这种情况表明，确实应如松浦氏所云，蒋良骐最初是将此书的名字拟定为《东华备遗录》，并很快就有传抄流传，而所谓《东华备捃录》恐怕只是《东华备遗录》的一种异写而已。至于松浦嘉三郎所见八卷本《东华备捃录》，则是从十六卷原本当中节选了部分内容。不过蒋氏本人随后对文字又有所修订润色，书名也从其简约，改定为《东华录》。如下文所述，三十二卷本出自宗室奕赓刻意的增订，并不是传抄过程中逐渐累积的变化，而在奕赓着手增订之时，就已经但以"东华录"称之②，说明由"东华备遗录"改名为"东华录"，只能是蒋良骐本人所为，而不会像松浦嘉三郎所讲的那样，是在后来到三十二卷或三十四卷本形成之后，才去掉"备遗"二字。通观众多十六卷本《蒋录》，绝大多数都是题作"东华录"，以"东华备遗录"为名者却极为少见，这说明绝大多数写本乃是辗转录自蒋良骐修订过的文本。更简单地说，《东华备遗录》是蒋良骐初成之稿，十六卷本《东华录》则是他自行改定之本。

二 天保四年（1833）和刻本蒋氏《东华录》

这种改定之后的蒋氏《东华录》写本，流布不仅很多，同时也还很远，甚至已经远涉大海，舶至东瀛。仁孝天皇天保四年（1833），亦即清道光十三年，日本德川幕府下属的昌平坂学问所，依据流入日本的写本，以所谓

---

① 傅贵九：《〈东华录〉编纂者蒋良骐全州故里考察纪实》，载《文献》，107 页，1986(4)。

② （清）奕赓：《重订东华录序》，见金梁：《瓜圃丛刊叙录》，台北，文海出版社，1968；沈云龙主编：《近代中国史料丛刊》第 29 辑，9～10 页，影印 1928 年重印本。

"官板"的身份，将其刊行于世。① 松浦嘉三郎早在 20 世纪 40 年代之初，就曾推测此本很可能是蒋氏《东华录》的最早刊本②，事实上这也确实是本书的第一个刻本，因为在清道光十八年（1838）奕赓提到此书传本的时候，还是仅以"书肆中所录"称之③，清楚显示出当时在中国尚未有刊本行世。

　　需要稍加说明的是，在日本东京大学综合图书馆的书目上，著录该馆收藏有一部文化四年（1807，值清仁宗嘉庆十二年）江户昌平坂学问所刊刻的十六卷本《东华录》④，但仅此一例，未见其他同样藏本。仁孝天皇弘化四年（1847，值清宣宗道光二十七年）刊刻的《官版书籍解题略》，是一部专门为宽政十一年（1799，值清仁宗嘉庆四年）以来日本昌平坂学问所刊刻的官版书籍撰著"解题"性说明的版刻目录，假如昌平坂学问所曾在文化四年（1807）刊刻过《东华录》的书版，理应予以著录，可是，我们在这里却只看到有天保四年（1833）这一刻本。⑤ 较此稍早，在天保十年（1839，值清宣宗道光十九年）前后编纂的《昌平坂御官板书目》上，同样也只见有一种订作十六册的《东华录》刻本⑥，这显然是指天保四年（1833）刚刚刻成的版本，在其原装本的签条上，至今仍可清楚看出此本分装十六册的原始面貌。这些情况都向我们显示，昌平坂学问所在文化四年（1807）恐怕未曾刊刻过《东华录》一书。再说，若是在文化四年（1807）就已刻印过此书，那么，短短二十几年之后，同一官方刻书机构，又有什么特别的理由，非要不惜公帑重刻其本呢？检视长泽规矩也编著的《和刻本漢籍分類目錄》，也只著录

---

　　① 见［日］佚名《官版书籍解题略》（［日］长泽规矩也、阿部隆一编：《日本書目大成》，影印日本弘化四年春江户出云寺万次郎刻、樋口趋古移写森约之书入本，东京，汲古书院，1979）卷首附印《日本书目大成》编者所撰《解题》（按：此页无页码）；又卷上《史部》之"東華錄"条，107 页。

　　② ［日］松浦嘉三郎：《蒋本「東華錄」の異本に就て》，载"满铁"奉天图书馆编：《收书月报》第 50 号，4～7 页。

　　③ （清）奕赓：《重订东华录序》，见金梁：《瓜圃丛刊叙录》，9～10 页。

　　④ 东京大学综合图书馆编：《東京大學綜合圖書館漢籍目錄》，125 页，东京，东京堂，1995。

　　⑤ ［日］佚名：《官版书籍解题略》卷首附印《日本书目大成》编者所撰《解题》（按：此页无页码）；又卷上《史部》之"東華錄"条，107 页。

　　⑥ ［日］佚名：《昌平坂御官板书目》，见［日］长泽规矩也、阿部隆一编：《日本书目大成》，影印日本无保刻本，151 页，东京，汲古书院，1979。

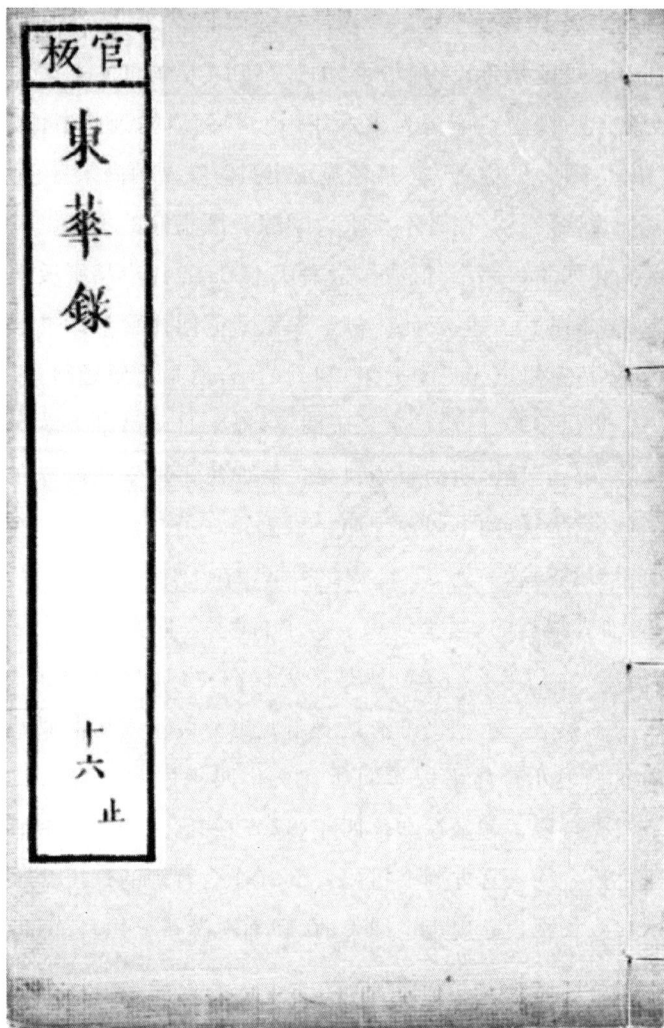

图 3　天保四年(1833)和刻十六卷原本蒋良骐《东华录》之书衣

有天保四年(1833)刻本，只字未提此前在文化四年(1807)业已刊刻过一次。① 今委托日本友人协助查阅，所获书影显示此本与寒齐藏天保四年(1833)刻本为同一版片印刷，且卷末亦同样清楚镌有"天保四年刊"字样，唯墨色清晰明亮，似属初印之本，因知东京大学综合图书馆的书目应是误

---

① ［日］长泽规矩也：《和刻本漢籍分類目錄》之《史部·編年類》"東華錄"条，71页，东京，汲古书院，1976。

记"天保四年"为"文化四年"。

　　中国当代重要典籍之首次刊刻出现于日本而非中国本土，改变了此前日本出版界只是翻刻中国既有刻本的状况，这是中日文化交流史特别是典籍交流史上应当给予充分关注的一项重要事件，它显示出日本对清朝事务的高度关注（晚近时期日本汉学家服部宇之吉很早就撰著《清国通考》，复有稻叶岩吉撰著《清朝全史》，内藤虎次郎继之又撰著《清朝史通论》，似乎都可以追溯至这一渊源），同时也反映出雕版印刷业在江户时期之日益发达，致使其已经有此意识，要先于中国本土刊刻有关清朝的著述。鉴于目前中国国内学术界对此事、此本乃至此书都还缺乏应有的关注，我因有幸获藏一部此天保四年（1833）和刻之本，故在此略叙相关史事，希望能够有更多的学者留意于此。

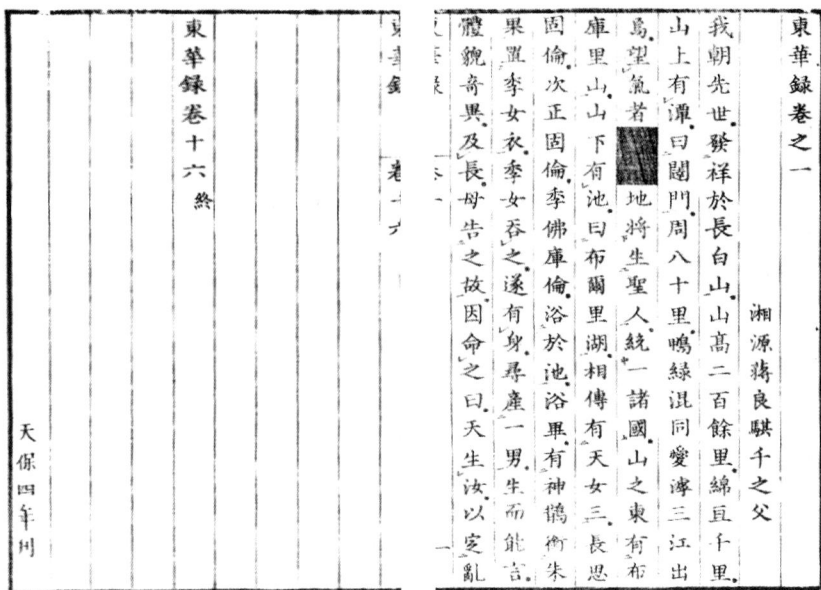

图 4　天保四年（1833）和刻十六卷原本蒋良骐《东华录》之正文首页与末页

　　需要指出的是，退休前长期供职于台湾大学历史系的陈捷先教授曾经撰写很多文章，并出版专著，介绍、研究、评议蒋良骐这部著作，对学术界认识和利用此书，做出很大努力。不过，在对陈氏这些辛劳和贡献表示感谢的同时，也必须严肃地指出，由于他对中国历史文献学特别是古籍版本知识隔膜过甚，解读古代典籍和日文著述复屡有疏失，以致在一些关键环节上，未能合理地认识《东华录》的版本衍变过程。

在阅读松浦嘉三郎《蒋本「東華錄」の異本に就て》一文时，陈捷先不知道出于什么原因，产生了严重的误读、误解，甚至他在书中转述的有些内容，竟纯属子虚乌有。譬如，陈捷先论述说："松浦嘉三郎说：除了日本的官刻本外，他还看到两种中国的蒋氏《东华录》刻本，都是三十二卷本，版式与书体差不多，印刷的时间可能有先后，他认为这两种刻本应是同一家出版社刷印的。另外他又看到一种较为后出的刻本，在卷首序文边题签的地方，盖有一个长方形红色的印章，印文为'吉林源升庆记自江苏拣选古今书籍发行'字样，所以他判断这个新版本应是中国江苏地方刊印的。八千卷楼书目中所说的就是此一版本。他的结论是蒋氏《东华录》中国刻本有南方江苏版与'北京版'两种。"①

然而，检读松浦嘉三郎原文，可知松浦氏对相关问题的看法却是以下几方面。第一，他所看到的中国刊刻的两种三十二卷本《东华录》，"由于版式和字体都完全相同，虽然其印刷时间略有先后之别，但仍可以看出属于同一版本"。请注意，"同一版本"即谓用同一副版片所印制，这与"同一家出版社所印"有本质性差别。第二，在上述两个印本当中，看起来像是"新印"的那一部（我理解"新印"在这里是指后印本），在"题签"处钤有长方形朱文印记，文曰"吉林源升庆记自在江苏拣选古今书籍发行"。请注意，松浦氏在这里谈的，是前面提到的两部印本当中的一种，而不是"另外他又看到一种较为后出的刻本"；又这里所说"题签"，是指书衣（也就是封面、书皮正面）左上角处题写书名的那个"签条"，绝不是"卷首序文边题签的地方"，而且在"卷首序文边"也从来没有见到过什么"题签的地方"。第三，依据这一"吉林源升庆记自在江苏拣选古今书籍发行"朱记来推断，中国这种三十二卷刻本应当是在江苏刊刻的，八千卷楼书目著录的三十二卷刻本实际上指的也应当是这种版本，而此本的刊刻地点并不在北京，是在

---

① 陈捷先：《蒋良骐及其〈东华录〉研究》之五《蒋良骐〈东华录〉的版本》，72页。

中国南方。① 请注意，松浦嘉三郎并不是说在他所见两部三十二卷刻本之外又另有什么别的"新版本"刊刻于江苏，更根本没有什么"蒋氏《东华录》中国刻本有南方江苏版与'北京版'两种"这样的结论。

其他类似的例证，又如陈捷先称"从松浦嘉三郎的文章里，我们也可以了解到日本当时各大图书馆或资料中心收藏蒋氏《东华录》的大致情形"，接下来就列举了东洋文库、东京大学东洋文化研究所、京都大学人文科学研究所、静嘉堂文库各处的收藏情况（按：陈氏有些说法还与实际情况严重不符），但我们在松浦氏的文章中，却根本没有找到一句提到相关情况的话，真不知其究竟是从何谈起（按：在陈捷先有关《东华录》版本的论述里，诸如此类不着边际的说法还有很多，在此无法一一列举）。

好在像这样一些不知所云的话，对所论述的主题，影响并不是很大。不过，请看下面这段文字：

> 他（作者按：指松浦嘉三郎）引证了《日本官版书籍解题略上》中所记的《东华录》条说："此书系根据抄本所官刻者。近日由船运来大小两种本子，虽有互异之处，然未经润色的早出本，反得其事实不少。"
>
> 这说明了日本先从中国取得了两种抄本，内容有"互异之处"，后来官方据以刻印成书，成为日本的"官刻本"。若以今天重视知识产权来说，这"官刻本"应该是现代人称的"海盗版本"。②

因其关乎《东华录》的版本源流，涉及重要实质性问题，在这里就不能不略事辩说了。

第一，松浦嘉三郎提到的这部书目，就是上文引述过的《官版书籍解题略》（原题"官板书籍解题略"，后人亦习称"官版书籍解题目录"），书名

---

① ［日］松浦嘉三郎：《蒋本〈東華錄〉の異本に就て》，载"满铁"奉天图书馆编：《收书月报》第 50 号，3～4 页。

② 陈捷先：《蒋良骐及其〈东华录〉研究》之五《蒋良骐〈东华录〉的版本》，71 页；又同书之六《谈日本所见的蒋氏〈东华录〉》（106 页，128 页）也有同样的表述。

里并没有"日本"二字①，"上"则是此书的卷次，这在日本和中国都是一样的标注形式。像这样的研究，自己不直接查实核准原书，本身已经不够审慎，但至少在转述书名时，应当原原本本地抄录松浦氏文章的写法，不宜如此造次。

第二，陈氏对《官版书籍解题略》的翻译和理解，存在严重错误。《官版书籍解题略》中这几个句子准确的译文，似应书作："此书系依据抄本官刻之本。与近日舶载而来的大、小两种本子相比，互有异同，惟此未经后来润色的早出印本，有不少地方反而更能得其史事之实。"②邵懿辰在清末纂录的《增订四库简明目录标注》，著录后来由奕𫍣增订的三十二卷本《东华录》有"道光间刊大、小字二本"③，《官版书籍解题略》所说的"大、小两种本子"，应即就此而言。因而，并不像陈捷先所理解的那样，日本官府是依据从中国取得的两种内容有"互异之处"的抄本来刊刻此书。检读此天保四年（1833）刻本《东华录》，可见其中有很多留置墨钉的缺字，乃至整张失落的缺页（在一些地方清楚注云"以下原本脱页"），从而可知这一"官板"在写样开雕之时，应当仅据有一部从中国流入的写本，因苦无他本可资校补，才会出现这样不得已的做法（当然这也显示出日本官方想要通过刊刻此书来了解清朝的迫切性）。至于所谓"海盗版本"云云，更是完全说不着的事情。古人刻书，确实时或昭然宣示，对侵犯其版权者要"千里必究"，但那一定是要以"倘有翻刻"为前提，而所谓"翻刻"云者，自然是指自家已有书版锓梓在先，即所谓"盗版"是"盗"其已有之"版"，从未刊刻过的写本或是书稿，其有何"版"可以"盗"之？得人未刊书稿梓而行之，又没有掩为己作，怎么能用"海盗版本"称之？陈氏此语，诚属拟于不伦。

又陈氏归纳松浦嘉三郎的观点说："以作者研究蒋氏《东华录》的心得，他认为《东华备遗录》一书价值可能比较高，也可能是由蒋氏生前留下的原

---

① ［日］佚名：《官版書籍解題略》卷首附印《日本書目大成》编者所撰《解題》（按：此页无页码）。

② ［日］佚名：《官版書籍解題略》卷上《史部》之"東華錄"条，107页。

③ （清）邵懿辰撰、邵章续录：《增订四库简明目录标注》之《史部·别史类》"东华录"条，232页，上海，上海古籍出版社，1979。

稿抄成的。……日本的官刻本大概就是由《东华备遗录》而翻刻的，当然言下之意，日本的官刻本内容比中国的刻本要好。"对此，陈氏又论述说，"东京大学东洋文化研究所汉籍分类目录中列有蒋氏《东华备遗录》一种，也是松浦嘉三郎认为可能是蒋良骐原稿的一种抄本。另外，在京都大学人文科学研究所汉籍分类目录中登载有十六卷蒋氏《东华录》一种，这是江户昌平黉的产品，也就是《日本官刻书籍解题》中所称的日本官刻本。更值得注意的是，这部十六卷刻本的刊行时间，目录上记写的是'文化四年'，与《日本官刻书籍解题》内所说的'天保四年'有所不同"。陈氏复云："（松浦嘉三郎以为）《东华备遗录》是蒋书原稿的传抄本，而日本官刻本是由《东华备遗录》翻刻而成的一说，我看有些问题。因为我在日本东京大学所藏的《东华备遗录》中就看到有'寧'字因敬避道光皇帝御名而写成'宁'字的，如果日本的这一抄本是'文化四年'从中国购入的或是刻本是文化四年刊行的话，那是嘉庆年间的事，'寧'字还不需改写，'寧'写成'宁'至少是道光朝以后的事，所以《日本官版书籍解题》与京都大学人文科学研究所的藏书目录应该先作考证，看看谁对谁错，然后再作结论为宜。"①在这里需要多花费一些力气，把这些混乱的语句理出一个头绪，剔除其过分离谱的内容，然后再做辨析。

陈捷先在这里谈论的核心问题，是反驳松浦嘉三郎所说天保四年（1833）日本"官板"出自《东华备遗录》的看法。松浦的说法确实不是十分准确，但这主要是囿于当时的条件，无缘获读更多旧本所造成的；相比之下，陈捷先的论述可议之处更多，而且主要是因其思路混乱而造成的谬误。

关于上述核心问题，按照我的理解，松浦嘉三郎的原话应当是："抄本《东华备遗录》十六卷与官板十六卷本内容完全相同，从而可以推知，德川时代的官板实际上是根据这种十六卷本翻刻的，而三十二卷本则是以此定本为基础增订而成。"这只是从文字内容出发，推测天保四年（1833）的日本官板《东华录》应当出自《东华备遗录》这一系统，与此相对应的论述前

---

① 陈捷先：《蒋良骐及其〈东华录〉研究》之五《蒋良骐〈东华录〉的版本》，72～74页。

提，是中国刊刻的三十二卷本乃在这一版本系统的基础之上踵事增华，臻于完善，与《东华备遗录》系统的文本已经相去甚远。松浦氏这种说法不够准确的地方，在于天保四年（1833）昌平坂学问所刊刻的官板《东华录》显然直接出自蒋良骐本人改定的十六卷写本《东华录》系统，而不是订定之前的《东华备遗录》，然而，这与前文所述松浦嘉三郎曾将《东华备遗录》视为蒋良骐本人的定本一样，都是在未能看到十六卷《东华录》写本情况下，仅仅对比十六卷写本《东华备遗录》与三十二卷刻本《东华录》的总体内容差异而得出的相对比较合理的看法，或者说是一种很难避免出现的误判。因为相对而言，十六卷写本《东华备遗录》显然要比三十二卷刻本《东华录》更为接近昌平坂学问所的官板十六卷本《东华录》。

必须指出的是，陈捷先在书中还随口敷衍说："至于抄本，他（按：指松浦嘉三郎）看到的比较多了。"这完全不符合事实，除了前面提到的所谓"满洲国国立奉天图书馆"藏三十四卷本《东华录》、"满洲国国立奉天图书馆"藏八卷节本《东华备抢录》以及"满洲国省立沈阳图书馆"藏十六卷本《东华备遗录》之外，松浦氏在文章中没有提到任何一部其他形式的写本，这也包括最为关键的十六卷写本《东华录》，这种知见的局限，正是造成他出现上述失误的主要原因，而陈捷先以自己假造的前提立论，自然无法合理领会松浦嘉三郎的本意。同时还要指出，松浦嘉三郎也根本没有讲过陈捷先所说"《东华备遗录》一书价值可能比较高"这样的话，更丝毫没有流露过一点儿"日本的官刻本内容比中国的刻本要好"的想法，他不过是就其所知来梳理《东华录》的版本源流而已，并不是在做此优彼劣的定夺裁判。

其他一些具体的文句，如所谓《日本官刻书籍解题》，提法很不准确，它就是前面讲述过的《官版书籍解题略》。采用这种彼此出入的随意性提法，是因为陈捷先从未查阅过原书。又如，在京都大学人文科学研究所的汉籍分类目录上面，并没有著录文化四年（1807）昌平坂学问所（亦即所谓"昌平黉"）刊刻的《东华录》。① 如前所述，这一所谓"文化四年"刻本仅见于

---

① ［日］仓石武四郎等编：《東方文化研究所漢籍分類目錄》之《史部·编年類》，147 页，京都，京都印书馆，1945。京都大学人文科学研究所编：《京都大學人文科學研究所漢籍目錄》之《史部·编年類》，90 页，京都，同朋舍，1981。

东京大学综合图书馆的汉籍编目《東京大學總合圖書館漢籍目錄》。至于陈捷先试图通过东京大学东洋文化研究所收藏的那部《东华备遗录》写本是不是回避道光皇帝名讳"宁"字来推断日本昌平学问所的官板《东华录》不可能出自《东华备遗录》,其道理何在,简直令人摸不着头脑。盖此日本官板即使初刊于文化四年(1807),亦即清嘉庆年间,其底本也不是非用东京大学这部藏书不可,至少松浦嘉三郎并没有讲过这个意思,甚至也不会去动这样的念头,因为他根本不知道在东京大学的校园里还有一部这样的藏本。若谓东京大学的藏本就是日本侵华战争期间松浦氏在沈阳图书馆看到的那一部书,后来以某种途径被带到东京大学(东京大学东洋文化研究所的藏本也是分为十六卷①),那么,江户时代的昌平学问所就更不会特地跑到中国东北那么荒凉的地方去借用这个写本来刻书了。况且在互联网上检核辽宁省图书馆的典藏目录时可以看到,该馆至今仍存有这种十六卷写本《东华备遗录》以及旧藏于奉天图书馆的三十四卷写本《东华录》和八卷节抄本《东华备遗录》(按:似属《东华备挹录》之讹),因知东京大学收藏的《东华备遗录》是与之不同的另外一部写本。东京大学这部藏书很可能是道光年间以后传抄的本子,其避不避道光皇帝的名讳(其实"宁""宁"两种字形的使用,也并不像陈捷先理解的那样简单,除了敬避宣宗名讳以外,清朝人也有单纯将其用作"宁"字异体的写法),与日本官板是否采用《东华备遗录》作为底本到底又能有何干系?陈捷先这些论述,实在令人莫名其妙。

尽管陈捷先对《东华备遗录》与日本官刻《东华录》之间的文字差异还做了一些具体的比勘②,对于了解二者之间的异同有所助益,但他始终未能理清其源流关系,对这一问题的认识,并不比松浦嘉三郎更显清晰。

三 奕赓的《重订东华录》与《东华录缀言》

如前文所述,蒋良骐《东华录》后来比较通行的是三十二卷本。这个本

---

① 东京大学东洋文化研究所编:《東京大學東洋文化研究所漢籍分類目錄》之《史部·编年類》"東華備遺錄"条,136 页,东京,汲古书院,1981。
② 陈捷先:《蒋良骐及其〈东华录〉研究》之六《谈日本所见的蒋氏〈东华录〉》,106~128 页。

子，是由奕赓修订而成。奕赓身为清庄襄亲王绵课世子，博学，好读书，尤为谙熟清室本朝掌故。① 他在读到蒋良骐的《东华录》之后，动手做了两项相关的工作。

一是为《蒋录》做文字校雠。奕赓叙述说："蒋良骐《东华录》初无镌本，传抄既广，鱼鲁颇多。余尝校雠重抄，分为六卷。"②过去研究《东华录》者（如陈捷先、傅贵九等③），一向未能识及此点，然而，奕赓此举至关重要，不明其事，则无法厘清《东华录》的版本源流关系。后来观成大约在清道光十八年（1838）间撰《重订东华录跋》，乃谓拟"请刊《东华录》重订之本，与《蒋录》同传"④，所说《蒋录》，就是指这种经过奕赓校勘文字的蒋氏旧作。遗憾的是，奕赓勘定的这种六卷本《东华录》，没有能够流传下来。

在校勘蒋良骐《东华录》原本的同时，奕赓还于其书"每卷末附《缀言》数则，就事考事"，且自以为所做考索和说明"亦颇详该"。唯其文中所考述史事，往往牵涉到乾隆年间以后的事情，格于《蒋录》原书断限，似亦不宜写入《东华录》中。按此《缀言》全名《东华录缀言》。后来到清道光二十四年（1844）春，奕赓因自己"每一翻阅，眼界顿明"，乃以"今春无事，将《缀言》另录一通，以当温习，聊以永日"。⑤在此之前，观成获读之后，如上文所述，乃思欲同时并刊蒋良骐《东华录》原本与奕赓重订之新本，使之并传于世，唯"以卷帙过多，未易如愿，乃摘后附《缀言》，先付剞劂"，以为此稿"虽非全豹，亦见一斑"，终究聊胜于无。不过，观成这一心愿，似乎仍未能够实现，因为从未有人见到他印制的这一著述。

---

① （清）观成：《重订东华录跋》，载金梁：《瓜圃丛刊叙录》，7～8页。

② （清）奕赓：《东华录缀言》，见奕赓：《佳梦轩丛著》卷首自序，7页，北京，北京古籍出版社，1994。

③ 见陈捷先：《蒋良骐及其〈东华录〉研究》之五《蒋良骐〈东华录〉的版本》，68～105页；又傅贵九：《蒋良骐和他的〈东华录〉》，载《历史教学》，46～48页，1981（4）。

④ （清）观成：《重订东华录跋》，见金梁：《瓜圃丛刊叙录》，8页。按：观成这篇跋文的撰著时间，参照道光十八年元旦奕赓所撰《重订东华录序》以定。盖奕赓序文谓观成"来书请借抄，予重其为人，遂书数言与之"（见金梁：《瓜圃丛刊叙录》，9～10页），故观成此跋自当撰写于奕赓过录给他《重订东华录》和蒋良骐《东华录》的校本之后。

⑤ （清）奕赓：《东华录缀言》卷首自序，7页。

晚至民国二十一年(1932)夏,燕京大学图书馆以重金购得包括此《东华录缀言》在内的一批奕赓著述稿本。在民国二十四年(1935),作为"《燕京大学图书馆丛书》之一",以铅字线装将其汇印为《佳梦轩丛著》,学术界终于得以一睹真容,诚如观成所预言的那样,"人间未见之书,讵容久秘"①。1994年,北京古籍出版社又以新式洋装标点排印此《佳梦轩丛著》,检读愈为便利,研治相关史事,可取与天保四年(1833)和刻十六卷原本《东华录》并读。今检读此《东华录缀言》,可见其诸篇卷端标题,系书作"东华录第一卷缀言"至"东华录第六卷缀言",这"东华录第一卷"至"东华录第六卷",应该就是奕赓校勘后重编六卷之本的卷第。取以对比十六卷原本,应该能够看出此蒋氏勘正本卷次起讫的大致情况。

奕赓对蒋良骐《东华录》所做的另一项工作,是改编增订此书。据奕赓在其所撰《重订东华录序》中讲述,他是鉴于当时书肆间流行的蒋氏《东华录》抄本"鲁鱼豕亥,不堪寓目",乃谓"所谓《东华录》者,善本既不可得,因就市本逐条考证,参以《开国方略》及《通志》、《会典》、传记诸书,题曰《重订东华录》"。《东华录》一书,亦由此改订成为后世通行的三十二卷本。奕赓此序撰著于"道光戊戌新正吉旦",亦即清道光十八年(1838)元日,序文中称"此书本不示人,昔遇观君成,为直义信勇公之族……今来书请借抄,予重其为人,遂书数言与之"②,据此,其改订完毕至迟不得晚于清道光十七年(1837)年末,而斟酌奕赓行文的语气,更像是在撰写这篇序文时已经定稿一段时间,所以奕赓的《重订东华录》大概是在清道光十六年(1836)至十七年(1837)间增订完稿的。

奕赓这次改订,将蒋氏原书卷次扩展一倍,是因为他并非仅仅订正所见抄本的文字讹误,还对原书的内容做了很多增改。奕赓对经他这番重订之后的本子颇为珍重,自言:"每一展读,不觉沾沾自喜,千金敝帚,未免贻笑大方。然所采珍闻秘籍,亦多人间未见之书,管豹之量,于此已足。或与《蒋录》,可互相发明欤?"③观奕赓此言可知,实际上他对此书已

---

① (清)观成:《重订东华录跋》,见金梁:《瓜圃丛刊叙录》,7~8页。
② (清)奕赓:《重订东华录序》,见金梁:《瓜圃丛刊叙录》,9~10页。
③ (清)奕赓:《重订东华录序》,见金梁:《瓜圃丛刊叙录》,9页。

经大动手笔。陈捷先对读十六卷抄本与三十二卷刊本，看出二者之间差距甚大，对很多历史事件，三十二卷刊本都增加有背景叙述和对相关史事的补充说明，而且还增补有大量诏敕奏疏等原始文献。单纯就书中所提供史料的丰富性而言，总的来说，要远比旧本更为完善。不过，令人遗憾的是，陈氏对这些新增内容出自何人之手，却懵然无知，写道："这些新增的文字，究竟是蒋良骐生前所录下的呢？还是后人新增的呢……我们还须作进一步、作深一层的探讨。"①陈捷先明明读到过奕赓的《重订东华录序》②，何以还会如此懵懂其事，实在令人费解。

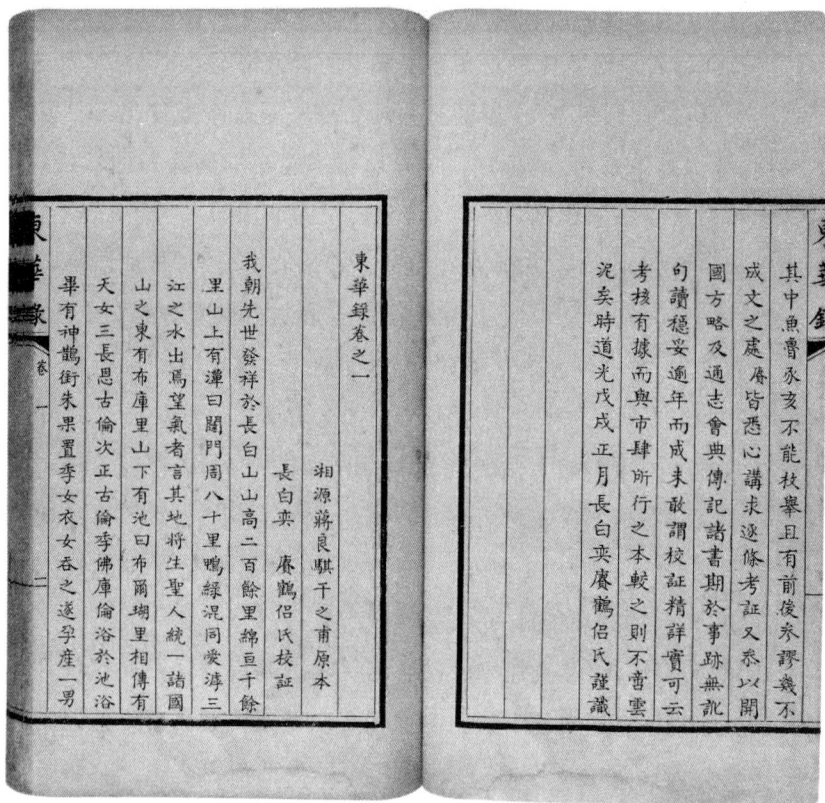

图5　清道光十八年戊戌(1838)奕赓校证三十二卷本《东华录》写本

---

①　陈捷先：《蒋良骐及其〈东华录〉研究》之八《蒋良骐〈东华录〉刻本新增文字来源初探》，148～179页。

②　陈捷先：《蒋良骐及其〈东华录〉研究》之五《蒋良骐〈东华录〉的版本》，68～69页。

2011 年 3 月，在北京嘉德公司的古籍文献拍卖会上，出现一部这种经奕赓重订的写本，用镌有"东华录"字样的专用墨格稿纸抄写，首有清道光十八年戊戌(1838)正月奕赓弁语，谓其乃"悉心讲求，逐条考证，又参以《开国方略》及《通志》、《会典》、传记诸书，期于事迹无讹，句读稳妥，逾年而成。未敢谓校证精详，实可云考核有据。而市肆所行之本，较之则不啻云泥矣"。这正与上文所述《重订东华录》的序文内容相当，而文字略有出入，知二者应为一书。特别需要指出的是，"逾年而成"这句话，可以进一步印证上文所推定的《重订东华录》的撰著时间。审视拍卖图录上印出的半页序文，其中并未提及观成的姓名，似乎奕赓是专门为本人增订的这一著述而写。所以，应该是他在为观成的录本写出上述序文的同时，也为自己留存的底本撰写了此序。不过这部写本卷端题写的书名为《东华录》，而不是《重订东华录》；又卷端作者题名处书为："湘源蒋良骐千之甫原本长白奕赓鹤侣氏校证"。虽然拍卖公司的说明称"此书似为奕赓稿本"，这还需要待目验其书之后再仔细斟酌，但至少应该是比较接近其原稿面貌的誊写本。

至于奕赓这一"重订本"或是"校证本"首次刊印的具体年代，目前还没有人做过清楚的说明，一时也不易清楚确定。人们泛泛提到的本子有道光刻本、同治刻本等种种不同的刻本，《贩书偶记》所著录者为"同治壬申(十一年)聚锦堂刊"本①，傅增湘《藏园订补郘亭知见传本书目》所著录者除此同治刻本之外，另有一"道光间刊本"和"群玉山房活字本"②，以及前述《增订四库简明目录标注》所著录的"道光间刊大、小字二本"③。此外，黄永年《史部要籍概述》还列有"光绪铅印线装本"④，等等。这些版刻或铅字印本

---

① 孙殿起：《贩书偶记》卷五《史部·编年类》，115 页，上海，上海古籍出版社，1982。

② 傅增湘：《藏园订补郘亭知见传本书目》卷四《史部·编年类》，83 页，北京，中华书局，1993。

③ 按：范希曾《书目答问补正》(上海，上海古籍出版社，1983)卷二《史部·别史》之"东华录"条(121 页)同样著录有"道光间大、小字二本"，或亦迻录《四库简明目录标注》。

④ 黄永年：《史部要籍概述》第二章第五节"起居注与实录"，78 页，南京，江苏教育出版社，2008。

的具体情况及其相互之间的关系，还有待进一步比对，但如前文所述，在日本弘化四年（1847）亦即清道光二十七年春刊刻的《官版书籍解题略》中，已经提到道光年间刊刻的大、小字两种本子，说明这两种刻本都梓行于清道光二十七年（1847）春季以前。又如上文所说，清道光十八年（1838）元日奕赓为观成抄录本题写序文，乃是因为观成想要"请刊《东华录》重订之本"，说明奕赓重订的《东华录》当时尚未有刻本行世。所以，三十二卷重订本最初印行时间，只能是在清道光十八年（1838）至二十七年（1847）春这十年之间，而其所依据的底本，很有可能是从观成之手流出。

更进一步考索，则前文已经讲过，清道光二十四年（1844）春，当奕赓重抄所著《东华录缀言》时，曾经提到"蒋良骐《东华录》初无镌本，传抄既广，鱼鲁颇多"，这里所说"初"字，很可能是指当初、起初之意，这也就暗含着在他讲这些话的时候，已与"初"时不同，有了新镌刻的印本。此时奕赓特地单独录出《东华录缀言》，而不再顾及《蒋录》原文，很可能就是因为经他改订的《东华录》已经被书肆刊刻印行，蒋良骐原书的价值从而大幅度降低。当时刻书不易，若仍按照原来的形式，令《缀言》附《蒋录》原本并行于世，希望相当渺茫。奕赓或以为《东华录缀言》单独抽出之后，能够以其篇幅相对短小而有机会付诸梓人，传留后世，故有此举。果如所解，日本《官版书籍解题略》中提到的大、小字两种道光年刻本，至少应有一种梓行于清道光二十四年（1844）以前。①

从目前我所能看到的刻本和书影来看，这些刻本都应该出自书坊，质量不佳，文字错讹普遍比较严重，而且都没有注明其书为蒋良骐之原本并经奕赓增订或校证者，更没有刻入其重订序言，以致长久以来，中国学术界大多数人并不了解。这些通行的三十二卷印本，已经不宜再被简单地视作蒋良骐的著述，书中实际有相当多内容，是在道光年间出自奕赓的手笔。另外，值得注意的是，观成虽欲刊刻此书，实际却未能实现初衷。何以会出现上面这种情况，颇为耐人寻味。

---

① 按：陈捷先《蒋良骐及其〈东华录〉研究》之五《蒋良骐〈东华录〉的版本》（68～69页）解读奕赓此语，与本人看法不同，反而谓从中"可以看出直到道光二十四年蒋氏《东华录》还没有刻本问世"。

　　李慈铭在清同治五年(1866)二月读到此书三十二卷本时曾谓："向传是书语多诋诬，故奉令禁。凡民间所妄谈国家草昧隐秘之事，谓皆出于此中。盖无稽之言，不可得而详也。家藏旧有两部，亦未及详核。在都见抄本，亦无损益。"①读李氏此说，可明了两点。一是李慈铭文末谓"在都见抄本，亦无损益"，说明其家中旧藏两部三十二卷本应均属刻本，而他讲这些话时，是在同治初年，故"旧藏"云云，很可能就是《增订四库简明目录标注》《藏园订补郘亭知见传本书目》和日本《官版书籍解题略》诸书中载录的道光刻本。二是李慈铭谓"向传是书语多诋诬，故奉令禁"，说明在此之前朝廷曾下令禁止刊行此书。了解到这一点，我们也就很容易理解，观成最终未能出面刊刻此书，应当就是碍于这一禁令，知其所说"以卷帙过多，未易如愿"云云，不过是设为借口的托词而已。

　　不过观成其人"既敬主人之淹雅，又以所言皆有关我朝掌故"②，所以，很可能会有意令奕赓重订的书稿传入书坊，以刊印流通。只是为防止牵连奕赓，着意抹去了奕赓的姓名及其所撰重订序言，遂使绝大多数世人无由获知这一版本的真实作者。大概也正是基于这样的政治背景，书坊在道光年间以后雕版印制的这种三十二卷本《东华录》，有很多也都没有镌明出版的商号和印行时间。③ 我所见到镌有书坊堂号的刻本，除了偶然得到过一部"同治壬申"(1872)聚锦堂"新镌"本的残本之外，还有一部残本，内封面上镌有"京都正阳门琉璃厂文聚堂藏版"字样④。题作同一堂号的刻本，另外还见到一部，虽然内封面文字的字体和内文的行款都有明显差别，但也同样镌作"京都正阳门琉璃厂文聚堂藏板"("板"字与前者之"版"亦略有出入)。

　　在写出上述读后感想两年以后的清同治七年(1868)，李慈铭重读此

---

① （清)李慈铭：《越缦堂读书记》之《史部·编年类》"东华录"条，393~394 页。

② （清)观成：《重订东华录跋》，见金梁：《瓜圃丛刊叙录》，8 页。

③ Knight Biggerstaff, "Some Notes on the *TUNG－HUA LU* and the *SHIH－LU* ", *Harvard Journal of Asiatic Studies*, Vol. 4, No. 2 (Jul., 1939), Harvard－Yenching Institute, p. 103.

④ 见北京卓德国际拍卖有限公司 2013 年春季艺术品拍卖会之《古籍善本》图录第 3414 号拍品，134 页。

图6 清同治十一年壬申（1872）聚锦堂刊本《东华录》

书，复谓"其所纪载，皆直录史馆红本，绝无妨碍之词，故近日都市通行，不复重申明禁"①，真所谓此一时也，彼一时也。惜此书在以蒋良骐一人之名流通多年之后，世之读者已经将这一点认作确定无疑的事实。影响所及，以致当今中国学者所著史籍介绍和解题性书籍，几乎无一不是以蒋良骐作为三十二卷本《东华录》的唯一作者。②

经过奕赓改订过的蒋良骐《东华录》，其通行读本今有1980年中华书局竖排点校本和2005年齐鲁书社横排点校本，都是繁体，分作三十二卷。由于未先究明版刻源流即率尔从事，点校者只好胡乱捡取底本和参校版本。

---

① （清）李慈铭：《越缦堂读书记》之《史部·编年类》"东华录"条，394页。

② 如王树民：《史部要籍解题》第十六章第三节"《明实录》和《清实录》附《东华录》"，181～182页，北京，中华书局，1981；陈高华、陈智超等著：《中国古代史料学》第十章第三节"基本史料"，440页，北京，北京出版社，1983；张舜徽主编：《中国史学名著题解》之《实录类》"东华录"条，203～204页，北京，中国青年出版社，1984；冯尔康：《清史史料学初稿》第二编第三节"东华录"，39～40页，天津，南开大学出版社，1986；黄永年：《史部要籍概述》第二章第五节"起居注与实录"，78页。

中华书局本号称用"蒋录和王录互校","蒋录通行刻本和乾隆抄本互校，不专主一本，择善而从"。① 如前文所述，《蒋录》和《王录》，《蒋录》之十六卷写本和三十二卷刻本，各自都有着完全不同的体系，本不宜参伍混杂，这种校勘方法，殊不足为训。齐鲁书社本以某"山东刻本"为底本，校以不知收藏于何处的一部所谓"乾隆抄本"（中华书局印本所参校之"乾隆抄本"同样不明身在何方，以及其"乾隆"这一年代系据何以定），其校勘说明，同样令人莫名其妙。点校者云其选择此"山东刻本"作为底本的理由，宣称是因为"据吴廷燮撰《续修四库全书总目提要·东华录》载，通行本乃山东刻本"②。而吴廷燮为此书撰著提要时，只是附注所依据的版本为一部分作三十二卷的"山东刻本"而已，并没有标注其"通行"与否③；况且即使此本在当时最为通行，也不应该成为点校者选择底本的理由。整理古籍择取底本，要么年代早，取其近真；要么质量好，取其精准。实在没有办法利用早的或好的版本，用通行本，那不过是取其便利而已，根本用不着借重吴廷燮来说事。

民国时纂修未成的《续修四库全书总目提要》实际上留下两篇蒋氏《东华录》的提要稿，除了前面提到的吴廷燮的文稿之外，还有一部杨钟羲起草的稿子。杨钟羲在提要稿上标注的版本，只有"通行本"三字，同样编作三十二卷④，与十六卷本《蒋录》明显不同。吴廷燮和杨钟羲两人当年做出这样含混的标注，在很大程度上就是由于他们未能辨明《东华录》的版本演变关系。看吴、杨两氏各自所撰提要文稿，着眼点虽然互有出入，但却同样不知他们所依据的"山东刻本"或是所谓"通行本"俱已迥非蒋良骐书本来面目，而是奕赓改编的另一新书。特别是吴廷燮在提要稿中所说，后来的《王录》，较诸蒋良骐书所缺载的"康熙元年二月伪桂王朱由榔遗吴三桂之

---

① 见中华书局点校奕赓重订本《东华录》卷首林树惠、傅贵九撰《校点说明》，3页。

② 见齐鲁书社点校奕赓重订本《东华录》附鲍思陶、西原撰《校点后记》，507页。

③ 中国科学院图书馆整理：《续修四库全书总目提要（稿本）》之吴廷燮撰"东华录"条，第23册，310页。

④ 中国科学院图书馆整理：《续修四库全书总目提要（稿本）》之杨钟羲撰"东华录"条，第4册，42页；又第1册《提要撰者表》，1页。

书"和"二十九年十一月陆陇其劾偏沅巡抚于养志在任守制诸事"，其实并未见载于《蒋录》原本，而是出自奕赓重订的三十二卷本《东华录》。这些情况足以清楚说明，他们对《东华录》的版本传承缺乏最基本的了解。

类似的情况，又如吴玉缙在民国时也为《东华录》撰写过一篇提要，同样是把奕赓重订的三十二卷本视作蒋良骐独立完成的著作。吴玉缙并且记述说："少时见有人所藏抄本，谓是原本，中多异同，惜未一勘。近得呈送史馆本，柿青面，白绫签，墨色、纸张甚旧，而中反缺若干事，或抄胥脱佚，或后来增入，均未可知。"①这显示出他也完全不知道奕赓重订此书的事情。其他如牟润孙专门撰文论述蒋良骐的《东华录》，也全然不知今传三十二卷刊本已非蒋氏原书。②

更令人惊奇的是，上海古籍出版社出版的《续修四库全书》(掌管国家图书馆善本藏书多年的李致忠为常务副主编，也就是选择书目和版本的实际总负责人，其中史部书籍的特邀编委里面专门以研究清史为职业的人有戴逸和陈祖武，这意味着他们两人应当对清代史籍部分的选书质量承担具体的责任)，所收录《东华录》为一书坊刊刻的奕赓重订三十二卷本，编纂者却不知根据什么私家秘宝，将其版本赫然标注为"清乾隆刻本"，与历史实际出入之大，实在匪夷所思，贻误学人亦且匪浅。

通观上述情况可知，直到今天，蒋良骐的《东华录》在中国境内正式印行的本子，还没有一种不是经奕赓重订的三十二卷本③，这与蒋良骐书的本来面目实已相去甚远。造成这种情况，很大程度上是由于相关人员对其版本状况的无知。除了少量写本之外，其十六卷原本只有天保四年(1833)和刻本这一种印本流通还算稍微广泛一些④，但即使是在日本，似乎也没

---

① 吴玉缙：《许厢经籍题跋》卷二《史部》"东华录书后"条，500～501页，上海，上海书店出版社，2002。

② 牟润孙：《蒋良骐的〈东华录〉与〈清实录〉》，见作者文集《注史斋丛稿》，479～485页。

③ 按：张之洞《书目答问》著录此书"通行本八卷"，述明显讹误。见范希曾：《书目答问补正》卷二《史部·别史》之"东华录"条，121页。

④ 按：来新夏、韦力、李国庆合编《书目答问汇补》(北京，中华书局，2011)中《史部·别史》之"东华录"条(340页)著录韦力记有"日本天保十四年刻本"而未及此本卷次，其"天保十四年"自是"天保四年"的讹误。

有给予充分的重视。例如，日本在 20 世纪 30 年代中期编著的一部通用性《史籍解题》中，虽然特地写明江苏省立图书馆收藏的一部抄本，其文字优于三十二卷刻本，但是却根本没有提及日本天保四年（1833）的刻本也同样保持着蒋氏《东华录》的初始面目。① 又如，特别注重明清史籍研究的日本学者山根幸夫，在其主编的《中国史研究入门》当中介绍此书，亦仅提及日本德川幕府曾有刻本，没有注意到这个刻本独特的版本价值。山根氏且称述此本为"官板翻刻"②，这更清楚说明他并不知道天保四年（1833）这个刻本本来是它最早、也最能反映蒋良骐书自身面目的刻本。

另外，与其他许多《蒋录》原书抄写本不同的是，此日本官板刻本在全书卷末附有自太祖努尔哈赤以至世宗胤禛的清室列朝皇帝、皇后的谥号及其追改变动情况③，大概是其所依据的底本在传录过程中由抄写者附加的内容，供以参考。在相关研究中，还未有人报告在其他十六卷原本的写本中见到过同样的附加成分。

唯一令人感到遗憾的是，天保四年（1833）这一刻本，文字讹误比较严重。例如，就连前面本文开头处引述的蒋良骐自撰跋文，文字都有严重舛误。在天保和刻本中，这篇跋文落款署称"赢州蒋良骐千之父识"，其中的"赢州"就应该是"赢川"的讹误。前面提到的陈捷先所述东京大学藏《东华备遗录》写本，"赢州"书作"赢川"，台北"中央图书馆"收藏的一部十六卷写《东华录》，也是题作"赢川"④，"赢"字同样有误。盖据其子蒋善陈撰写的墓志，蒋良骐尝以"螺川"为号⑤，嘉庆续修《全州志》则谓"一字赢川"⑥，"螺""赢"二字义可通用，应是其家乡全州当地有"赢川"（螺川）这一

---

① ［日］远藤元男、铃木俊、原种行、田中正义合编：《史籍解题》之《東洋史》部分"東華錄"条，170 页，东京，平凡社，1940。

② ［日］山根幸夫主编：《中国史研究入门（增订本）》第九章第四节"史籍解说"，田人隆等译，888～889 页，北京，社会科学文献出版社，2000。

③ 见日本天保四年刻十六卷原本《东华录》卷十六篇末附刊，27a～28a 页。

④ 台北"中央图书馆"编：《国立中央图书馆善本序跋集录》之《史部·编年类》"东华录"条，第 01942 号典籍，299～300 页。

⑤ （清）蒋善陈：《诰授通奉大夫螺川府君、诰封夫人母赵太君墓志》，见傅贵九：《〈东华录〉作者新证》，载《历史研究》，169 页，1984(5)。

⑥ 《全州志》（清嘉庆四年刻本）卷八《人物》上《乡贤·蒋良骐传》，62a 页。

地名(检《大清一统志》载桂林府境内有"罗水",乃"在全州西,源出罗氏山,东流经州南,合灌水入湘"①,所谓"赢川"或"螺川"疑即此水,系以读音相同而导致用字发生过讹变),故蒋氏取以为号,亦取以为乡梓之地的代称,而此日本刻本竟然将其讹作"赢州",变易未免太过离奇。

关于蒋良骐本人的这一段识语,前面已经谈到,由草成初成稿到修改定稿,蒋氏删除了一些冗漫累赘的词语。然而,奕赓重订此书时,却又擅捉刀笔,从装点文辞的角度,替蒋良骐做了没有任何实质意义的润饰:

> 乾隆三十年十月,重开国史馆于东华门内稍北。骐以谫陋,滥竽纂修。天拟管窥,事凭珠记。谨按馆例,凡私家著述,但考爵里,不采事实,惟以实录、红本及各种官修之书为主。遇阁分列传事迹及朝章国典、兵礼大政与列传有关合者,则以片纸录【记】之,以备遗忘。信笔摘抄,逐年编载,只期鳞次栉比,遂觉缕析条分,积之既久,遂成卷轴,得若干卷云。湘源【赢州】蒋良骐千之父识。②

文字下面加画横线的内容,都是奕赓擅自添加;黑括号内,则是被他用前面加下划线的字替换下来的文字。③ 奕赓如此多事,改饰前人的文字,也是因为他要把蒋良骐朴实无华的"跋",改换成一篇"文质彬彬"的"序",故三十二卷重订本《蒋录》,是把这篇文字称作"东华录原序",或者单称为"序"。只是蒋氏原文,本与其"备忘"性质相侔,奕赓自我作古,终究不宜为训(后来书坊刊刻的奕赓重订三十二卷本《东华录》,有的刊本并没有采用奕赓修改过的文本,仍然镌入蒋氏旧文,例如,前述北京琉璃厂文聚堂刻本就是如此)。

在这里,改"赢川"(赢州)为"湘源",是因为如上所述,"赢川"亦即

---

① 清官修《嘉庆重修一统志》卷四六一《桂林府・山川》之"罗水"条,23525~23526页,北京,中华书局影印清嘉庆进呈写本,1986。

② 见中华书局点校奕赓重订本《东华录》卷首蒋氏《自序》,1页。

③ 按:陈捷先《蒋良骐及其〈东华录〉研究》之五《蒋良骐〈东华录〉的版本》(75~76页)述及这两种跋文,颠倒其先后承续关系,乃谓手写十六卷蒋氏原本的跋文是对三十二卷刻本的"简略"或"漏写"。

"罗川"，为湘江上源之一，同时全州其地在隋代亦曾置为湘源县。① 在清代流传的很多传抄本（如寒斋存嘉庆间抄本）以及日本官板印本，每卷卷端题署的作者姓名，就都是书作"湘源蒋良骐千之父"。单纯从文辞角度看，或可谓用心良苦，既保留了蒋氏原来题名的着眼点，又与内文诸卷卷端题名相统一，便于读者理解其籍贯，不再滋生诸如"赢州"一样的讹误，或是滋生不必要的疑惑。只是这种改动，未必一定出自奕赓之手，还有待进一步研究。因为据陈捷先讲，台湾"中央图书馆"收藏的一部清末抄写的十六卷本《蒋录》，跋文便是署作"湘源蒋良骐"②，或是直接承自刻本问世之前的写本，亦未可知。若是这样，奕赓就是沿用了一种已经改题乡贯的写本。

追究起来，天保刻本这种文字讹误，乃是缘自中国写本本身的问题，即如前文所述，奕赓在道光年间见到的坊肆写本，无一不是"鲁鱼豕亥，不堪寓目"。作为一部外国传来的史籍，此本复以"官板"开雕，乃不敢随便移易文字，对底本的脱页缺字，也都能够一仍其旧，予以显示，求存其真。所以，这一刻本中如此严重的文字错讹，在很大程度上，恐怕也是不得已的事情。

一般来说，奕赓增修的《蒋录》，卷次较原书增多一倍，似乎足以涵盖蒋氏原书的内容，实际上却并不能因奕赓重订本的广泛流行而弃置蒋良骐原本。

一者由于时代和所接触史料范围的差异，即使蒋氏原书的内容已经完全被吸纳于重订本之中，同时并读蒋良骐原本与奕赓重订之本，借以区分哪些内容为蒋良骐原书所有、哪些内容为奕赓新增，对研究者合理把握其史料来源和价值，依然具有重要意义。这一作用，是其他任何著述都不可替代的，这也是蒋良骐原本最值得我们重视的地方。

再者，如同日本《官版书籍解题略》中所说，在有些方面，十六卷本的

---

① 清官修《嘉庆重修一统志》卷四六一《桂林府·建置沿革》之"全州"条，23495～23496 页。

② 陈捷先：《蒋良骐及其〈东华录〉研究》之五《蒋良骐〈东华录〉的版本》，75～76 页。

蒋良骐原书，往往会比奕赓增改过的新本更好地反映历史事实；民国时谢国桢撰著《清开国史料考》，亦称此书之"（南京）国学图书馆藏抄本较刊本为良"①，应当就是指蒋氏原著之十六卷写本实有优于通行刻本的地方。此外，在 20 世纪 30 年代，美国康奈尔大学的毕乃德（Knight Biggerstaff）也曾针对《东华录》的通行刻本较诸早期的十六卷写本删落很多清室忌讳内容的说法，实际比对了哥伦比亚大学图书馆藏十六卷写本与通行三十二卷刻本的文字，结果表明，除了诸多抄写讹误之外，刻本并没有比刻印以前的写本缺少任何内容；与此相反，恰恰是写本较诸刻本缺略大量纪事。②

这些参差不一的评价，究竟谁是谁非，不做细致的比对，邃然之间，很难做出总体的判断。不过，在蒋良骐的十六卷原本当中，总有一些具体的文字，不能完全被奕赓的重订本取代。例如，天保四年（1833）和刻蒋氏原本《东华录》在清康熙二十七年（1688）之下有纪事云：

> 三月，孙在丰言："臣与佛伦等会勘河工时，原议海口应行逃（挑）凌，拟有疏稿，后竟不以闻。虽佛伦主稿，寔靳辅阴谋也。其幕友陈璜黩货无籍，法所不宥。"者（得旨），一并察议。③

上面括号里的文字，是依据寒斋藏清嘉庆间写录十六卷本《东华录》，对其前面添加下划线字所做的校订。今检读中华书局和齐鲁书社两种奕赓重订本，俱无此文，而《清实录》纪事与蒋氏原本《东华录》略同④，可证通行奕赓重订本应有脱误。盖此处上文末句系载录康熙皇帝谕旨，谓近来议论靳辅者甚多，故"著九卿一并察议"，因前后两处"一并察议"文字完全相同，抄写时很容易看错位置，从而造成脱漏。不知是奕赓重订时转录疏

---

① 谢国桢：《清开国史料考》卷五之"东华录"条，290 页。

② Knight Biggerstaff，"Some Notes on the *TUNG*－*HUA LU* and the *SHIH-LU*"，*Harvard Journal of Asiatic Studies*，Vol. 4，No. 2（Jul.，1939），Harvard－Yenching Institute，p. 105.

③ 见日本天保四年刻十六卷原本《东华录》卷九康熙二十七年，1b～2a 页。

④ 《圣祖仁皇帝实录》卷一三四"康熙二十七年三月甲戌"，4313 页，北京，中华书局影印清宫写本，1986。

忽，还是坊间通行刻本移写读错，遗漏了这段文字。由于"三月"这一月份在初写时也被一并遗漏，大概后来发现这一缺失，又将该月的标记误置于二月纪事之中，以致通行三十二卷重订本这一月份的标记产生明显错乱。中华书局点校本虽然有所勘正，但却只是简单去掉"三月"这一月份标记，把整个三月的纪事都归入二月，结果错误更为严重。① 对读《蒋录》原本，自可订正这一疏误。尽管《清实录》当中有与十六卷原本《东华录》相同的记载，但记载了很多议论靳辅治河功过的奏疏的《康熙起居注》，却偏偏没有载录孙在丰这篇重要章奏②，研究者很容易滋生疑惑。今得原本《东华录》相参验，足证《清实录》所记信而可据。视此一例，便足以窥知，即使就一些具体的文字而言，蒋良骐书独有的史料价值，亦终非奕赓重订之本所能掩替。

---

① 见中华书局点校奕赓重订本《东华录》卷十四，232～234 页；又齐鲁书社点校奕赓重订本《东华录》卷十四，215～217 页。

② 中国第一历史档案馆整理：《康熙起居注》之康熙二十七年二月至三月，1723～1758 页，北京，中华书局，1984。

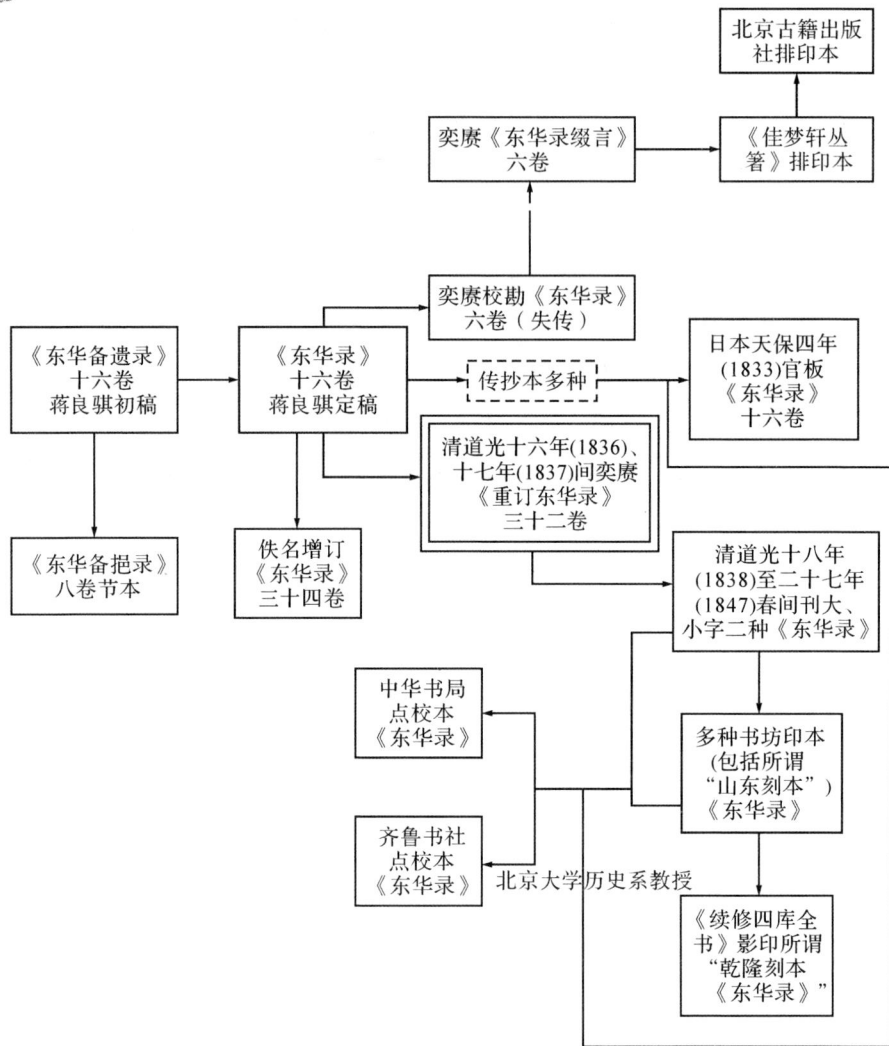

图 7 《东华录》版本源流关系示意图

（作者为北京大学历史系教授）

在历史学部 2013 年工作会议发言提纲

沈志华

一 华东师范大学冷战史与当代中国史
文献史料的收集和整理

1. 国外档案文献的收集和整理

俄国、美国、英国、法国、韩国、蒙古、柬埔寨、巴基斯坦、老挝、泰国、越南……

缩微胶卷，复印，电子化。

成果：翻译和出版，俄国历史档案，朝鲜战争档案，中苏关系档案，中朝关系档案，中蒙关系档案。

2. 国内档案馆文件资料的收集和编目

外交部、上海、河北、安徽……

复印、手抄、拍照。分散收集，集中编目，资料整合。

3. 国内民间史料的收集和出版

中国当代史研究中心的出版物，马法贤日记，四清账目……

二 关于在高校建立文献史料中心的建议

1. 特点：专题分工，相对集中，资源共享

2. 投入：教育部与学校结合，基础和条件

3. 数据库和网络

三 关于文献史料收集、保管和利用的几个问题

1. 目前的状况和成本问题

2. 如何做到资源共享

3. 资金的投入，项目设立

4. 数据库建设

（作者为华东师范大学历史系教授）

"历史资料的整理、研究与数字化建设"会议纪要

2013 年 8 月 24 日至 8 月 25 日，在教育部社会科学委员会历史学学部年度会议上，与会学者就"历史资料的整理、研究与数字化建设"问题进行了研讨，有 15 位学者做了专题发言。

上海交通大学曹树基教授主要就"县级档案与契约文书的搜集、整理与研究"，详细介绍了所在单位近十余年所做的相关工作，主要包括搜集 20 世纪 50 年代以来的县级档案，关注的区域从上海郊县扩大到苏南、浙北地区甚至中西部省份，目前共收 8 省 50 个县的县级档案大约 6 万余卷，共 600 万页。其中的特色档案有四川省江津县土改档案、江西省南昌县土改档案、安徽省无为县县委会记录等。契约文书方面，从最初在浙江省松阳县石仓搜集契约文书开始，由点及面，扩大到浙南、徽州与江西，目前搜集的契约文书共计 32 万件。在上海交通大学校图书馆建立起大型契约文书整理工作室，聘请三位有经验的装裱师傅主持契约文书的修理工作。以这些资料为基础，陆续出版大型的"上海交通大学藏地方历史文献汇编"系列，并发表相关的系列研究论著。曹教授还就相关的搜集过程、特色档案与契约的价值进行了细致的介绍。

中国社会科学院近代史研究所金以林研究员首先介绍了本单位的 19 万件档案文献的收藏情况，其中比较有特色且已完成电子扫描的四类档案分别有：一是晚清督抚档案，约二百个人全宗，其中以张之洞档案最完整，共 10 万页；二是胡适个人全宗档案(1949 年以前部分，约 11 万页)；三是"满铁"调查局从 1918 年至 1945 年的专题剪报(约 70 万页)；四是超过 9000 种的"文化大革命"小报。这些档案大部分都进行了整理。该所近年还承担了社会科学院一项重大创新工程："近代中国海外珍惜文献的收集整

理与研究"，其中数量最大的是中国国民党党史馆档案，有超过 100 万页电子档。除文字档案之外，该所还陆续开展图像档案（照片）的搜集与整理，目前搜集到的有美国国家档案馆藏的 3 万多张朝鲜战争的照片、台湾的蒋经国的全套照片近 4 万张等，为学术研究扩充了新的史料来源。此外，该所还与国外的相关收藏单位洽谈合作，逐步搜集比利时某修道院藏的陆征祥档案、英国北爱尔兰的女王大学藏的赫德档案、美国哥伦比亚大学手稿珍本图书馆收藏的顾维钧档案等。该所已就相关档案的使用，与国内外的机构或学者们进行合作或者交换。其次，就学术资料的建设，金先生还特别谈到了几个问题：第一，学术资料的整理需要一个大的机构来协调，以避免盲目的重复建设和资金浪费；第二，档案的存储问题，随着资料搜集得越来越多，存储要求的空间量非常大，需要大型的存储设备；第三，档案文献的呈现真正做到能让学者方便地阅读、检索和共享，这需要国家的大量资金投入，任何一家研究机构不可能独立做到，希望历史学学部能够从国家战略角度考虑，来协调和处理这些问题。此外，国内单位重复购买国外的西文的数据库，而忽视了以往所购买的微缩胶卷，只要一套五六十万的设备就能把这些所有的微缩胶卷转换成 PDF 档，使用起来会很方便，实际上也能节省大量的外汇开支。

南开大学中国社会史研究中心常建华教授，由于参加《中国家谱综合目录》的编辑以及研究宗族的兴趣，从 1983 年起留意于族谱学，已达 30 年之久。他指出，在中国传统文献当中，族谱（或称家谱、家乘、宗谱、谱牒，一般意义上可以混称）以记载祖先、世系、宗族制度引人注目，族谱反映出中国社会与文化的祖先崇拜、血缘意识与社会组织结构，传承至今，数量巨大。中国族谱资料的整理工作，在编目、提要、选编、汇编、影印、考释几个方面取得了可观的成绩，但是还不太完善，需要继续努力。例如，民间族谱、1949 年以后新修族谱有待收集编目，族谱提要编出的只是一部分，资料选编还应选择新的专题，汇编影印也需要新的选题。20 世纪 20 年代以来的 90 多年间，海内外的学者对中国族谱进行了广泛的研究和利用，大致可以分成奠基、复兴与拓新几个阶段，各个阶段都有代表性的研究。近十几年，学术研究更加多元化，受社会史、文化史、生活史的影响，族谱研究具有从地方文献与民间文献视角探讨的特色。我们也应当看到存在的一些问题，比如，研究在时间、空间上分布得不够系统、全面，空白之处不少，需要扎实的工作来弥补。例如，晚清族谱普及化，民国族谱变化较大，都还没有研究的力作给予揭示。至于当代修谱活动，还需要深入地探讨。族谱的数字化建设已经全面启动，初见成效。中国族谱资料的整理、研究和数字化建设的推进，有赖于专门性的研究。研究机构开展专项研究，为此收集整理族谱、进行族谱数字化应是一项重要工作，可以集学术研究、资料整理、公众服务三位为一体，深化对中国族谱的认识与利用。

北京师范大学历史学院瞿林东教授，针对目前过度依赖文献检索而忽视建立扎实系统的历史资料整理的理念与能力的不足的现象，着重阐释了传统的历史资料整理、研究对于提升学术水平的重要性。他认为，历史资料的数字化非常重要，但它似也不能缺乏最基础的研究，如会通思想、实际运用，这对于数字化的编制程序与检索方法是很重要的。因此，既要重视原始性的资料整理、分类与研究，也要重视研究性成果的编年、分类、检索与数字化应用。他认为，前人在历史资料的整理和编纂方面给我们留下了丰富的遗产。重视这些遗产，对于今天我们在历史资料整理工作上的传承创新，对于学术水平的提升，仍具有重要的参考价值。就学术资料的数字化和信息化而言，瞿教授认为，目前的技术、检索的手段乃至国家的资金投入，都不是问题，而主要的问题存在于两个方面，第一个是版权，这个是大问题；还有一个就是怎么样共享？我们要充分利用现有的条件，协调促进各个单位之间合理的和有效的合作。

南京大学信息管理学院朱学芳教授认为，信息时代肩负着历史资料的保护和传承的重任，历史资料保护刻不容缓，数字技术为历史资料保护提供了新的技术手段。历史资料的数字化既有利于提高公众的历史资料保护和参与意识，也有利于提高公共文化机构的信息服务效率，还有利于推动我国历史资料数字资源的共建共享。历史资料数字化是利用数字摄影、信息获取、图像处理技术、虚拟现实、计算机辅助设计、多媒体与宽带网络技术等对历史资料进行数字采集、存储、处理、展示、传播的过程。历史资料数字资源是指直接以数字形式产生或根据历史资料原型进行仿真、建模等数字采集后生成的数字资源，可以以多种格式呈现，如文本、音频、视频、图像、三维对象等。朱教授还介绍了我国国家博物馆文献数字化发展的概况。经过近二十年的努力，我国政府、IT 业、图书情报界在数字图书馆理论研究、资源建设、标准体系、技术研发和数字图书馆服务等方面有了较大的进展，取得了一定成果。其中包括中国国家数字图书馆、全国文化信息资源共享工程、中国高等教育文献保障系统、大学数字图书馆国际合作计划、国家科技图书文献中心、中国科学院国家科学图书馆。其中以中国国家数字图书馆的规模最大且具代表性。而我国大陆地区博物馆数字化建设还处于初级阶段，各地区的博物馆数字化工作还处于分散状态。相比之下，博物馆的数字化工作主体都是博物馆本身，缺乏足够的信息技术的支撑及应用。

北京大学图书馆沈乃文研究馆员认为，今天高校人文学科的学生、教员、研究人员所需的文献资源中，很重要的一部分是原始古籍，即图书馆严格控制借阅的线装书。原始古籍存世稀少，分散于各地，保管严格，阅读不便，年复一年，矛盾日益尖锐，使用者将借书视为畏途，迫切需要找到解决办法。2007 年国务院办公厅发布了《关于进一步加强古籍保护工作的意见》（国办发［2007］6 号），第五条明确指出"进一步加强古籍的整理、出版和研究利用。制订古籍数字化标准，规范古籍数字化工作，建立古籍数字资源库"。原始古籍的数字化和网上服务，既是保护原始古籍的最好方法，又是学生、教员、研究者可以克服时空障碍、获取原始古籍资源的最方便、最快捷的方法，能有力地促进人文学科研究。但是六年过去了，原始古籍数字化的进展仍然很缓慢，没有国家级项目的支撑，只有一些企业开发的数据库，因此，存在着重复购买数字产品、各库设置的技术手段多样化而造成用者不胜其烦、新出版纸质影印本的图像质量较差等许多问题。沈乃文先生还介绍了国外图书馆的相关情况，如美国国会图书馆、哈佛大学哈佛燕京图书馆、普林斯顿大学葛斯德图书馆与台湾"中央研究院"傅斯年图书馆合作的中文善本数位典藏计划，以及日本东京大学东洋文化研究所的汉籍善本全文影像资料，这些工作可以作为我们的样板。他认为,持续等待总不是办法,目前需要采取切实步骤,推进原始古籍的数字化建设。我们可以参考国内外都有的一些公益性古籍资源网站的做法,由几个人建立和维护,数据库由社会共建共享。网友可以免费从网站下载资源,同时也可以自愿把自有的数字资源上传到网站,提供给他人共享。这样几年之间,有的网站已积累古籍资源达数万种之多。沈先生建议教育部社会科学委员会历史学学部可以考虑向教育部申请建立原始古籍资源数字化服务项目,每年拨付必要的经费,设立原始古籍资源数字化服务网站,发布图像数据加工标准,组织和发动有关藏书单位(首先是高校)自愿上传自藏的原始古籍数字化数据,只要符合图像数据加工标准,就按照规定给予一定金额的报酬,予以鼓励,不需要太久,必可开创原始古籍数字化建设和服务的全新局面。

中国人民大学图书馆古籍研究所宋平生研究馆员赞同其他学者提到的在历史文献数字化过程中存在资源浪费很严重的现象。他主要介绍了自己关注的一些比较冷门的、不太被人重视的、数量不成批次的历史文献的收集情况。比如,雕版印刷的文书,大到布告,小到一张戏票、一份契约、一张税单、一个协议,等等,包括官方的谕、札等,都和老百姓生活息息相关。但这类文书非常分散,很难留下来,多散落于民间,在古玩市场上偶能遇见。此外,还有"家堂"(即悬挂在墙上的家谱)、民间社会团体印行的义仓谱、建桥谱、义渡谱等通用性不是很广的出版物,也应当加以重视,加强搜集、整理进而将其数字化,以便让更多的学者能够研究利用。

上海图书馆陈先行研究馆员在《版本目录学的思考与实践——〈上海图书馆善本题跋真迹〉编后记》一文中,详述该书的编纂旨意、发现的问题及其处理措施等。该书收录1750余种善本的题跋原迹,数据颇丰,虽然仅属编纂之书,但殊匪易事。因为附有原书书影,不仅要定夺题跋之真伪,系原迹抑或过录,更重要的是要能准确著录版本。与以往的文字编目不同,此书是以书影编目,其功用既较单纯的文字目录为宏,其难度当然也更大,客观上是对编纂人员版本目录学水平的一种检验。大家知难而上,态度谨慎,在水平不到之处,或受条件限制而不能一时做出定夺的地方,对某些版本采取存疑式著录。初步统计,该书纠正《中国古籍善本书目》著录不妥者，占比在一成以上，颇费心血。此书的编纂得到了上海图书馆领导的鼎力支持，让编者们能在宽松的环境下静心工作，这在趋利的当下，实属难能可贵。陈先行先生颇为感慨地指出，作为一名图书馆的老古籍编目员，希望能在前辈事业基础上，为版本目录学的发展做些贡献。但是，往往有些项目，甚至是国家项目，政府投入了很大财力，也具有比以往更好的条件，由于急于求成，或明显追求经济目的，而收效不佳。自己在参与这些项目的时候，虽勉力为之，无奈左右不了客观局面，苦不堪言，常有浪费生命之感。只能埋首做点力所能及之事，将编纂此书视为版本目录学的重要实践。

复旦大学历史地理研究中心吴松弟教授介绍了近年来主持的温州通史的编撰情况，提供了一些可以借鉴的经验。该项目是在温州市政府的支持下进行的，经历了大规模的地域调查和地方文献的搜集与整理的过程。在编目的基础上，建立数字化文献资料库，实现设备共享，分层次开放。目前，在温州找到的地方文献中最大量的是家谱，大约3000部左右，此外，还有契约文书、宗教刻印书、唱本、圣旨、碑刻资料、个人日记、书信、诉讼文本、医药书、做生意的路程书，等等。这些家谱分布在温州的各个区市县，修谱时间最早的是明代万历年间，也有清代康熙、乾隆年间，此后差不多是年年不减，还有一些新修的家谱。此外，吴教授介绍说，在智库建设方面，打算利用复旦大学历史地理研究中心所掌握的丰富的历史地理资料和相关研究成果，建立"国家政策历史地理咨询平台"，供中央和地方政府领导人在制定相关政策时，方便、迅速地获得直观、生动而又真实的历史依据，因此，希望这一咨询平台能够获得教育部的立项支持。

华东师范大学冷战研究中心沈志华教授介绍了近年所做的"冷战"时期档案文献工作的情况，他的主要兴趣是搜集国外的档案，以及国内涉及外交方面的档案。他的工作分为三个方面：第一，搜集美国的外交文件、俄国档案、日本外务省与中国关系的档案、韩国外交史料馆涉及中国和朝鲜的档案，这些档案均未在网上刊布；第二，未来十年，计划搜集相关档案，研究中国周边国家（包括越南、柬埔寨、泰国、巴基斯坦、尼泊尔、吉尔吉斯斯坦、哈萨克斯坦等）和中国关系的历史，特别是"冷战"时期的双边关系；第三，搜集东欧档案，主要涉及一个主题，即东欧七国如何进入社会主义体制，又如何脱离社会主义体制，影响这种转变的主要事件是什么，以及他们与苏联的关系，等等。沈教授认为，在未来需要解决两个主要问题。第一，避免重复建设，减少人力、财力的浪费。建议由教育部成立一个协调机构，建立资源共享平台，各校、各专业人士可以根据自己的研究重点，把所掌握的档案目录在此平台上公布，互相交换，互相交流。第二，解决资金不足的问题。档案的搜集过程中需要雄厚的财力，主要花费在购买、攻关、旅费等方面，仅仅一个重大项目的经费无法支持这项工作的持续开展。因此，有必要专门召开一次档案文献搜集整理的会议，形成报告，以引起相关部门的重视。

北京师范大学历史学院郭小凌教授介绍了首都博物馆数字化建设的经验，他认为目前要建立一个档案文献的数字化平台，技术、资金、版权、著作权等问题都可以有解决的途径，主要的问题是，谁出资、谁愿意来牵头、协调搭建这个平台？他呼吁，我们不能坐而论道，要有人去落实，争取能做起来。

复旦大学历史地理研究中心葛剑雄教授担任过多年的图书馆馆长，他的体会是，由于目前图书馆或制作数据库的公司只能雇佣文化层次很低的人从事搜集、整理、扫描的工作，他们大多不了解历史学，做出来的东西存在许多局限和欠缺。问题的根源在于，国家社科基金项目、985项目、211项目等纵向项目，都不允许给教师发放劳务费，有兴趣参与这些工作的教师是没有报酬的。既无报酬，成果又是公有的，谁会愿意做呢？所以如何给从事这些工作的专业人员发放劳务费，目前是一个很大的难题。他呼吁财政部要在这个问题上有所改变，才能把钱花到实处，起到多出成果的鼓励效应。

辽宁师范大学历史文化学院赵毅教授谈到了几个问题。第一，如何促进历史资料搜集、整理、研究和数字化工作的有序开展，避免重复建设？他建议由历史学学部牵头，教育部社会科学司组织各学部，联合文化部、国家档案局、国家文物局、社会科学院等相关系统，召开专门的协调会议，商议可行性方案，这样才能打破目前的文献资源壁垒，实现资源共，避免重复建设。第二，目前各单位在数字化的过程中，技术标准是否需要统一？他认为有必要建立统一的国家标准，这样有利于在未来能实现资源共享的时候，实现技术上的顺利对接。第三，在搜集、整理、数字化的过程中，应有轻重缓急之分，先做最重要而国家又急需的项目。第四，资金的支持对大多数学校和研究者个人来说，仍然是很紧缺的，如何获得持续的支持？第五，要重视古代中外关系史料的搜集、整理和利用。比如，研究藏学、新疆问题等，仅靠明清的档案、文献依然是片面的。西藏和尼泊尔是什么关系？新疆和阿富汗、土库曼斯坦、乌兹别克斯坦、吉尔吉斯斯坦、俄罗斯等之间的关系是什么？这些问题的研究需要我们从周边国家挖掘历史资料。

中山大学历史系桑兵教授介绍了自己近年来的工作经验，涉及从收集资料到出版、建立数据库等全过程，对其中出现的方方面面的问题都有亲身的体会。他主张建立一个完整的数据库，最终目标包括除档案以外的所有图书、报刊、未刊文献、民间文书、各种谱录，等等，使其成为公共资源、免费、长期开放使用。研究者将不再为史料发愁，可以随心所欲地使用，专心读书和研究。在史料中有新的发现、新的解读目前并不容易，研究者只有对新旧材料熟悉掌握之后，才具备解读的能力。桑教授认为，做整理文献的工作要分为三级：首先，熟悉各类文献的总目及收藏状况；其次，用 PDF 的扫描版呈现原文，不做编目等深加工，以减少加工过程中出现的错误；最后，提供全文检索。这三级工作需要各家单位的共同建设，才能实现资源共享。桑教授还介绍了日本近代亚洲文献中心的做法。

北京大学历史学系李剑鸣教授认为，前面各位学者提到的经费、协调和共享等问题，确实需要引起重视。美国有史料整理的成功经验，如联邦制宪会议的文件、美国各州批准宪法辩论记录等的整理和出版，在美国早期研究中发挥了重要作用。我们在考虑历史资料的整理和数字化建设时，可否借鉴美国、英国、日本等先行国家的经验，结合中国自己的实际情况，找到合适的机制来解决各方面的问题。除了政府的介入和支持之外，地方性史料的整理似乎还可依托不同的机构，如社团、大学、私人基金会和商业公司等。在史料的数字化过程中，还会涉及数字化文本和原件之间的关系。如何使数字化史料最大限度地呈现出原始纸本文献的原貌，减少录入和整理过程中的错误，是一个值得重视的问题。另外，还要考虑文献的多样性，比如，利用美国国家安全委员会的档案，也要关注美国中央情报局的档案和美国国务院的档案，还有国会文件。刚才有的学者提到，在族谱的研究中，需要参考其他类型的文献。可见，只有多种资料结合起来，才能更全面地看清问题。对于世界史研究来说，数字化已经把很多一手史料搬上了网络，所以目前的问题主要不是缺乏材料，而是研究者没有足够的知识、资源和能力，包括语言能力、文化背景知识，来很好地解读和运用这些材料。只有真正把材料看懂、看出问题、看出味道，才能做出有价值的成果，促进历史学科的发展。这需要我们考虑如何训练研究生，帮助他们提高能力、掌握方法。可见，史料的整理和数字化是一项整体性的工作上，需要把各方面的问题解决好，才能使史料的数字化建设和引进发挥实效，推动中国史学的发展，产生能与国际史学界对话的成果。

北京大学历史学系马克垚教授总结说，数据库的建设很重要，我国的现状是百花齐放的局面。数据库的建设要逐步推进，形式应是多种多样的。他认为现在大家关心的还有一个问题，就是像桑兵、沈志华等教授已逐步建设的数据库该怎么处理？如何发挥最大的学术与社会效果？相信历史学界会逐渐找到推进、解决的办法。不过，要将所有资料放在一个平台上面，建成一个大一统的完整数据库，似乎难以实现。

（北京大学吴世英整理）

对考古学学科建设的一些想法

林　沄

一　考古学对象——遗存——概念的扩大和更新，对考古学学科的发展提出新要求

考古学的对象是遗存，在我国，考古本来是研究古物的，有"古不考三代以下"的说法，现代考古学在中国兴起时，有了旧石器时代周口店猿人遗址的发掘，有了新石器时代的发掘，特别是延续多年的殷墟的发掘，基本上还是"古不考三代以下"的。后来考古学逐步发展，研究对象的时代才逐渐下移。现在，西方国家考古对象的年代下限不断下延，工业革命初期的遗存也成为研究对象。而我国如果也把现代工业出现的遗存纳入考古范畴，则肯定要打破"中国近代史"的上限，不能再在"遗存"一词之上一概加上"古代"这一形容词了。

另外，我国考古的传统是研究人的活动创造的事物，所以较早有"古器物学"一名。在现代考古学传入后，遗存才扩大为遗物、遗迹、自然物三个方面。一方面，遗迹这一概念就比遗物大大地扩大了。不仅可指一座房址、一个墓葬，而且可指一处村落址、一处墓地，甚至可指一个庞大的遗址群。这样，研究的方法和手段就自然和研究单个的遗物有很大的不同，有很多新的发展。另一方面，由于把与人类活动有关的自然物也纳入考古学研究对象，而且不是单指单独的物，同时也指与人类活动有关的整体的环境，这不但大大扩大了研究所涉的多学科领域，而且要求许多非人文学科的科技方法和手段，要求多学科专家的协同研究。

而且，考古学研究的目的不只是历史上人类活动的某一特定的方面，而是人类活动尽可能多的方面，因此，这种研究不仅需要历史学、社会学等方面的知识，在研究人的精神生活方面还需要各方面的艺术科学以至宗教学、心理学等知识，也要求多学科合作的研究。

由此可见，考古学的发展，实际上使考古学学科成为一个不断滚雪球而开放的系统，任何一种关门主义的想法，都是不合时代潮流、不利于学科发展的。

在申报考古学成为一级学科之时，原二级学科"考古学与博物馆学"是捆绑在一起的。有一种想法是，成为一级学科后，考古学和博物馆学应该明确分开。我本来思想上就是这么认为的，因为博物馆有多种类型，如自然博物馆、矿业博物馆、抗日战争纪念馆、革命烈士纪念馆……都是和考古学无关的。而且，博物馆学似应和图书馆学一样，应归类到大的管理学门中去。另外，不少大学中文化遗产管理专业也方兴未艾，我起初也觉得和考古学无关，但在 2012 年 1 月份在吉林大学召开的讨论考古学十年战略规划的会上，各主要大学考古学科负责人议论考古学科二级学科设置的时候，我虽然力主把博物馆学和文化遗产学纳入考古学一级学科中作为两个二级学科，是因为这两个学科目前还在发展之中，而没有合适的归属学科，希望能在原属考古学的暂时归属下有助发展，等发展成熟后再说。

经过一年多的思考，并看到陈洪海、赵宾福等同人的文章，我现在改变了看法，认为把博物馆学和文化遗产学归入考古学学科是有道理的。

其一，考古学研究的对象——遗存，博物馆所征集、收藏、保管、陈列的对象——文物，文化遗产事业所要保护、规划、管理的对象——文化遗产，虽然名称不同，内涵有一定差异，但有相当大的重合部分。因此三者之间是有密切联系的。作为考古学的研究对象的遗存，有相当大的部分是从地下发掘出来的，我们虽说，常常将其比作"地下的书"，但它和历史学研究的书毕竟有差异。历史学研究的书是可以反复阅读，而且可以无限复制的。而考古读"地下的书"时，有大量的信息只能在发掘的过程中获得，里面所记录的也只是发掘者能注意到的那些信息，而没被注意到的就永久消逝了。因而，文化遗产的保护和规划，是为了考古学能有长远的可供研究的对象所必需的工作。而所获得的物质遗存，在出土之后，并不能永久保存它在出土时能保存的各方面信息，为达到获取信息和研究的目的，需要修复、保护，并使之长期保存。因而博物馆的工作，就像图书馆为历史研究保存书籍一样，和考古学研究有密切关系。而且博物馆的征集工作，有很多方面能补考古发掘之不足。而考古学研究要和社会公众发生关系，往往可以通过博物馆的陈列、展览及文化遗产的展示达到目的。

其二，从培养人才来说，这三个方面的专业人才，在大学本科阶段应该对这三门学科都有概论性的认识，同时具有三门学科的理念，才能在实践中处理好三者的关系，做好自己的工作。因此目前这样的学科设置有利于对专业基础的全面培养。而且可以拓宽毕业生的出路，有利于他们日后的发展。

二 考古学学科发展的主要问题和应对的建议

第一，从目前各校总的情况来看，二级学科的发展很不平衡。一般来说，中国考古学的科研和教学力量都比较强，因此课时多，内容过细过深，不一定适合本科生参加工作后的实际需要。三门基本课程——考古学理论和方法、博物馆学概论、文化遗产管理概论，有的学校上不全，或比较薄弱。因此，从二级学科来说，各校均应尽可能加强考古学理论和考古学史、文化遗产和博物馆这两个学科的建设，应由有实际工作经验（如有考古发掘领队资格）的教师主讲考古学理论（应兼讲方法）、博物馆学概论、文化遗产管理概论。教育部应组织两届以上假期研讨班，如考古学研讨班可研究总结我国考古学理论与方法的成功经验，消化国外的新理论方法，在此基础上鼓励各校自编教材，从而产生更好的通用教材。这种教材应有较大的普遍适用性，即不管到什么地区，都可以用得上，如不能把商文化的鬲讲得很细，到东北或西南地区工作就用不上。

第二，就中国考古学内部分段来说，发展也很不平衡。各大学中，旧石器考古普遍薄弱，隋唐到明清考古也相当薄弱，这对我国考古事业发展非常不利。例如，沈阳地区进行文物普查，并宣布发现旧石器时代遗址有奖，但一个都没发现，吉林大学陈全家教授带几个人又调查，一下就发现了很多个，他们选在沈阳农业大学后山发掘，竟在2万～3万年前、6万～7万年前、20万～30万年前的三个地层中都试掘出旧石器。现在各大学旧石器时代考古、隋唐至明清考古师资缺乏，建议各校应和研究部门与地方文物部门合作，聘有实践经验的专业人员为兼职教师，教育部在北京大学、吉林大学等有基础的大学办旧石器考古、隋唐至明清考古教师进修班，加快解决师资问题。

第三，目前高校考古学科的专业设置，不适应社会实际需求。例如，城市规划多半没有考古文物方面的专业人员参加，以致重要的文化遗产得不到合理的保护和利用，又如古建维修，现在任务量大而专业人员奇缺。建议应由国家文物局和教育部的职能部门邀请专家，共同规划：现有专业哪些必须确保和加强；哪些专业应由哪个大学负责筹建，并给什么样的具体支持；哪些专业人才可以用在职人员和高校教师的培训和通修来解决，在何时何地办。是否应该举办一定的中等技术学校，也可以认真考虑。这样才能发挥现有专业人才和经费的最大效用，办好急需的事，避免一再空谈议论，或一哄而上不求质量，事倍功半。

第四，目前我国考古学科中的科技考古有显著的发展，但从长远看，科技考古尚需大力发展。而且一线的田野考古工作和写报告的整理工作中，能够熟练使用新的科技方法的工作人员并不很多。因此，不仅应该多方面设法发展科技考古这个二级学科，而且应该让大学指导发掘和整理的教师本身加快掌握先进的科技方法，以使学生也切实掌握高效、精确的测量、绘图、摄影等记录方法。因此建议教育部可以组织有关推广新的科技方法、手段的教师进修班。而且，各校如果要进一步建立各种与考古有关的实验室，只提供经费没有人是不行的，也可以用进修班的办法解决。

第五，目前考古学科的二级学科中没有外国考古，反映了我国外国考古发展十分薄弱的现状，然而要使我国考古学早日走向世界，促使新一代接班人有世界眼光、全球视野不能不是一个重大的历史责任。当前，建议有条件的高校能抽出人力，不但应翻译外国考古学理论和方法的综合性论著，而且应在已有基础上翻译世界上考古发达地区的综合性论著，还应该翻译我国邻境各国的考古综合性论著，并逐步开展到邻境各国的田野考古，为早日编写出较好的分国考古教材准备材料。致力于这方面教材编写的教师，不能局限于本人有限的研究领域，还应为努力扩大中国考古人的眼界贡献自己的力量。教育部对于已经能自行建立外国考古学二级学科的高校，应在出版教材时予以大力支持。

三 对教育部的几点希望

对考古学这一新的一级学科，应该采取大力扶植的措施。

首先，在学生人头费上，考古学生人均 1200 元是不够的，应考虑他们的学习过程中有和地质地理学生一样的野外实习，还有和理科生相同的实验室课，培养费用应该提高。

其次，在田野实习的师资力量达到标准的高校（即有团体领队资格），应该和国家文物局协商为该校设立相对固定的实习基地，以稳定教学秩序，保证教学质量。建立（或已建立需完善或加强）基地的经费，可与国家文物局协商解决。

最后，未建立基地的学校，需要置办调查、发掘、整理工作所需的设备和耗材，所有有考古学学科的学校，需要建立各种实验室（有的是考古独立使用，不能与理科共享的）设备和耗材，因此，要发展考古学学科，教育部应该准备专项经费。

在组织机构方面，应该迅速增加教育部社会科学委员会、高等学校教学指导委员会中考古学专家的名额（国务院学位委员会学科评议组也是），考古学和外国史应该有同等地位。

在评审全国优秀博士论文时，考古学和世界史应各自独立为一个评审组（否则，至今考古学博士论文一篇也没有评过，评上的和考古有关的博士论文，一篇是历史地理学的，一篇是历史文献学的）。

（作者为吉林大学考古学系教授）

对考古学学科发展与人才培养问题的若干思考

霍　巍

从 19 世纪末、20 世纪初叶西方考古学随着"西学东渐"传入中国以来，考古学已经发生了巨大的变化。考古学的中国化进程在经历了"一波三折"的演进之后，中国考古学重新回归世界性的语境之中，在保持其中国特色的同时，无论是在理论与方法、技术与实践等各个方面，与世界考古学之间的差距日益缩小，研究目标与途径也渐趋一致。在这样一个历史背景之下思考中国考古学学科发展与人才培养的前景，具有深刻的现实意义和历史意义。

2011 年，国务院学位委员会办公室正式通过专家评议，将原历史学一级学科考古学、中国史、世界史一分为三，成为三个并列的一级学科，这也成为中国考古学学科建设发展史上具有里程碑性质的标志性事件，它意味着考古学从此将不再是历史学一级学科下属的一个二级学科，而将具有独立的学科规划、学科建制、学科评价等完整的理论构架与操作系统，具有了更为广阔的发展空间。在这样一个新的国际与国内形势之下，如何面对新的变局，引起许多考古学界同人的深刻思考与探求。这篇短文，是笔者对考古学学科发展与人才培养现状和未来的一些不成熟的思考，供大家批评指正。

首先，我们必须回答，考古学成为一级学科之后，还是不是历史学的一个组成部分？它所要承担的使命、要达成的目标是否与历史学是一致的？长期以来，在关于考古学的学科属性上，我们都恪守着"考古学是历史科学的组成部分，它所要研究的对象，是各个历史时期人类活动所遗留下来的不同遗迹和遗物，并以此来研究和复原历史"的理念，来开展考古学的研究、教学与田野工作。那么，考古学成为一级学科之后，是否会改变这个认识，并导致从考古学理论到考古学实践的巨大转变呢？考古学是否会与历史学渐行渐远？我们会走向何方？这一系列的问题不能不发人深思。

四川大学的考古学科成立于1961年，创始人是著名考古学家冯汉骥教授。当时是从历史学专业下设置的"考古专门化"发展成为考古学专业的，所以川大考古至今已有五十余年的发展历史。从一开始，考古学就是从属于历史学，教学行政单位考古系从来也没有单独成立独立的文博学院、考古学院等建制，至今仍然还是历史文化学院下属的一个系。我们的课程体系也从一开始就包括历史学和考古学两大组成部分，历史学类的课程包括中国史（从史前到近现代）、世界史（从上古史、中古史到近现代史）、古代汉语、古文字学、历史文献学等，均由历史系教师讲授；考古学课程体系包括中国考古学（含考古学导论、史前考古、商周考古、战国秦汉考古、唐宋元明考古等）、国外考古概论、考古技术与科技考古、田野实习、博物馆学概论、考古学专题研究等，均由考古系教师开设。此外，由于四川大学地处中国西南，这里生活着我国许多少数民族，如藏族、彝族、羌族、苗族、土家族等，所以也还有许多历史系从事民族史、民族学、人类学方面的教师开设有文化人类学、民族学、民族史等方面的选修课程可供学生选修。

从培养人才的角度做一个长时段的考察，用人单位一般反映，四川大学培养的考古学与博物馆学人才通常具有历史学、古文献知识较为扎实广阔，在考古研究中对古文献的运用能力较强，在少数民族地区开展考古工作得心应手，但田野动手能力相对较为薄弱等特点。这从一个侧面也反映出川大考古的特点，优势与劣势都十分明显。

那么，在考古学成为一级学科之后，我们和历史学的关系应当如何界定？我们是否需要从学科属性、行政建制、课程设置等方面都与历史学分道扬镳呢？我个人的思考是，考古学和历史学如同王国维先生当年提出的"二重证据法"一样，是用不同的材料和方法来研究同样的历史问题，考古学无论其是否成为新的一级学科，并没有从根本上改变其学科属性，它仍然应当成为历史学科的一个组成部分。考古学升格为一级学科的目的，是要给考古学科的发展提供更为广阔的发展空间，多学科交叉融合的程度更深入、更广泛，而不是鼓励考古学和其他学科，尤其是历史学科相互割裂、隔绝。所以，川大考古的基本格局不会改变，考古系仍然应当由历史系教师（而不是由考古系教师）开设系统的、简明的历史学、古文字学、古汉语、古文献学等方面的课程，让我们的学生在中国传统文化方面的知识修养保持在一个适当的水平线上。这不仅涉及他们从事考古工作必备的知识体系问题，从更为长远的发展来看，也关系到他们人文素质的提升，从而为国家和社会培养合格人才。

从 2013 年开始，我们开始在本院试行按照大的学科门类招生，即考古学和历史学都按照历史学门类统一招生，学生进校之后在一个学期之内先不分专业，由考古系、历史系两系教师开设共同的专业课，共同竞争，争取人才，一个学期之后再由学生自愿选择专业。这样做的目的，不是要削弱考古学与博物馆专业，反而是要在一个更加开放、包容的学术环境下经过培养者与被培养者之间的双向选择，提供更加理想的人才培养环境与氛围。此举是否成功，还将接受实践的检验。

其次，考古学成为一级学科之后，其自身的体系也面临着发展与完善的若干问题。我个人认为，当前最为迫切的任务之一，在于以下几点。

第一，精心设计、合理设置符合世界潮流、具有中国特色的考古学二级学科。

考古学作为新的一级学科，如何在其下面设置新的二级学科，已成为摆在考古学界，尤其是各设置有考古学与博物馆学一级学科的高校面前一个不得不面对的问题。2012 年 1 月，曾经由中国社会科学院考古研究所王巍所长召集、特邀国务院历史学科评议组召集人北京大学钱乘旦教授主持召开了有全国部分教育部重点综合大学考古学与博物馆学学科带头人或行政负责人参加的"关于考古学二级学科设置方案研讨会"，会上与会代表达成了一定的共识，建议将考古学二级学科规范为以下 6 个，即：考古学理论与考古学史、先秦考古、秦汉至元明考古、博物馆学与文化遗产保护、科技考古与考古技术、专门考古。但与之同时，高校中也有代表提出，在目前考古学新升格为一级学科的情况下，应当根据各高校考古学与博物馆学专业各自的优势与特色，自主发展和设立适合自身条件的二级学科，不必做出硬性的规定，在将来条件和时机更为成熟的时候，再来考虑规范二级学科的问题。从后来国务院学位委员会办公室下达的暂缓进行考古学二级学科设置的紧急通知来看，后一种意见显然占了上风，被主管部门所采纳。

目前，各高校在考古学一级学科下自主设立的二级学科情况较为复杂，与中国史、世界史这两个一级学科相比较，后者所设置的二级学科相对较为规范和成熟，这有助于引导各高校按照一定的建设方向、建设目标、评估体系等去逐步建设和完善其二级学科，在师资力量配置、研究方向设定等重大的学科建设问题上有较为深远的考虑和举措，而不是因循守旧，以不变应万变。考古学的二级学科设置，既要充分考虑各高校既有的优势与特色，但更要从学科整体上考虑将来如何发展和进步，更加适应国际学术潮流的发展和新时代提出的新要求。

四川大学考古学一级学科下目前自主设置的二级学科分别是：先秦考古、秦汉至元明考古、博物馆学与文化遗产保护、专门考古，与上次北京会议所讨论的方案尽可能保持一致。我们的思考是既要预留有充足的发展空间，也要注重学科设置的规范性、科学性与整体性，确定好未来自己的发展方向与建设目标。

第二，对传统考古学应及时进行知识更新、理论创新，使之与一级学科的理论体系、学科构架相适应。

传统考古学是指基于地层学、类型学为理论基础和实践指导的考古学。但随着世界考古学的不断发展和进步、多学科的交叉融合，不断产生新的考古理论、方法和技术，使得中国考古学也不断面临新的变局与挑战。动物考古、植物考古、科技考古、环境考古等新的研究领域方兴未艾，大遗址保护、文化遗产保护、历史文化线路、历史文化景观等新课题不断涌现，国家文物局对田野考古信息提取的浓度与精度也在不断提出新的要求，这些都要求我们在新的一级学科建设规划中有相应的思考与对策。及时地对传统考古学进行知识更新和理论创新，不断注入新的活力，使其在理论体系和学科构架上适应时代的发展，已成为当务之急。

第三，应加大对博物馆学、文化遗产学等学科的重视与发展，使之与考古学一级学科真正实现高度融合，成为其中不可分割的重要组成部分。

博物馆学、文化遗产学等学科近年来发展迅猛，成为考古学一级学科之下的二级学科已成不可逆转之势。虽然这些学科的发展也离不开考古学的知识背景，但事实上长期以来它们与传统的考古学之间融合度并不高，在知识体系上既有重合，也各有侧重。考古学作为一个体系完整、学科配置合理的一级学科，必须高度重视博物馆学、文化遗产学等学科的学科地位，加大对其的支持力度，促进其与传统考古学之间实现高度融合，互为支撑，平等发展，共同构建整体性的学科体系和理论基础。

（作者为四川大学历史文化学院教授）

关于考古学学科建设的几点思考

方　辉

　　2011 年国务院学位委员会决定，考古学科由原来的二级学科升级为历史学门类下的一级学科。这样，考古学、中国史和世界史便成为历史学门类之下并列的三个一级学科。据说，以往国家对学科评估和资源投入是按照一级学科进行的，因此，学科分类对于整个历史学门类的发展是有利的，对于包括考古学在内的三个一级学科的发展也有重要意义。但学科升级并不是目的，而只是一种手段，学科升级之后如何更好发展，才是我们大家所必须关注的。

　　我国现行的学科分类体系源于西方，是 20 世纪初西学东渐的产物。英文中的 archaeology 即"考古学"这个词，本意是"研究古代的学问"，但它与狭义的历史学即文献历史学不同，考古学是根据遗迹遗物来研究古代历史的学问。它的来源，最早是古器物学（antiquarianism），以收集及研究古代，主要是古典时期的艺术品为主要内容，包括艺术品的年代与风格等，古器物学后来逐渐发展为艺术史或艺术考古这一分支。考古学更重要的来源是地质学和生物学，或者说这两个学科所发展出来的进步与进化思想成为考古学最基本的方法论（地层学与类型学）核心内容的来源。在西方，尤其是欧洲，到 19 世纪末，以古物的时空框架为研究内容的地层学、类型学已经普遍应用于考古实践，标志着考古学步入成熟阶段。① 到了 20 世纪初，考古学通过日本传播到我国。②

① ［德］格林·丹尼尔：《考古学一百五十年》第三、四章，黄其煦译，安志敏校，北京，文物出版社，1987。
② 李孝迁：《西方考古学"三期论"传入考》，载《学术研究》，2011(2)。

不过，在科学的考古学传入之前，我国近古时代也产生了通过实物来研究古代的学问，这就是中国的古器物学——金石学。金石学的萌芽可追溯至先秦秦汉时期，而其发展成为一门学问则是在宋代，标志是产生了一批金石学家及其著作，对于金石文物的著录渐成体例，对古物及典章制度的考证成果丰硕，例如，宋人对于古器物器形、功能及纹饰的定名，至今仍为当今考古学家所沿用。元、明两代金石学处于低谷。至清代，受乾嘉学派影响，金石学重新振兴，研究的覆盖面更广，几乎涵盖了古物的所有形式；考据的深度也远超前代，尤其是在名物典章方面，许多论断都属不易之论。只是囿于旧式文人士大夫书斋式的研究方式，金石学在获取及分析古物的方法上却是墨守成规，没有形成科学考古学所要求的地层学、类型学那样系统的方法论。① 但无论如何，金石学是我国科学考古学的前身之一，其渊源关系是无法否认的。

如果以 1928 年安阳殷墟考古发掘作为我国考古学诞生的标志，科学的考古学在我国已经走过了 80 多年的历史。"在回眸 20 世纪的学术成果时，不少学者认为考古学为最。这不仅是因为本世纪考古发现的丰硕，而且考古的发现几乎为一切学科的发展提供史实的基础。无论历史、文学、语言，乃至哲学，都不能不因考古的重大发现而改变自身。"②著名人文学者徐葆耕教授的上述文字，是对 20 世纪考古学学术贡献的一个概括。我国考古学科在发展中不断完善自我，在为我国学术、思想和文化提供资源方面确实取得了其他学科无法比拟的成就。

考古学的魅力在于发现，正是因为各类考古发现，人类对自己早期历史的认识大大推前，认识的深度也超过以往。考古发现的方式有多种，其中最常见的是考古调查与发掘。目前，考古调查的方法也已不限于徒步的陆地调查，还包括了航空遥感技术和水下考古调查技术等。包括水下考古

---

① 清代也出现了少量的考古发掘，如 1786 年黄易对于山东嘉祥武氏祠汉画像石的发掘，有的学者对此给予了很高评价，认为"是中国历史上第一次有计划的考古发掘"。见[美]巫鸿：《武梁祠：中国古代画像艺术的思想性》第一章，柳杨、岑河译，12 页，北京，生活·读书·新知三联书店，2006。

② 徐葆耕：《四海寻珍·序》，见李学勤：《四海寻珍》，北京，清华大学出版社，1998。

在内的发掘技术也正在随着研究内容的不同，由单一的探方（沟）法而日趋多样化。随着考古学文化年代框架的建立和完善，人们越来越期待考古学在探究古代经济、社会和认知等方面的能力能够得到增强。在西方，20 世纪 60 年代新考古学或过程考古学的产生就是学科因应社会需要而发生的变革。在我国，20 世纪 90 年代出现的研究重点从年代学向环境考古学、社会考古学的所谓转型，也是基于同样的学科和社会需求而出现的。在方法上，揭示遗存（遗迹遗物）的共时性分布形态，复原以探索人类行为为目的的聚落考古受到重视，以往不被注意的各类非人工制品或自然遗物甚至是土壤都变成了复原古代环境和资源研究的重要信息来源。实验室考古成为"二次"获取资料和信息的必要手段。多学科的融合，使得考古学日益丧失了其"纯洁性"①，这是考古学发展的必然。有学者不同意使用"科技考古学"或"基于科学的考古学"这样的称名，但自然科学手段在考古学上的应用及其所取得成就已是不争的事实。加速器断代技术的革新、同位素考古、分子生物学（古代 DNA）考古等代表最新科技考古水平的发明，无一不是由西方学者发明。在这方面，我们又远远落后于西方学界。现在的问题是，虽然设立考古学科的高校多属综合性大学，理论上有进行跨学科研究的能力，但限于考古学属于人文学科的性质，投入相对较少，造成高校内部进行跨学科交叉性研究的动力不足。目前在研究的所谓跨学科科研项目，实际上大都在沿用国外学者的做法，能够跟上国际学术前沿就已经很不错了，很难在方法上有所创新。即使是处于学术前沿的国内少数几个高校和科研机构，其科研手段或科研成果或可处于跟踪前沿的水平，但在教材及课程设置方面，仍然与学术前沿存在很大差距，而对于一线考古文博工作实践而言，起指导性作用的仍然是 20 世纪八九十年代流行的理论与方法，其结果必然是实践落后于理论，许多在工作中应该获取的信息因为意识不到位而白白流失。

　　以下，笔者拟结合山东大学的有关情况，对考古学学科建设谈点自己

---

　　① ［英］戴维·L·克拉克：《考古学纯洁性的丧失》，陈铁梅译，严文明、夏超雄、黄纪苏校，见中国历史博物馆考古部编：《当代国外考古学理论与方法》，西安，三秦出版社，1991。

的看法。不妥之处，请各位批评指正。

学科具有广义与狭义之分。广义的学科指的是学科的分类，指一定科学领域或一门科学的分支，是与知识相联系的一个学术概念。狭义的学科指的是高校教学、科研等的功能单位，是对高校师资力量、人才培养、科学研究、社会服务、国际交流等隶属范围的相对界定。学科建设中的"学科"指的是后者。目前，我国的学科评估正是按照上述五个方面来进行的。学科建设的这些指标，与现代大学的功能（人才培养、科学研究、服务社会与文化传承创新）基本是一致的。毋庸讳言，无论是学科建设中的五个指标，还是大学的基本功能，其中人才培养是重中之重，其他各项都是为人才培养服务的。

高水平师资是培养高质量人才的保障。目前，各高校都在教师招聘方面采取提高门槛的办法，严把质量关，成绩是显著的。需要指出的是，相对于历史学科而言，考古学科存在着时间跨度大、空间覆盖广、知识更新快等特点，从业教师面临更大的压力。但同时，考古学与历史学以及各分支学科之间存在着互补性强的特点，容易组成科研团队或平台，在学术带头人带领之下围绕重大问题进行集体攻关。因此，科研平台建设是培养与造就高水平师资的重要举措。作为"211"工程和"985"工程重点建设的高校，我校在2002年设立了东方考古研究中心，将考古学列为重点建设的学科，按照教育部人文社科重点研究基地模式加以建设，在建设资金和物理空间上予以重点支持，加强考古实验室建设，创办《东方考古》年刊，定期举办学术研讨会，关注学科重大理论与实际问题，使青年教师始终站在学术前沿，真正做到教学相长，保证了教学水平的提高。2010年以考古学科师资力量为主成立的"中华文明起源研究中心"已成为山东省人文社科重点研究基地。《东方考古》于2012年被列为CSSCI来源集刊，成为学术界广为关注的一块园地。2012年5月，借考古专业建立40周年之际，我们重新整合研究力量，成立起文化遗产研究院这一实体性科研机构，在师资建设方面获得了更大的自主权。

课程设置直接关系到学生的知识结构和基本技能，设置合理的课程体系对于人才培养至关重要。如上所述，考古学主要是以实物来研究人类历史的学科，实物资料的获取来自田野调查和发掘，也越来越多地来自实验室分析。考古学原本就具有极强的实践性，现在则越来越多地具有了实验性。为了适应学科的这一特点，我们主张在本科生课程设置方面既要具有稳定性，也要具有前沿性。为此，近年来我们在课堂基础训练、田野考古实习、实验室培训"三位一体"教学体系的构建方面进行了探索，并取得了宝贵经验。2008年我校考古专业被评为山东省特色品牌专业；2009年考古实验教学中心被批准为山东省考古实验教学示范基地，2010年入选教育部"国家级考古实验教学示范基地"。实验教学是课堂教学和田野考古教学的延伸，目前我校的考古实验教学早已超越了先前单纯的文物修复的定位，而将动物考古、植物考古、环境考古和石器分析等专门考古训练纳入其中。实验教学是建立在实验室分析与研究基础之上的，一般具有跨学科性质，这一教学方式对于培养复合式人才具有重要作用。设有考古学专业的高校大多是综合性大学，具有一般研究机构所不具备的多学科融合优势，这一优势应该得到大力提倡与加强。不过，因为现阶段考古实验教学示范基地被列在文科实验室建设项目之中，目前都面临着投入不足的问题，与"三位一体"考古实验教学体系的建设要求相差很远。考古学升为一级学科之后，希望国家从培养复合型人才的角度，加大实验教学经费支持力度；另外，建议成立考古学教学指导委员会，对考古教学尤其是课程建设加以规划和指导。

服务社会与文化传承创新是大学的两个重要职能。一般情况下，大学的社会服务这一功能是通过其应用学科科技成果转化来实现的，文化传承创新则主要是通过人文学者的成果、思想及智慧对社会产生的指导性影响来体现。在众多的学科门类中，考古学是为数不多的兼具有基础（人文）及应用（工程）两种功能的学科，它对古代遗存学术、文化价值的提炼及传承是其人文的一面，而对文化遗存的发掘、保护、展示与利用则赋予其应用学科的特质，这在人文学科中是不多的。然而，不可否认的是，目前高校对于后者的重视程度远远落后于当前国家和社会的需求，有关文化遗产保护、规划的课程很少，专业的设置更是寥寥无几。一方面，国家对于遗产保护规划的人才有很大的需求；另一方面，高校相关人才的储备和培养能力却十分有限。考古学升级为一级学科之后，其作为应用学科的作用将加大，社会服务在考古学科建设中占有的比重也将相应增强。尤其是在"文化大发展大繁荣"的当下，考古学服务社会的功能将进一步得到提升，将文物保护学、博物馆学和文化遗产学等应用学科纳入考古学一级学科之下，成为考古学的二级学科，乃顺理成章之事。实际上，教育部在考古学及博物馆学硕士生的培养中增加了专业硕士研究生的数量，已经体现了学科发展的这一趋势，只是其课程体系还有待于完善。我校刚刚成立的文化遗产研究院将面向物质文化遗产的考古学、面向非物质文化遗产的民俗学和面向文化遗产保护规划的建筑规划学纳入其中，就是基于上述考虑而设置的。考古学服务社会与文化传承创新的另一个功能体现在博物馆学的教学科研方面。随着国家对文化建设的投入加大，我国博物馆事业已经迎来了发展的春天，表现在新建博物馆及从业人员的数量正在以惊人的数量递增。相比之下，我们的高校博物馆学专业教育水平大大落后于社会需要。博物馆需要具有学术背景的专业人士，也同样需要具有管理背景的从业人员。目前，高校博物馆学专业从业教师来源单一，高层次师资力量缺乏，培养不出高水平的专业人才。人才匮乏是造成我国博物馆事业发展软件滞后于硬件、展览质量与水平低下的主要原因。

在学科评估中，国际化水平所占比重大约只有 $10\%\sim15\%$，相对而言权重并不高，但我认为，国际化建设恰恰是现阶段提高学科建设水平、培养高层次人才不可或缺的重要手段。我国在 1992 年出台了涉外考古工作条例，启动了与国外同行实质性合作的程序。20 多年来的实践表明，这一举措对于考古学科的发展起到了极大的推动作用，尤其是在学科理论、技术和方法方面，通过国际交流与合作所带来的提升是有目共睹的。目前，应进一步加强对外开放的力度，在维护文化遗产主权的前提下，引进具有研究实力的国外著名高校的考古学家来国内高校任教或开展合作研究，提高国际化高层次人才培养力度。同时，实施考古"走出去"工程，采取合作研究和比较研究的方式，将我国考古队派往其他国家和地区，提高我国学者在国际组织和机构中的任职数量、发言权和影响力，促进中华文化"走出去"战略的落实。高校担负着培养具有国际影响力和话语权的高层次人才队伍的重任，但目前高校考古专业课程的设置中有关"外国考古学"的内容极少，各层次学位论文中关于外国考古学的选题更是寥若晨星。中国人了解外国考古，大多来源于中学、大学的世界历史教科书。反观西方，他们的主要考古工作大都在本国以外的近东（两河流域）、北非（埃及）和中美洲（墨西哥、洪都拉斯等）。笔者认为，目前对于考古学一级学科之下的二级学科的设计实际上是学科的顶层设计，须具有前瞻性，增加"外国考古学"实属必然。一方面，这是学科因应国家高层次人才培养的战略需求；另一方面，这也是学科自身发展的需要。正像我们现在有西方哲学、欧洲文学等那样，我们将来要有外国考古，甚至是近东考古、中美洲考古等分支学科。我校的考古学国际化建设发展较好，通过台湾"立青文教基金会"项目和国家外国专家局、教育部"环境与社会考古学科发展引智基地"项目建设，基本完成了学科国际化布局，教师中具有国外经历的人数大幅提高。尽管如此，距离真正的学科国际化显然还有很大距离。要实现真正的"走出去"，必须发展外国考古学，了解国外学科发展动态，甚至于直接参与到国际考古学的实践中去，改变"关起门来过日子"的现状。目前，包括我校在内的少数高校开设了"外国考古学"课程，但也仅限于一般知识性的介绍，远远不能满足学科国际化建设的要求。二级学科的设置具有导向作用。目前，研究生招生方向基本是按照二、三级学科设立的。将其设立为二级学科，将有助于它的发展，也有利于学科的整体发展。

总之，考古学学科目前处在一个良好的发展态势，但存在的问题也需要予以正视。借此学科调整与规划之际，立足于坚实的学科基础，着眼于当下实践，面向未来，面向世界，制定出符合实际需求与未来发展需要的学科规划，是学界及业内人士的共同心声。

（作者为山东大学文化遗产研究院教授）

考古学科与相关学科关系论纲

孙　华

　　这些年来，中国文化遗产学界有一种声音，认为20世纪前期中国传统金石学转变为考古学，这是学术史上的一大进步；到了21世纪，考古学要继续发展，就应该成为文化遗产学的组成部分。近些日子，随着教育部重新调整学科目录，考古学上升为一级学科（事实上，学科结构仍与过去相同，只是把学科门类划得更小，原先作为一级学科的历史学变成了学科门类，以下的4个原先的二级学科自然就升为一级学科），考古学界也纷纷开始扩容，新构拟的考古学一级学科下的二级学科，就包括文物及博物馆学（专业硕士二级学科）或文化遗产学及博物馆学。我认为，无论是将考古学纳入文化遗产学，还是将文化遗产学和博物馆学纳入考古学，都是不妥当的。考古学、博物馆学和文化遗产学是判然有别的独立学科，自有其学科归属，不宜将其混为一谈。下面，我就对考古学科与相关的学科的关系谈几点自己的意见，请与会专家指正。

　　关于考古学与相关学科的关系，我们可以通过以下几个方面来进行考察。

一　从学科的研究对象来看

1. 考古学

　　考古学是运用各种自然科学和人文科学手段，依据古代人类社会的实物遗存，对古代人类文化与社会进行研究的学科，属于人文科学的领域。考古学所研究的古代实物遗存，在时间上涵盖人类社会产生直到近代以前的全部历史时期，在内容上包括与人类活动有关的一切以实物形态遗留下来的客观存在。考古学研究的基础在于田野调查发掘工作。

考古学的研究对象是地下埋藏的历史上人类行为的遗留，即遗址、遗迹和遗物，以及这些遗留所反映的社会文化背景。

2. 博物馆学

博物馆学是研究博物馆的性质、特征、社会功能、实现方法、组织管理和博物馆事业发展规律的应用学科。此外，博物馆学也从文化意义、性质和社会历史功用以及形制演变等方面分门别类地对博物馆藏品进行研究。

博物馆学的研究对象是博物馆（包括博物馆的场所和背景）、博物馆藏品和博物馆所面对的观众，以及这三者之间的关系。

3. 文化遗产学

文化遗产学是探讨文化遗产保护的理念和原则，研究文化遗产保护对象的形态和价值，提出保护法规建设的建议，寻求正确的文化遗产保护方法和技术路线，记录文化遗产现状并监测其变化，并对文化遗产实施对保存最有利的恰当管理的学问。

文化遗产学的研究对象有两个。一是需要采取保护干预措施的文化遗产，包括物质文化遗产和非物质文化遗产，前者既有遗址，也有建筑物、纪念碑和文化景观；后者包括各地区和社群视为其文化传统的表现形式、知识和技能，如传统工艺、口头文学、表演艺术、礼仪节庆等。二是要保护那些文化遗产所要采取的技术手段，既包括物理手段，也包括生化手段。

综上所述，考古学研究的对象是处在埋藏状态的文化遗存，博物馆学的研究对象是如何保管、展示已经通过考古或其他方式获得的具有典型性的人类创造物，文化遗产学的研究对象则是如何保护和管理人类创造的具有年代价值、经典价值和稀缺价值的遗产（包括物质文化遗产和非物质文化遗产）；三者之间有明显的不同。

二 从学科的方法论基础来看

1. 考古学

考古学获取资料的基本方法来自地质学的地层学和生物学的分类学，再加上现代科技的一些提取信息的手段，以及相关学科（如历史学、社会学、民族学等）对这些资料和信息进行分析、进行解答的一些理论。正如《高等学校考古学本科专业指导性专业规范》所说，近代考古学来源于地质学的地层学和生物学的分类学，第四纪地质学、地貌学、古生物学仍然是考古学专业的相关学科基础。与考古学专业有密切关系的学科，还有历史学、民族学和社会学，这些学科的相关知识对考古学科也很重要。主要相关的二级学科有历史学理论、第四纪地质学、地貌学、历史地理、社会人类学等。

2. 博物馆学

博物馆学的方法论基础是生物学的分类学和艺术学的艺术史，后现代博物馆则又引入了传播学和社会人类学等学科的理论与方法。主要的相关二级学科有历史学、考古学、传播学、人类学、艺术学（艺术史）、室内设计等。

3. 文化遗产学

文化遗产学由于是一门交叉学科，除了要对传统、当代和未来的关系，对人与自然的关系，对物质资源与非物质资源的社会价值关系，以及追求社会平衡与和谐发展等方面进行全方位的哲学思考外，文化遗产的价值阐释需要历史学、考古学、民族学、社会学的基本理论和方法，文化遗产保护需要化学、生物学、建筑学、规划学的方法与技术，文化遗产展示则需要博物馆学的方法和实务。与文化遗产学相近的主要二级学科除了上面已提到的外，文物保护方向还有有机化学、无机化学、分析化学、微生物学等；文物建筑方向有建筑设计、城乡规划、土木工程、岩土工程等。

从三个学科的方法论基础来看，考古学、博物馆学、文化遗产学尽管有一些交叉，但从其主要的方法论基础来看，三个学科有许多不同。

三 从学科间逻辑关系来看

按照 1992 年国家技术监督局发布的《中华人民共和国学科分类与代码国家标准》，考古学科由考古理论、考古学史、考古技术、中国考古、外国考古、专门考古等 6 类组成。《高等院校考古学本科专业指导性专业规范》基本遵循该标准，但将考古学史并入考古理论一类，从而设立了 5 个二级专业，即考古学理论与方法、考古学技术（田野考古学）、中国考古学、外国考古学、专门考古学。正在构建的考古学二级学科，据说有考古学理论与方法、中国史前考古、中国历史时期考古、外国考古、田野考古、专门考古，将中国考古学一分为二与外国考古学并列，这已经不大合适。而正在征求意见的《考古学一级学科博士、硕士学位的基本要求》和《考古学一级学科简介》则将本不属于考古学的文化遗产学暨博物馆学都作为考古学的二级学科，就更不合适，很容易造成学科结构逻辑的混乱。

因为如果将文化遗产学和博物馆学纳入考古学这个总的一级学科的话，考古学、文化遗产学、博物馆学就各自为一个二级学科，原先考古学的二级学科就会被降为三级学科。这显然是不合适的。

关于考古学的学科位置，有以下三种方式。

1. 方案一

①考古学（一级学科）

——田野考古学（二级学科）

——中国考古学（二级学科）

——外国考古学（二级学科）

——专业考古学（二级学科）

②遗产保护学（一级学科）

——文化遗产学（二级学科）

——自然遗产学（二级学科）

——遗产保护科技（二级学科）

③博物馆学（一级学科）

——自然博物馆（二级学科）

——人文博物馆（二级学科）

——艺术史（二级学科）

2. 方案二

文化遗产学（一级学科）

——考古学（二级学科）

——文物保护学（二级学科）

——博物馆学（二级学科）

3. 方案三

考古学（一级学科）

——田野考古学（二级学科）

——中国考古学（二级学科）

——外国考古学（二级学科）

——专门考古学（二级学科）

——博物馆学与文化遗产（二级学科）

从逻辑上来说，方案一、方案二都有其自身的内部逻辑联系，方案三最缺乏逻辑。

四 从学科的人才培养来看

1. 考古学

考古学科是一门比较成熟的学科，需要本科、硕士、博士多层次的培养，方能满足学界和业界对考古学教育的要求。

考古学本科专业毕业生要求达到：具有良好的人文学科素养、扎实的专业基础知识，通过学习考古学及相关学科的知识，参加田野考古实习，初步掌握考古学的基础知识和较为宽广的知识面，田野考古调查、发掘的基本技术以及对出土资料进行室内整理的基本方法。

考古学研究生专业毕业生要求达到：博士——培养从事考古学或文博研究的专业人才，通过深入学习考古学及相关学科的知识和参加田野考古实习，较系统地掌握考古学及相关学科的知识，较为熟练地掌握田野考古调查、发掘和对出土资料进行室内整理的技能，初步具备独立从事考古学研究的能力，在某一学术领域取得初步的创新性研究成果；硕士——培养从事考古学或文博研究的高端专业人才，通过深入学习考古学及相关学科的专业知识，系统掌握考古学及相关学科的专业知识，了解国际考古学界的发展趋势，初步具备指挥一项田野考古发掘的能力，能够独立地开展考古学的专题或综合研究，在某一学术领域具有一定的学术造诣，取得较为显著的创新性研究成果。

2. 博物馆学

博物馆学尽管有着悠久的历史，但还不如考古学成熟。博物馆学就其专业特点来说，不适合在本科期间就开始专业教育，而适合培养硕士生层面的研究生。早先北京大学的博物馆学就是采取分科培养的方式，理科各专业和文科各专业本科毕业后，文科本科生进入人文博物馆专科攻读硕士学位，理科本科生进入自然科技博物馆专科攻读硕士学位。我认为这是比较理想的博物馆学人才培养模式。

博物馆学硕士研究生培养目标是：培养具有较高博物馆理论与方法修养，能够独立从事艺术史研究和科学技术史研究、博物馆展陈策划和新博物馆理论和方法探索的高端人才。

至于博物馆所需的更高层面的人才，国外基本都是来自艺术史的博士生，我们不妨也采取这种方式。

3. 文化遗产学

文化遗产学也只适合研究生这个层次的人才培养。其研究生应该根据专业的不同，分别来自考古学、化学及生物学、建设学及规划学。

文化遗产保护理论：培养具有较高文化遗产保护理论和方法修养，能从文化和哲学的高度对遗产保护问题进行思考，具有独立进行文化遗产保护历史和理论方法研究的能力，并能够承担文化景观类型等复杂文化遗产研究和保护的高层次人才。

文物保护技术：培养具有文物修复历史和理论素养，能够制备新型高效的文物保护材料，并能够独立实施复杂文物保护和修复工程的专业人才。

文物建筑保护：培养能够从事文物建筑价值阐释、保护方法和保护技术路线研究，以及能够独立承担大型文物建筑修缮工程的高层次人才。

五　结　论

严格地说，考古学科肯定应该属于历史学科的重要组成部分，应该归属到历史学类，即使考古学成为一级学科后，它也不能脱离历史学。文化遗产学属于遗产保护学的组织部分，它与自然遗产学、遗产保护技术等二级学科并列，遗产保护学才应该是一级学科。博物馆学严格地说也应该独立成为一个单独的学科，既不宜将其归入考古学科，也不宜将其归入遗产学或文化遗产学。在目前博物馆学尚不足以成为一个单独的一级学科的情况下，在博物馆学还找不到合适归属的情况下，不妨扩展博物馆学的研究范围，将遗产展示作为博物馆学的重要研究和教学内容，把博物馆学作为遗产保护学的二级学科处理。由于我们目前还没有遗产保护学学科这个一级学科，在遗产保护学的相关专业分散在高等院校的考古学、建筑学、规划学、地理学、生命科学等院系的状况下，将文化遗产学和博物馆学都纳入考古学科的教学和科研体系，只能是一种权宜之计。建议将文化遗产学和博物馆学作为考古学的附属二级学科，以免扰乱考古学正常二级学科的设置。

附录　权宜的学科设计方案

考古学（一级学科）

——田野考古学（二级学科）

——中国考古学（二级学科）

——外国考古学（二级学科）

——专门考古学（二级学科）

附设二级学科

——文化遗产学（二级学科）

——博物馆学——人文博物馆（二级学科）

（作者为北京大学考古文博学院教授）

科技考古研究

袁　靖

考古学与自然科学相关学科的密切关系，不同于其他人文学科。这不仅仅是因为考古学的诞生就与借鉴地质学和生物学的方法有关，也因为考古学自开始出现到现在，利用自然科学相关学科的方法和技术进行研究的过程就从未间断过。今天，考古学已经逐渐形成一个以人文科学研究为目的、包括大量自然科学研究方法和技术的学科。能否更加广泛、更加有效地在考古学研究中运用各种自然科学相关学科的方法和方法，已经成为 21世纪衡量一个国家考古学研究水平的极为重要的标尺之一。为了进一步加强考古学的学科建设，努力推动科技考古的教学工作至关重要。本文将对科技考古的定义及主要特征、科技考古的可行性和必要性、科技考古的主要研究领域、科技考古的主要研究成果及推动科技考古教学工作分别进行阐述。

一　科技考古的定义及主要特征

在长期的考古学与自然科学相关学科的有机结合过程中，我们已经习惯把这些方面的合作研究称之为科技考古。我们认为，科技考古大致包含了以下的内容，即依据考古学的研究思路，借用自然科学相关学科的方法与技术，对考古遗址进行勘探，对遗址所在的区域进行调查和采样，对多种遗迹和遗物进行鉴定、测试和分析，对各类与考古研究相关的资料进行定量统计，从而在一定程度上认识遗址或遗迹的空间信息、遗存的绝对年代、自然环境特征、人类自身与体质相关的特征、人类的多种生存活动以及生产和社会行为特征，进一步拓宽考古学研究的视角与领域，提升考古学研究的效率、深度与精度，最终获取更多、更丰富的古代信息，等等。这里特别要强调一点，自然科学相关学科的方法和技术在考古学中的应用绝对不是简单地套用，而是必须在应用过程中始终做到与考古学紧密结合。从设计方案、野外调查、采集样品，一直到对调查、测试及鉴定结果的分析等多个方面，都要考虑到研究对象各自的考古背景、不同的出土地点、长时间埋藏过程的影响、当时可能加入的人为因素，及其有多种原因制约的特定研究结果在考古学研究中的地位和意义。①

科技考古主要包括考古勘探、年代测定、环境考古学、人骨研究、动物考古、植物考古、食性分析、DNA 分析、物质结构和成分分析及工艺研究等研究领域。科技考古各个领域的研究和与其紧密相关的物理学、化学、生物学、地球科学等纯粹的自然科学研究主要有四点共性：一是使用同样的仪器设备，二是依据同样的分析原理，三是运用同样的技术手段，四是对由同样的物质结构和化学元素组成的对象进行分析。它们之间的区别主要有两点：一是分析的材料在时间上的差异性，前者的材料肯定属于古代，后者的材料则包括现代和古代；二是研究目的的不同，前者主要考虑如何解释古代人类的行为，探讨当时的历史，属于人文科学的范畴，后者则是认识物质的形态、结构、性质和运动规律，完全属于自然科学。②

概括来说，科技考古包含如下突出特征：从多个特定的角度对具体遗址、遗迹和遗物进行探讨，研究传统考古学无法涉猎的领域；秉承"将今论古"的原则，各个研究领域的方法都是在自然科学相关学科的技术和方法的基础上建立的；研究对象均出自考古发掘或与考古发掘相关，同时又分别具有地球科学、生物学、物理学、化学等学科的相关属性；各个研究领域的鉴定、测试结果都可以进行重复验证；各个研究领域的标准和结果

---

① 袁靖：《总论》，见中国社会科学院考古研究所著、袁靖主编：《科技考古的方法与应用》，1～4 页，北京，文物出版社，2012。

② 袁靖：《考古学与当代科技》，见中国社会科学院考古研究所考古科技中心编：《科技考古》第一辑，1～7 页，北京，中国社会科学出版社，2005。

分别适用于全国各个地区的考古遗址出土的同类遗迹和遗物的研究。①

二 科技考古的可行性和必要性

克里斯托弗·霍克斯在 1954 年指出，用考古材料解释人类行为存在一个递增的难度等级。技术是最容易的领域，而经济、社会和政治结构，乃至于意识形态则表现出急剧上升的难度。这个说法后来被简称为"霍克斯难度等级"。在霍克斯所处的时代，除了类型学和地层学以外，还没有多少利用其他学科的方法对考古资料进行研究的成功的实例。在考古学研究中，如果实物证据太少，单单依靠各种推测得出的结论，往往难以得到普遍的认同。因此，要深化考古学研究，必须开辟采集各类信息的方法，从多个角度进行探讨，强调多重证据。这样，在认识古代社会的过程中，除了依据遗迹和遗物的物质形态特征，把握一个遗址、一个类型、一个文化在时空框架里的位置及开展其他一些探讨以外，如何从科技考古的角度获取发掘出土的各种信息，如何对各种信息进行分析和研究，提出类型学、地层学等研究以外的多种实证性认识，是考古学界广大研究人员十分关注的问题。

王国维说过，古来新学问起，大都由于新发现。我认为如果对这句话稍做改动，加上几个字，写成"古来新学问起，大都由于材料和方法的新发现"，用这句话来概括中国科技考古的发展过程是比较贴切的。

论及在考古学中应用科技考古的可行性，首先要提到的是科技考古秉承"将今论古"的原则。这个原则来自地质学家于 19 世纪提出的"均变说"。"均变说"认为地球的变化是古今一致的，地球过去的变化只能通过现今的侵蚀、沉积、火山作用等物理和化学作用来认识。② 推而广之，也可以这样认为，自然界的物质形态、结构、性质和运动规律从古至今都是相同的。通过对现在的研究，就掌握了一把认识过去的钥匙。"均变说"在现代

---

① 袁靖：《总论》，见中国社会科学院考古研究所著、袁靖主编：《科技考古的方法与应用》，1~4 页，北京，文物出版社，2012。

② ［英］莱伊尔：《地质学原理》第一册，徐韦曼译，北京，科学出版社，1959。

科学的形成过程中发挥了重要的作用，至今仍是科学研究最为基础的理论假设之一。

考古学的研究对象是古代的物质遗存。研究对象的这种物质性特征是我们能够在考古学中应用科技考古的关键。科技考古涉及的自然科学相关学科大致包括物理学、化学、生物学、地球科学等基础学科。这些学科探讨的分别是特定物质的形态、结构、性质、运动规律及空间形式和数量关系，它们具备的系统、严谨的科学原理及丰富的研究结果充分证明了它们各自的科学性。我们现在通过实现这些基础学科的方法和技术与考古学的有机结合，运用物理学和化学的方法探讨遗物的年代、结构和成分，借鉴生物学的研究全面涉及古代的人、动物和植物，通过地球科学的方法探讨当时的自然环境，借助数学的方法对各种资料和测试、鉴定结果进行统计分析。我们对各种研究的设计及结果都要进行考古学的思考。这样做可以保证科技考古对古代遗迹、遗物进行研究时在方法上的科学性、在思路上的逻辑性和可行性，同样也能保证最后结论的可靠性。

论及科技考古的必要性，我认为考古学发展到今天，其研究的内容已经由原来通过发掘出土的遗迹、遗物的形状确定一个遗址、一个类型或一个文化的年代早晚、文化特征，建立完整的古代物质文化谱系，进一步扩大到全面探讨古代社会的各个领域。任何一个区域、任何一个遗址的考古学调查和发掘，都是为了全面或部分地展现在一个特定时间跨度和空间范围内的自然环境状况，以及人类社会的生存活动、生活方式、制作工艺、社会组织、礼仪制度、丧葬习俗、祭祀特征、文化交流等各个方面。考古学研究内容的巨大变化要求我们全面强化科技考古在考古学中的应用。

如果说当年通过对人工遗迹和遗物形状的研究可以形象地再现其当时的原貌，从时空框架上把握考古学文化的位置，那么现在通过考古勘探、年代测定、环境考古、人骨研究、动物考古、植物考古、食性分析、DNA分析、物质结构和成分分析及工艺研究等研究则可以科学地再现考古学文化的绝对年代，当时的自然环境状况、演变及人类与之相适应的互动关系，居住在不同地区的人群的体质特征和风俗习惯，包括动植物在内的各个时期的人的食物种类，采集、狩猎、种植、家养等一系列获取食物资源方式的演变过程，当时人进行随葬和祭祀活动的各种动植物种类和不同时期的特征，人类制作各种器物的方法、原料及发展过程，文化与文化之间一些特殊因素的交流，等等。同时，还能提高考古调查、发掘和研究的科学性。①

概括起来说，在考古学中应用科技考古主要是在两个方面发挥出巨大的作用。一个方面是对遗迹和遗物进行鉴定、测试和分析，开拓了传统的考古学所不能涉及的多个研究领域。另一个方面是确认遗址、遗迹的位置、面积、布局，对各类考古资料进行定量统计和分析，极大地提高了考古学研究的效率和精确度。在这样的基础上形成的考古学综合研究成果才能真正符合 21 世纪世界考古学发展的要求。

三 科技考古的主要研究领域

科技考古的研究领域大致可以区分为考古勘探、年代测定、环境考古、人骨研究、植物考古、动物考古、食性分析、DNA 分析、物质结构和成分分析及工艺研究等。这里主要阐述各个领域的研究内容及其作用。

1. 考古勘探

利用遥感技术和地球物理探测方法在范围较大的区域中寻找地面和地下的考古遗存，通过对卫星照片和航空照片进行增强处理，确定古代遗址的分布位置，进行考古遗址的测绘与监测。利用磁力仪和探地雷达在各个遗址开展工作，在数据波形图中寻找异常点，确定考古遗存的几何形态及空间分布范围等。

考古发掘工作开始以前，进行全面的遥感考古与地球物理探测，可以避免必须依靠人工钻探和发掘才能发现地下遗迹的状况，提高了工作效率，节约了时间，而且对地下文物不会造成任何破坏。依据高分辨率的航空、航天影像和地球物理探测设备，可以认识地下各种遗迹的分布状况，为制定田野发掘计划和确立遗址保护方案提供科学的依据。

---

① 袁靖：《总论》，见中国社会科学院考古研究所著、袁靖主编：《科技考古的方法与应用》，1～4 页，北京，文物出版社，2012。

2. 年代测定

在新石器时代以来的考古研究中主要使用两种测定年代的方法。一种是运用常规碳十四测年和加速器质谱仪测年的方法对考古遗址出土的样品进行测试，通过 $\delta^{13}C$ 校正、树轮校正和系列样品拟合研究等，最后得到高精度的日历年代数据，判定具体遗址或文化层的绝对年代。另一种是通过对某一气候区特定树木的年轮进行分析和研究，建立长序列的树木年轮年表，对这个地区考古遗址出土的同类树种的木质遗物进行精确的定年，为确定遗址的年代提供参考依据。

认识各个考古遗址的时间是考古学首先要解决的问题，年代测定的方法可以确定各个遗址的绝对年代，这样就可以逐步构建立体的时间框架，为在考古学研究中对各个文化、类型、遗址及各种文化现象进行比较确立一个统一的时间标尺。

3. 环境考古

主要是对各个遗址所在区域的地质状况进行野外调查，对土壤样品进行年代、孢粉、磁化率、微体古生物、粒度、黏土矿物等分析，全面把握古代不同时空范围内的自然环境状况及变迁，并结合考古学文化开展研究，认识不同时期的气候状况以及包括地貌、水文、动植物资源在内的自然环境特征，研究特定的自然环境是如何制约古代人类生存的，而古代人类又是如何在适应自然环境生存的基础上进一步发展，同时又给自然环境造成影响，乃至于破坏自然环境的。

开展环境考古研究，可以帮助我们具体认识古代的气候变化特征，认识各个考古遗址所在区域的古地貌、古水文及自然资源状况，探讨古代人类和自然环境相互作用的古代人地关系，为解释一些特殊的文化现象提供自然环境变迁的依据。

4. 人骨研究

通过对考古遗址出土的人头骨的测量、非测量特征，小变异和牙齿形态特征的研究，对肢骨的测量和观察及骨骼病理的研究，食性分析和古DNA研究，探讨古代人群的来源、扩散、分布、亲缘关系、经济类型、饮食结构、阶层差异、健康和疾病等。

任何一个考古遗址都是古代人类活动后遗留下来的，考古学研究离不开对于具体人骨的研究。通过这样的研究，我们可以确认古代各个地区、各个时期人类本身的体质特征、健康状况、风俗习惯和人群之间的交流等，对于全方位揭示古代社会面貌具有重要的作用。

5. 动物考古

在田野考古中建立科学的取样方法，确立科学地鉴定考古遗址出土的各种家畜的标准，通过对考古遗址出土的动物遗存进行定性定量的分析和研究，运用形态学、DNA分析、碳/氮稳定同位素分析、锶同位素分析等方法，探讨中国各种家畜的起源及发展过程。运用定性定量分析等方法，结合动物骨骼出土的考古背景，认识不同时空范围内古代人类与利用动物相关的各种行为。

通过这样的研究，我们可以把握古代各种家养动物的起源和发展过程，探讨古代不同时期、不同地区、不同阶层的居民获取动物作为肉食资源的多种方式及利用动物进行祭祀、随葬、战争和劳役的特征和规律，还能探讨古代动物种属反映的文化交流等。

6. 植物考古

植物考古涉及炭化植物、木炭碎块、孢粉、植硅石、淀粉颗粒等各种遗存的研究。通过在田野考古中建立科学的取样方法及浮选法，确立科学地鉴定考古遗址出土的各种农作物及其他植物、树种、孢粉、植硅石、淀粉颗粒的标准，并进行定量分析。探讨中国各种农作物的起源及发展过程，认识古代不同时期、不同地区的居民获取植物性食物的种类和比例，探讨古代一些栽培作物反映的文化交流。利用植物遗存所属的生态习性对环境、气候进行复原，认识古代人类活动对森林环境的影响。

通过对考古遗址出土的植物遗存进行定性定量的分析和研究，认识包括采集、栽培、祭祀和文化交流等在内的古代人类与植物的各种关系，把握古代各种农作物的起源和发展过程，探讨不同时空范围内古代人类的各种生产、消费方式及发展规律，认识特定植物在祭祀行为及文化交流中的作用及意义等。

7. 食性分析和古DNA分析

通过对古代人骨进行包括碳/氮稳定同位素分析、锶同位素分析在内的食性分析，认识生活在不同时期、不同地区、不同阶层的人的食性特征，探讨他们是否存在过迁徙活动。通过对古代动物骨骼进行碳/氮稳定同位素分析、锶同位素分析，认识各种动物的食性特征，为探讨它们是否属于家养动物及是否存在迁徙现象等提供科学依据。应用分子生物学的方法对古代人骨和动植物遗存的遗传基因开展研究，认识它们的谱系特征。

这些研究可以为我们研究古代人骨和动植物遗存提供新的视角，各种有关古代人和动物的食物种类、营养级别、出生地的元素特征等信息都是我们全面把握当时社会状况的重要证据。而相比之下，从不同遗址或同一遗址出土的骨骼或种子的形状上难以科学地把握其同一性或差异性，基因特征则可以明确无误地告诉我们相关人骨、动物骨骼和种子的种属。

8. 物质结构和成分分析及工艺研究

通过使用各种测试、分析的仪器设备，对考古遗址出土的各种陶器、金属器、石器、玉器、与特殊遗存相关的土壤等进行各种有机和无机分析和研究，可以认识各类器物的成分、结构和人工痕迹。通过各种工艺研究，可以认识各类器物的制作技术特征。通过对未经后代扰乱的特殊器物内的残留物及位于特殊遗迹的人或动物腹腔部分的土壤进行研究，可以认识其包含的特殊化学元素，进而认识当时人和动物的行为。[1]

这些研究对于我们认识不同地区、不同时期古代人类的各种生产工艺状况、发展变迁、原材料来源、文化交流及人类行为等，都具有重要的意义，是古代经济状况研究的重要内容。

四 科技考古的主要研究成果

经过多年的工作，在科技考古领域取得的众多成果是有目共睹的。比如，关于科技考古的专著到 2008 年已经出版了 4 本，其中包括李士、秦广

---

① 袁靖：《总论》，见中国社会科学院考古研究所著、袁靖主编：《科技考古的方法与应用》，1~4 页，北京，文物出版社，2012。

雍的《现代实验技术在考古学中的应用》①，赵丛苍的《科技考古学概论》②，杨晶、吴家安的《科技考古》③，陈铁梅的《科技考古学》④，这些专著全面介绍了科技考古各个主要研究领域的内容。除此之外，学界还发表了大量的研究报告和论文，我曾经对此做过比较全面的概括。⑤ 纵览科技考古的众多研究成果，可以看到通过科技考古的全面介入，不但极大地深化了考古学本身的研究，而且历史学、民族学、人类学、社会学等人文社会科学学科和地球科学、物理学、化学、生命科学、医学、动物学、植物学、自然科学史等自然科学学科的研究人员也都可以从考古学的研究成果中获取珍贵的资料和有益的启示。考古学的重要学术价值正在得到全方位的提升。

尽管科技考古的研究成果对于推动考古学综合研究发挥了很大的作用，但是具体围绕某个遗址全面开展科技考古工作，并在此基础上进行比较研究的实例还不多见。河南偃师二里头遗址的科技考古工作开展得较为全面，尤其表现在生业方面，这里首先围绕二里头遗址的生业研究做一个整体的阐述，然后再做一些比较研究。

在二里头遗址发现粟、黍、水稻、大豆和小麦共五种农作物，其中水稻数量占全部农作物总数的30.6％，小麦发现于二里头遗址第四期。⑥ 发现狗、猪、黄牛和绵羊等家养动物。自二里头遗址一期至四期，黄牛和绵羊在家养动物中所占的比例大体呈现由少到多的趋势。家养动物除供应肉

---

① 李士、秦广雍：《现代实验技术在考古学中的应用》，北京，科学出版社，1991。

② 赵丛苍主编：《科技考古学概论》，北京，高等教育出版社，2006。

③ 杨晶、吴家安：《科技考古》，北京，文物出版社，2008。

④ 陈铁梅：《科技考古学》，北京，北京大学出版社，2008。

⑤ 袁靖：《科技考古》，见刘庆柱主编：《中国考古发现与研究（1949－2009）》，425～466页，北京，人民出版社，2010。

⑥ 赵志军：《公元前2500年～公元前1500年中原地区农业经济研究》，见中国社会科学院考古研究所考古科技中心编：《科技考古》第二辑，1～12页，北京，科学出版社，2007。

食外，还用于祭祀和礼仪制度。① 另外还存在剪羊毛这种对绵羊进行两次开发的行为。② 对绵羊的 DNA 研究结果证明所选标本都是属于谱系 A 的③，对黄牛的 DNA 研究结果证明其主要属于 T3 型，T3 型是西亚起源的④。锶同位素分析结果显示出黄牛和绵羊既有本地土生土长的，也有不是当地出生的。⑤ 碳/氮稳定同位素分析结果显示出家猪、黄牛的碳十三值大致为 $-7‰\sim-12‰$，表明其喂养的食物完全由人控制；绵羊为 $-12‰\sim-18.5‰$，偏近于 C_3，显示其食物主要来自自然植被。⑥ 当时对铜、锡、铅和砷等合金元素的配比与金属器物的功能关系有一定的认识，但是其合金比例尚不稳定，表现出原始性，具有早期铜器制作的特征。⑦ 对陶器的多角度研究显示，宫殿区的王室贵族所使用的白陶酒器等在原料及制作技法上与其他区域的居民使用的陶器不同。⑧ 石料种类有 32 种，以砂岩最多，不同时期的石料种类和利用率差异较大，四期时石料的利用率达到最

---

① 袁靖、黄蕴平、杨梦菲、吕鹏、陶洋、杨杰：《公元前 2500 年～公元前 1500 年中原地区动物考古学研究》，见中国社会科学院考古研究所考古科技中心编：《科技考古》第二辑，12～34 页，北京，科学出版社，2007。

② 博凯龄：《中国新石器时代晚期动物利用的个案研究》，见中国社会科学院考古研究所夏商周考古研究室编：《三代考古》，129～182 页，北京，科学出版社，2011。

③ 蔡大伟、韩璐、周慧、朱泓：《陶寺和二里头遗址古绵羊线粒体 DNA 序列多态性分析》，见中国社会科学院考古研究所考古科技中心编：《科技考古》第二辑，35～40 页，北京，科学出版社，2007。

④ 蔡大伟、孙洋、周慧：《二里头和陶寺遗址古代黄牛线粒体 DNA 分析》，见《公元前 3500 年至前 1500 年黄河、长江及西辽河流域的技术、生业和资源研究结项报告》，2012。

⑤ 赵春燕、李志鹏、袁靖、赵海涛、陈国梁、许宏：《二里头遗址出土动物的来源初探——根据出土动物牙釉质的锶同位素比值分析》，载《考古》，68～75 页，2011（07）。

⑥ 胡耀武、司艺：《陶寺、二里头遗址出土动物的 C、N 稳定同位素分析》，见《公元前 3500 年至前 1500 年黄河、长江及西辽河流域的技术、生业和资源研究结项报告》，2012。

⑦ 北京科技大学冶金与材料史研究所、中国社会科学院考古研究所、北京大学考古文博学院：《中国早期冶金术研究的新进展》，见中国社会科学院考古研究所科技考古中心编：《科技考古》第三辑，135～154 页，北京，科学出版社，2007。

⑧ 王增林、许宏：《二里头遗址陶器样品中子活化分析与研究》，见中国社会科学院考古研究所考古科技中心编：《科技考古》第二辑，83～96 页，北京，科学出版社，2007。

大化。玉器制作已经形成以片切割技术生产毛坯，然后施以琢制、锯切割、管钻穿孔和研磨抛光等工艺的技术体系。[1] 对绿松石嵌片、管、珠的制作过程进行了初步复原。[2] 发现的制骨作坊，骨料以牛骨为主，骨料的切割工具主要是金属工具，制骨工艺体现出规范化、模式化的特点。[3]

如果再做进一步的概括，可以说二里头遗址整个生业特征为稳定的可持续发展的农业生产成为社会基本生活资料的主要生产部门；多品种的家畜饲养保证了肉食来源，家养动物除供应肉食外，还用于祭祀和礼仪制度，存在对绵羊进行两次开发的行为；陶器制作的规模化生产进一步稳定，出现专门用于礼制或贵族专用的陶器生产部门；制作金属器和玉器的专门性技术更加完善，可以对那些产品进行规模化生产；已能依据石器的功能特征选择合适的石材制作石器；出现具备模式化和规范化特征的制骨作坊。

我们在全面认识二里头遗址的基础上，进一步开展比较研究，探讨了早于二里头遗址的龙山文化的状况。因为对属于中原地区的龙山文化的遗址没有做过像二里头遗址那样全面的研究，龙山文化的整个生业特征尚不完全清楚。现有的研究表明，当时已经存在粟、黍、水稻、大豆和小麦这样五种谷物。当时也存在狗、猪、黄牛和绵羊等家养动物，存在对绵羊进行两次开发的行为。依据 DNA 研究，绵羊都是属于谱系 A 的，黄牛主要属于 T3 型。锶同位素分析结果显示出黄牛和绵羊既有本地土生土长的，也有不是当地出生的。碳/氮稳定同位素分析结果显示家猪的碳十三值以 C_4 类为主，和人的食性相同。黄牛和绵羊的碳十三值位于 C_3 和 C_4 之间，但是黄牛的偏近于 C_4，绵羊的偏近于 C_3。当时的铜器主要是红铜，也有

---

① 钱益汇、许宏、陈国梁、赵海涛：《早期国家的石料资源选择与利用策略——基于二里头遗址的石料分析》，见《公元前 3500 年至前 1500 年黄河、长江及西辽河流域的技术、生业和资源研究结项报告》，2012。

② 邓聪、许宏、杜金鹏：《二里头文化玉工艺相关问题试析》，见中国社会科学院考古研究所考古科技中心编：《科技考古》第二辑，120～132 页，北京，科学出版社，2007。

③ 李志鹏：《家畜饲养研究》，见《公元前 3500 年至前 1500 年黄河、长江及西辽河流域的技术、生业和资源研究结项报告》，2012。

砷铜，但是没有发现三元合金的青铜器。陶器制作以快轮为主。石料制作以磨制为主。玉器制作以片切割开料。没有发现制骨作坊，从现有的骨器看当时制作骨器的骨料以猪骨和鹿骨为主。

再追溯到早于龙山文化的仰韶文化，我们对仰韶文化的整个生业特征同样尚不清楚。现有的研究表明，当时的农作物以粟和黍为主，水稻所占的比例极小，没有发现其他农作物。当时的肉食来源主要是家养动物，以猪为最多，还有狗，没有发现黄牛和绵羊。碳/氮稳定同位素分析结果显示出家猪的碳十三值以 C_4 类为主，和人的食性相同。当时没有金属器。陶器制作以慢轮为主。石器制作技法以打制为主。玉器制作时以线切割和片切割技术开片。没有发现制骨作坊，从现有的骨器看当时制作骨器的骨料以猪骨和鹿骨为主。

在上述研究的基础上，把龙山文化和二里头遗址的生业状况进行比较，可以看到龙山时期的生业状态应该是二里头遗址生业状态的雏形，二里头遗址则出现规模化的趋势。再把龙山文化和仰韶文化的生业状况进行比较，可以看到仰韶文化没有大豆和小麦，水稻的数量极少，数量最多的家养动物只有猪，没有发现黄牛和绵羊，没有发现铜器，陶器、石器和玉器的制作工艺水平较低。由此可以看出，相比龙山文化和二里头遗址之间的那种雏形与规模化的关系，仰韶文化和龙山文化的差异是相当明显的，其特征是缺少几种主要的生产力要素，从生业的角度看，明显的分界线在仰韶文化和龙山文化之间，即生业状况到龙山文化时期有了一个质的转变。

在具体围绕二里头遗址开展研究及进一步进行比较研究的基础上，可以归纳出以下三点认识。

第一，自公元前3500年到公元前2900年左右，在中原地区的仰韶文化时期，主要通过种植粟和黍、饲养家猪这种获取食物资源的方式的持续发展为社会复杂化奠定了经济基础。在中华文明的起源时期，技术与生业的稳定发展的基础作用是不可或缺的。

第二，自公元前2800年到公元前1500年左右的龙山时代及二里头时期，中原地区经济基础与上层建筑的相互作用促进了包括传承原有的技术、引进和开发新的生产力在内的整个生业形态的发展，形成了可持续发展的趋势，推动了社会复杂化的过程。在这个过程中可能也包含了自然环境相关因素的作用。由此开始了这个地区早期国家形成与发展的进程，即在中华文明的起源与发展过程中，经济基础和上层建筑是相互作用的。

第三，随着时间的推移，出现越来越明显的文化交流。比如，中原地区在龙山文化阶段出现的最早起源于西亚的小麦、黄牛和绵羊以及铜器，产自南海的宝贝，具有典型的山东地区、南方地区文化特征的陶器，等等，这些在中原地区是一种比较普遍的现象，由此可以推测当时的交流是具有一定规模的，这些交流在中华文明的起源与发展进程中也发挥了重要的作用。[①]

多年来，我们的考古研究主要侧重于对人工遗迹和遗物的形状、内涵及意义进行探讨，对于古代的生业状况涉猎极少，留下大量未解之谜等待我们去探索。这里以二里头遗址为例，针对生业状况开展如此多角度的历时性探讨，在考古学研究中尚属首次。

五 推动科技考古教学工作

2005 年我曾经在总结科技考古发展历程后，对以后的发展提到几点展望，其中特别强调，因为考古学家和自然科学家分别属于不同的学科，这些不同的学科都有各自的研究目的和方法，因此，要把科技考古研究推向前进，考古学家和自然科学家互相都有一个学习对方的过程。考古学家要认真了解自然科学家探讨物质世界的各种方法和原理，开拓研究思路，充分调动各种积极因素。而自然科学家则要注重认识考古学家是如何去解释古代社会和人类历史发展规律的，充分利用多种仪器设备的性能，开发各种考古资料的价值。研究人员只有通过这样一个知识结构更新的过程，才能把自然科学相关学科的方法全面、有效地运用在勘探、考察、鉴定、测

---

① 袁靖：《公元前 3500 年至前 1500 年黄河、长江及西辽河流域的技术、生业和资源研究总论》，见《公元前 3500 年至前 1500 年黄河、长江及西辽河流域的技术、生业和资源研究结项报告》，2012。

试、分析各种与考古相关的资料中，而这样的研究结果才能与考古学的目的有机地结合在一起，充分展现出多学科研究的学术价值。现在一些大学和科研机构已经培养或正在培养科技考古的研究生，这是一个十分可喜的现象。今后，有条件的大学还要加强对本科生的教学工作，开设科技考古的课程，系统地培养复合型人才，引导他们以新的思维在今后的田野考古中开展工作，为在全国范围的考古实践中广泛开展科技考古研究打好基础。①

现在，在田野考古一线中从事发掘的人员越来越意识到全面提取信息、开展多学科合作对于推动一个遗址的考古学综合研究的重要性；而从事科技考古研究的人员也在主动和考古人员接触，积极参与到考古发掘的过程中去，争取在第一时间提取所需要的资料和信息，以加强研究的全面性和科学性。而要推动科技考古研究的加快发展，更为迫切的一点是要从源头抓起，在从事考古教学的高校加强这方面的教学。西北大学文化遗产学院的陈洪海教授曾经谈到，对本科生要保证三基教育，即基础知识、基本理论和基本技能，使之毕业后能够承担考古调查发掘、文物保护、文化遗产管理的基础工作，同时为升入研究生继续深造打下坚实的基础。② 中国考古学的未来寄托在正在从事考古学研究的年轻人和即将从事考古学研究的莘莘学子身上。归根到底，只有在从事考古教学的高校加强科技考古这方面的教学，帮助我们一批又一批学习考古专业的学生全面掌握科技考古的知识，在走出校门以前就具备比较好的知识结构，才有可能让他们在将来的田野考古工作中更好地承担起自己的历史使命。

我们中国社会科学院考古研究所科技考古中心每年都要给中国社会科学院研究生院考古系开设科技考古课程，给学习考古学的硕士生和博士生讲授科技考古，帮助他们完善知识结构，为将来从事考古学研究打好基础。经过多年的实践，我们的授课内容正在逐步完善。比如，我们 2012 年

① 袁靖：《考古学与当代科技》，见中国社会科学院考古研究所考古科技中心编：《科技考古》第一辑，1～7 页，北京，中国社会科学出版社，2005。

② 陈洪海：《西北大学考古学科建设的思考》，《中国文物报》第 7 版，2012-09-14。

的课程包括以下题目：第一课，"新方法、新材料、新观点——科技考古在中华文明探源中的作用"；第二课，"考古遥感与 GIS 概论"；第三课，"碳十四年代学与古人类食物状况研究及进展"；第四课，"环境考古——从概念到研究方法、实例研究"；第五课，"相关而无关——关于古代人地关系的新思考"；第六课，"古代人骨能告诉我们什么"；第七课，"植物考古——探索古代人类生活的一种途径"；第八课，"小材大用——考古遗址出土的木材分析与研究"；第九课，"人与动物——动物考古学导论"；第十课，"人类与贝丘——贝丘遗址的动物考古学研究"；第十一课，"让古生物说话——古代 DNA 研究概论"；第十二课，"现代分析测试技术在考古学中应用的新进展"；第十三课，"千秋不朽匠人心——先秦铸铜工艺概论"；第十四课，"玉琢成器，德化中国——谈二里头玉器制作工艺"。

我们于 2012 年出版的《科技考古的方法与应用》就是在从事科技考古的各个领域的研究人员十余年实践的基础上，参考国内外相关学者的众多研究成果撰写的。[①] 这里简单介绍一下此书的体例和特色。

此书的体例就是大致按照如何在考古发掘中做好科技考古工作规划安排的。我们设想的是面对一个包括城墙、文化层、宫殿和居址、墓葬、作坊、灰坑和窖穴等各种遗迹，出土人骨、动植物、陶瓷器、青铜器、玉器、石器、各种储存器内的残留物及特定环境里的土壤等各种遗存的遗址，应该如何做好科技考古各项工作。

我们在第一章"总论"里阐述了科技考古的主要研究领域及在田野考古中的应用程序。强调在田野考古工作开始以前，从事田野考古的人员和从事科技考古的人员，应该共同探讨如何围绕发掘遗址的具体情况进行合理的规划，保证发掘、采样和室内的各种整理、研究工作能够顺利进行。

在发掘工作开始以前，我们首先要做的是考古勘探工作，结合探铲钻探，大致搞清楚遗址内的布局，为合理地布方、有计划地开展发掘提供思路。因此，我们设计的第二章就是"考古勘探"，内容包括遥感考古和地球物理探测。

---

① 中国社会科学院考古研究所著、袁靖主编：《科技考古的方法与应用》，北京，文物出版社，2012。

考古发掘必须搞清楚遗址的年代，遗址自建立到废弃的比较准确的时间框架是我们开展各种研究的基础。因此，我们设计的第三章就是"年代测定"，内容包括碳十四年代测定和树木年轮定年。

各个遗址的古代居民都是在特定的自然环境里建立自己的居住地，是在适应自然环境的基础上建立自己获取、开发自然资源的方式，古代居民的各种活动及遗址存在的整个过程是和周围自然环境的状况及变迁密切相关的。因此，我们设计的第四章就是"环境考古"。

古代遗址是在古代人类的作用下形成的，考古学研究的对象全部与古代人类相关，离开人，一切都无从谈起。因此，我们设计的第五章就是"人骨研究"。

民以食为天，被人类食用的食物包括植物和动物。作为食物的动植物遗存往往保留在各种考古遗迹或遗物里。另外，古代人类常常利用树木作为建筑材料、燃料和工具，这些木头往往以木炭碎块的形式保存下来。动植物除了作为食物资源以外，还往往被当作各种祭祀用品和随葬品，在这些与宗教相关的遗迹中残留下来。此外，一些家养动物还被古代居民作为战争和劳役的工具。因此我们设计的第六章就是"动物考古"，第七章就是包括植物遗骸、木材（炭）碎块、植硅体、淀粉粒在内的"植物考古"。

除了对出土的人骨、动物骨骼进行形态观察以外，对人或动物牙齿的珐琅质和骨骼的骨胶原进行碳/氮稳定同位素和锶同位素分析，可以揭示有关古代人类或动物长期的食物摄入情况及迁徙状况等。因此，我们设计的第八章就是"食性分析"。

除了对人和动物骨骼进行同位素分析以外，对人骨和动物骨骼的古DNA研究也是当前日益兴盛的领域。它可以揭示有关古代人类和动物的谱系、迁徙状况等内容。我们设计的第九章就是"古 DNA 研究"。

对出土的陶瓷器、青铜器、石器、玉器以及容器内的残留物及特定环境里的土壤进行各种物理和化学分析，可以为我们提供有关古代人类生产工艺、原材料来源及当时人的一些行为特征等内容，而这些大都需要通过各种仪器设备进行研究。因此，我们设计的第十章就是"物质成分、结构分析和工艺研究"，内容包括各种仪器设备的性能介绍，陶瓷器、青铜器、石器、玉器、出土残留物的分析研究等内容。

利用地理信息系统把考古发掘、研究的内容及上述的研究内容全部放在一起，进行各种分类或综合分析是今后考古学研究的必由之路。因此，我们设计的第十一章就是"考古地理信息系统"。

以上各章基本涉及自然科学相关学科的方法在考古学中的全面应用。上述各章是互相关联的，可以帮助考古研究人员和科技考古研究人员在发掘工作开始时就做到全局在胸，做好整体工作规划，以便有效地开展工作。上述各章又是独立成章的，绝大部分章节的内容都涉及对每个研究领域的概述、在田野考古中采集标本及应该注意的事项，以及实验室内的工作步骤，也有些章节依据研究方向或研究方法分别阐述。尽管体例上有所不同，但是所有章节都是紧扣各个研究领域在考古学中的具体应用这个主题，都包括了在考古学中应用成功的实例，以期帮助相关研究人员更深刻地认识各种科技考古方法的内容、意义及自己如何在其中发挥作用，同时也可以帮助大家有针对性地做好对某类遗迹或遗物的采样和研究。

此书的内容既包含研究的思路，也包括操作的方法及成功的实例。希望此书能够发挥自己独到的作用，给广大田野考古研究人员、科技考古研究人员及相关专业的学生提供帮助。让大家通过此书，能够在考古实践中设计好发掘和研究的计划，做好因地制宜的野外调查和发掘，正确地采集各种相关的遗物，科学地完成室内的测试、鉴定和分析工作。从更广泛的视角着眼，获取更丰富的资料，围绕考古学研究的目标进行多层次、多角度的探讨，真正取得具有创新价值的成果。[1]

我们在强调此书的特色时，专门提到可以从实用的角度帮助学生全面掌握科技考古的方法，为当前考古专业的教学提供助力。我们相信，对于科技考古的学科建设而言，这本书一定能够发挥自己独到的作用。

在考古学中进一步强调科技考古是时代向考古学提出的要求，也是考古学本身发展的必由之路。经过多年的努力，在考古学中开展科技考古研究已经经历了一个由逐步应用到全面推广的过程，这个过程正在给考古学

---

[1]　中国社会科学院考古研究所科技考古中心（袁靖执笔）：《利器以善考古事》，《中国文物报》第 8 版，2012-08-03。

研究带来一场革命性的变化，其深远意义和学术价值将在今后考古学研究的发展进程中不断体现出来。我们可以自豪地说，科技考古已经不再是时髦的口号，不再是所谓"两张皮"，不再是可有可无的点缀，不再是少数人的辛苦，而是已经实实在在地成为中国考古学研究中不可缺少的一个重要组成部分，是当前及今后中国考古学发展的主要方向之一，是中国考古学走向世界的一个强大推动力，是中国考古学为中华民族的伟大复兴贡献力量的一个有力支撑。我们一定要认真做好科技考古的学科建设工作，从这个方面为推动中国考古学努力走向 21 世纪世界考古学发展的前列贡献力量。

（作者为中国社会科学院考古研究所研究员）

文博专业硕士教育与考古学学科建设

高蒙河

  培养专门人才、科学研究、服务社会是高等教育的三项主要职能。具体到考古学的人才培养来看，离不开育人单位和用人单位两个方面，即所谓入口和出口，是源与流的关系。从 21 世纪最近几年特别是考古学成为一级学科前后的情况看，这两个方面都进入了前所未有的转型期。

  第一，考古教育结构的转型。考古人才培养结构，在层次上主要分为博士生、硕士生和本科生等。过去，这三个主要层次呈正金字塔形，本科生多，硕士生次之，博士生较少。但到了 21 世纪以后，硕士生和博士生的招生数量逐年增长，特别是 2011 年开始招收文博专业硕士以后，不少高校的研究生总量大都达到了与本科生数量持平甚至超出的程度。另一方面，自 21 世纪起，我国不少大学开始把本科教育的定位从原来的专业教育部分调整为通识教育和基础教育，因而有相当数量的专业教育被放在了研究生层面展开。

  第二，考古社会需求的转型。经过半个多世纪的建设，考古学科为社会发展需要，不但逐步建立起了多种层次、多种形式、学科门类基本齐全的考古教育体系，还为社会培养和输送了大批考古专门人才。过去，本科毕业即可在省市一级考古文博单位谋职，但现在越来越多的专业用人单位开始把硕士毕业生作为招收新员工的最低学历条件，入职门槛越来越高。

  由此两点可知，随着社会市场需求越来越大，在考古学科建设中，研究生教育的重要性也将会越来越突出。其中，文博专业硕士教育作为一个刚刚开始的新生事物，在 2012 年 5 月国家文物局召开的考古学科建设发展研讨会上也得到了重视，该会《会议纪要》指出："应不断总结成果和经验，改进考古专业硕士培养方式。"

鉴于复旦大学文物与博物馆学系这几年不但参与了国务院学位委员会办公室委托的文博专业硕士办学方案的起草制定工作,而且还是全国文博专业硕士教学指导委员会秘书处挂靠单位,这里仅就考古学学科建设与文博专业硕士教育问题提出一些看法。

自打中国引进考古学近百年来,考古工作的内涵不断扩大,大体经历了三个内化与外化相互转换的过程。20世纪90年代前,主要是发现和研究;20世纪90年代后,除了发现和研究,文物保护的比重不断加大;2000年以来,在发现、研究、保护基础上,文物考古成果的展示、传播等利用问题开始越来越多地被提及。到了2012年全国文物工作会议上,文化部蔡武部长的讲话更加明确:"强调要把围绕中心、服务大局作为文物工作的主线,把保护利用、传承发展作为文物工作的主题,把服务社会、推动发展作为文物事业的使命,把人民群众共享文物保护成果作为文物事业的宗旨。"在这样的新形势前后,曾经为中国文博行业做出过巨大贡献的考古学学科建设,也迎来两个重大机遇和挑战,一个是考古学科升格为历史学门类下的一级学科,一个是人才培养机制上获准增设文博专业硕士学位。

什么是文博专业硕士学位?如果借用国务院学位委员会办公室领导的形象说法就是要为社会培养"能把活儿干好的人",这显然与学术学位研究生培养"能把研究做好的人"是不一样的。换言之,考古学科教育不但要把基础性的学术研究做好,还要把应用性的社会服务做好。不但要像过去那样把发现和研究的教育做好,还要把面向今天和未来的保护和利用的教育做好。不但要把传统的考古学术硕士学位委员办好,还要把新兴的文博专业硕士学位办好。

考古学学科新增专业硕士学位之所以不叫考古专业硕士,而叫文博专业硕士,也反映出教育主管部门和社会对考古专业性的认同,和对文博这一概念行业覆盖面广的认知。据说,早在国务院学位委员会办公室这次新增专业硕士学位之前,曾经有一个国内知名的考古高校提出牵头来办考古专业硕士学位教育,但主管部门认为,考古专业行业适应面狭窄,行业人才需求量小，可能培养不了几届就没有生源了，所以没有同意办考古专业硕士学位教育。

我们复旦大学文物与博物馆学系也曾经遇到过与其他高校以培养考古专业人才为主的不一样的教育瓶颈，那就是在办学之初，结合文博行业发展进程，我们确定了以文物和博物馆教育为主的办学方向，院系名也叫"文物与博物馆学系（院）"，本科生以博物馆学专业为主，后来逐步发展出博物馆、文物、文保、考古、文化遗产五个硕士专业方向。但这样的结构分布也一度造成了只有五指、攥不成拳头，缺乏特色，没有强势专业的问题。我们原来一盘散沙式的那种"一碟碟小菜""没有大餐"的办学模式，在文物事业大发展的新形势下如何转化成为新的办学优势，一直是我们办学中不得不思考的问题。

我校研究生院十分理解我们的需求并将其放在心上。恰逢 2009 年我国专业学位研究生教育出现大发展的机遇，在国务院学位委员会办公室召开增设专业学位类别的会议上，作为学位委员会委员的我校研究生院领导就顺势提出了增设文博硕士的建议。国务院学位委员会办公室采纳该建议并随即要求我校牵头进行设置论证，文物与博物馆学系协助研究生院召集相关专家学者进行了半年多的论证工作，最终于 2010 年获得了国务院学位委员会办公室的批准，在新增的 19 种专业硕士学位中包含了文物与博物馆硕士，这是文物与博物馆首次作为专业纳入国家研究生专业学位教育体系。

作为文博专硕教学指导委员会秘书处单位，复旦大学文博系多次参加各种专硕会议，我也参与了其中工作，并曾赴京参加"全国专业学位研究生教育综合改革试点工作会议"，对国家兴办专硕的意义、目标有了更明确的了解，那就是力争在"十二五"期间或 2015 年，把全国专硕的结构，特别是数量和规模调整到 50% 左右，进一步向西方发达国家的 60%～70% 的指标靠拢看齐。这样的发展战略、建设计划和预期目标，无疑给考古学学科建设带来了非常大的机遇和相当大的挑战。

众所周知，同样作为历史学门类下的学科，考古学科与历史学科又有不同，考古学科不像历史学科那样完全属于基础学科，也不完全是非应用性的长线专业，而是有着行业需要背景的既有基础性又不乏应用性的学科。考古学科直接的对口行业是国家文化部及其文物局下属以及各省市的各类文博行业。这些行业包括行政性的文物管理局或文化局各种文物处、考古处、博物馆处等，研究和保护性的文物考古研究所、古建筑研究所、文物保护研究中心、海关等，营销性的文物商店、文物拍卖机构等，展示传播利用性的博物馆、文物报刊、图书音像出版机构，文博系统社团组织等。

考古专业的毕业人员是否都能从事以上诸多行业门类中的所有工作呢？过去我们考古人员曾普遍有一个说法，即认为考古专业的人都能做好博物馆工作。辩证或历史地看，考古学科为文博行业培养专门人才虽然由来已久，但教育体系上主要是以考古专业为主式的培养，最对口的用人单位实际上只是各级文物考古研究所，以及过去以展示和收藏文物为主的各种历史类博物馆。在这种情况下，考古专业的教育模式只要能满足一般的发现和研究古代文物的需求即可，一个本科考古专业的学生也基本能胜任博物馆、文物以及管理等岗位的需要。

与当年相比，现在的情况已经发生了巨大改变，一个是随着文物事业的发展，行业内的专业分工越来越细，越来越专。以过去考古专业毕业基本都能胜任工作的文物考古研究所来说，现在大多都新增了文物保护和展示传播等工作内涵，如果不是科班学习这类专业的同学，已经很难做好工作。另一个是行业门类越来越丰富，专门化程度越来越高。仅从博物馆分类来看，非历史类的博物馆诸如自然博物馆、生态博物馆、科技博物馆、儿童博物馆、艺术博物馆等大量涌现，遗址博物馆、遗址公园、地域性历史遗产保护区等开发规划也不断登场。况且，目前国内外博物馆的经营管理理念，也由过去以收藏和研究为主变为以展示和传播为主，由以学术收藏机构为主变为以满足公众文化需求的文化设施为主。在这些新情况下，只是考古专业毕业的学生也已难以胜任，而问题是，这些工作却又都是文博系统越来越重要的专业和行政职能之一，所需人才的实践能力也越来越大于研究能力，所需人才的层次也越来越高，所需硕士以上的毕业生也越来越超过了本科生。

另据我们粗略统计，我国现有四五十所高校在办考古文博专业，但在我们这些高校的办学结构或办学方向中，考古专业方向是多数，非考古类的文博方向是少数。我们还曾做过一个调查，全国文博行业从业人员约近10万人，这其中考古人员是少数，博物馆人、拍卖行和文物商店从业人员、各种管理和服务的行政人员等是绝大多数。其中，仅就博物馆和文物考古研究所的比例来说，中国现有3000多个各种类型的博物馆，而且随着党的十七届六中全会以后文化事业的大发展、大繁荣政策给博物馆事业带来的发展机遇，博物馆正在以大约每天一座的速度在增长，而全国各级文物考古研究所的数量可能还不到200个，只是全国博物馆总量的零头。

由此可见，比起考古专业培养的主要可以输送到文物考古研究所的人才来讲，非考古类的文博行业还有多大的人才缺口需要我们去培养？就拿中国现有的3000多个博物馆来说，就算一个单位进一个人，即便一般都需要研究生学历，那也面临着巨大的人才缺口。另外，近十万的已在职人员中，有多少需要研究生学历者需要我们进行文博专业硕士的培训和教育？这类数据向我们提出的问题并不复杂：今后是坚持发展以考古专业为主的传统，还是适当做出新的面向考古一级学科的专业布局的结构性调整呢？可见，一方面是考古专业培养的学生很难大面积地对口就业，另一方面是非考古专业的文博单位急需文博专业人才。这就像时任教育部文博专业硕士教学指导委员会主任委员的国家文物局单霁翔局长在后来成立的教学指导委员会第一次会议上指出的那样："如果说，十年前我们最急需的是资金，到了今天，人才问题则更为迫切、更为尖锐。"

我们理解，当时单霁翔局长所说的人才，既包括基础考古学人才，也包括应用型考古学人才，既包括学术性硕士，也包括专业性硕士。换言之，我们文博行业到底急需或紧缺什么样的高级人才？我们各个高校能为这样的高级人才需求提供什么样的教育供给？这是摆在所有高校考古学学科建设中的大问题。如何来解决这样一个考古学学科建设发展中的重中之重的共性问题？我们认为统一观念、调整结构、顺应趋势等势在必行。

所谓统一观念，就是立足专业，服务社会。不能将考古一级学科建设与过去的考古二级学科情况画等号，把过去考古专业的各时代考古顺势升格为二级学科。在强调坚持象牙塔式的考古专业学术研究的同时，还应该做到三个服务性的转换：即把只为专业服务转换为为一般学术服务，把为一般学术服务转换为为文化建设服务，把为文化建设服务转换为为社会发展服务。

所谓调整结构，就是坚持本色，扩大范畴。考古学之所以成为一级学科，不是也不可能是考古专业一家就能包打天下的。不再将考古专业作为唯一，而是作为之一，变考古单元为文博多元，才是学科发展建设方向。因此，在继续深化和完善考古专业自身建设的同时，还应该扩大博物馆、文物保护、文化遗产等专业教育的范畴。学术无禁区，专业无等级，努力做到基础考古学与应用考古学并举。

所谓顺应趋势，就是抓住机遇，实现转移。在我国研究生教育总体发展进程中，教育部已要求具有专业学位授权的招生单位按 5％ ～ 10％减少学术型招生人数，减出部分全部用于增加专业学位硕士研究生招生。在这样的发展战略的指导下，我们也应该加大对文博专业硕士学位教育的投入，争取在可预见的时间内，将文博专业硕士的比例调整到与学术硕士齐平或略有超出的程度，才能更好地完善考古学学科的自身建设，走符合我国国情的考古学学科建设之路，为社会文化整体发展做出考古学一级学科应有的贡献。

（作者为复旦大学文物与博物馆学系教授）

科学化、大众化、国际化

——谈谈中国考古学科的发展方向

王建新

中国考古学科主要是在引进国外近代科学的基础上发展起来的比较年轻的学科。在中国考古学科发展的近一个世纪的历史过程中，又逐渐形成了一些特色。由于中国悠久的历史留下了大量的考古遗存，加之中国考古学科的后发优势和大规模经济建设导致的大量的考古新发现，中国考古学近年来发生了巨大的变化，为世界所瞩目。但是，在已有的成绩面前，我们必须保持清醒的头脑，既不能妄自尊大，也不需要妄自菲薄。在总结学科发展经验和教训的基础上，现在已经到了认真考虑中国考古学科今后如何发展的时候了。

著名考古学家苏秉琦先生临终前对中国考古学科的发展方向提出了明确的希望，这就是科学化和大众化。在苏秉琦先生离开我们十八年后的今天，我们需要认真考虑如何实现先生的遗愿。此外，在世界社会经济和科学飞速发展的今天，我们还应该认真考虑中国考古学科如何走出国门，在世界学术舞台上发挥应有的作用。

一 考古学的科学化

我们可喜地看到，在今天的考古研究实践中，生物学、生态学、计算机科学等许多现代新兴学科已经介入了考古研究领域，空间技术、激光技术、基因分析技术等现代尖端技术已经越来越多地被运用于考古研究领域。

20世纪90年代，著名考古学家俞伟超先生曾经预言，地理信息系统技术和数字化成像技术的发展及其在考古研究领域的运用，将会引起考古学从信息采集、信息记录储存到分析研究的革命性的变化。今天，我们看到这样的变化确实发生了。

仅从田野考古测绘技术的装备来看，近十几年来，我们从使用古老的平板仪，发展到使用先进的全站仪。当全站仪刚刚开始普及的时候，现在更新、更精确且操作更加简便的RTK（Real－time kinematic）即基于全球卫星定位系统的实时动态载波相位差分技术装备又被迅速运用于考古领域。

现代科技方法和手段在考古学中的应用，促进了考古学从资料信息的采集到资料整理分析的精细化和工作效率的提高，同时，还促进了考古学研究领域的扩展和研究内容的丰富。因此，在今天的中国考古学界，几乎没有人会反对现代科技在考古学领域的应用。

但是，考古学的科学化，不仅是要在考古研究中大量地引进和使用现代科学技术，更重要的是改变我们的一些传统观念，提倡科学思维和科学精神。

在中国传统文化中，长期缺少科学思维和科学精神，经验主义的传统十分浓厚，这也影响到中国考古学科。在考古研究实践中，基于已有经验的定式的思维、定式的工作方式和工作方法十分普遍。

例如，在对古代游牧文化遗存的考古研究中，由于受到认为游牧民族"逐水草而居""居无定所"的传统偏见的影响，在考古工作中只关注墓葬的发现与发掘，对古代游牧民族的居住遗迹往往视而不见，对包括居住遗迹、墓葬、岩画、祭祀遗迹等基本要素在内的古代游牧民族聚落的考古研究更是缺乏。这种状况，已经严重影响了游牧文化考古研究内容的深入和研究水平的提高。

科学的思维，就是要提倡逻辑的、准确的、系统的、全面的和相对的思维方式，避免混乱的、模糊的、简单的、单一的和绝对的思维方式。科学的精神，就是要提倡勇于探索，既要了解和继承前人已有的研究成果，又要敢于在前人的基础上不断创新，提倡自由的学术争论，尊重权威但不迷信权威，在真理面前人人平等；避免因循守旧、故步自封、不了解历史、不尊重前人，听不得不同意见，"一言堂""一窝蜂"等。

对于国外考古学一些新出现的理论和方法，我们既不能盲目照搬，也不宜随意否定，应该在充分了解的基础上，结合我们自己的实践和实际情况，或批判，或借鉴，或应用。

二 考古学的大众化

从学科的根本目标来看，考古学研究人类的过去，揭示人类社会发展演变的过程，是为了人类的现在和未来更好的发展。因此，考古学的研究成果，需要被更多的人所了解。

在当今社会发展的过程中，文化遗产的保护、传承与价值共享，已成为社会进步的重要内容。考古学在文化遗产价值的揭示与认知方面发挥着重要的作用，只有考古学的知识和研究成果被广泛认知的时候，文化遗产保护才能成为全社会、全民的共识和自觉行动。

在这一方面，欧洲等国家和地区有许多很好的做法和经验值得我们参考和借鉴。例如，英国在20世纪六七十年代就开始在公众电视台上开设考古学讲座，在世界上许多国家和地区，在田野考古工作的过程中，有许多大学生和自愿者参与，考古发掘现场有秩序地向新闻媒体和社会开放。这些做法，使考古学的知识得到了广泛的普及，在促进社会进步和文化遗产保护的社会共识方面发挥了重大作用。

在我国目前的现实中，考古学还属于象牙塔里的学问，社会公众对考古学的认识存在普遍的无知和误解。同时，新闻媒体对考古学成果的宣传存在猎奇、媚俗、追求金钱价值等严重的错误导向。在这样的现实面前，考古工作者有的随波逐流，在媒体上大肆炒作；有的被动地自我封闭，拒绝媒体，拒绝公众。

考古学的大众化，离不开社会经济发展水平和全民文化教育水平的提高，这在中国还需要走很长的路。但是，我们必须认识到，让公众了解考古学的知识，向公众报告考古学研究的成果，是考古工作者必须承担的社会责任和义务。考古发掘现场有制度、有秩序地向公众开放，是落实这一责任和义务应该做的事情。正确利用公共媒体的传播方式，是实施这一责任和义务的有效途径。

我们还应该认识到，考古学向全社会的开放，有利于使考古工作过程在公开、透明的监督下，提高工作质量和研究水平。

三 考古学的国际化

考古学本来就是一个国际化的学科。古代人类的居住、迁徙与交往，并不受现代国界的限制。因此，考古学研究是没有国界的，必须具有世界眼光。但是，由于历史的原因，中国考古学科曾经长期与世界封闭。改革开放以后，中国考古学科与国际上虽然有了很多的交流，但我们必须清醒地看到，到目前为止，在中国只有研究中国的考古学家，没有研究古代埃及、西亚、希腊、罗马、印度、美洲和大洋洲的考古学家，甚至没有系统研究中国周边的中亚、东南亚、朝鲜半岛、日本等国家和地区的考古学家。中国考古学家在中国考古学以外的研究领域几乎没有发言权。在中国各大学考古专业的教学中，我们仍然是在教授中国考古学通论，而不是像世界上许多国家的大学那样教授考古学通论。这样的状况，与中国考古学科应有的地位十分不相称。

当前，探讨中国古代文明形成和发展的过程，是全国考古学界普遍关注的重大课题。但是，如果在研究这一课题的过程中，我们不了解周边国家和地区古代文明形成和发展的过程，不能正确认识中国古代文明和其他古代文明在形成和发展过程中的互动关系，那我们的研究结果岂不是在自说自话吗？

诚然，中国有大量的考古遗存，由于中国考古学起步较晚而现在又处于大规模经济建设的时期，中国考古学研究本身有大量的工作需要做。但急功近利的普遍价值取向，加之缺乏有效的计划和支持，几乎没有人愿意去认真系统地学习和研究外国考古学。

中国考古学科的研究走出国门、走向世界是必然的趋势，是学科成熟的标志，我们必须对此做好认真的心理准备、知识储备和人才储备。在人才培养方面，建议国家文物局、教育部设立专项基金，有计划地支持一些学生和青年学者到国外去学习外国考古学，参与外国考古研究，培养一批能从事外国某一领域考古研究并能得到国际承认的专家。在开展外国考古研究工作方面，近期首先应开展我国周边的中亚、东南亚、印度、蒙古、南西伯利亚等国家和地区的田野考古工作。国家有关部门也应设立专项经费，支持这项工作的开展。

（作者为西北大学文博学院教授）

"一级学科"之后的考古学学科建设与博物馆学定位

刘　毅

2011 年，教育部把原"历史学"一级学科分而为三，考古学成为和历史学（中国史）、世界史并列的同级学科，考古学科由此迎来了一个新的大发展契机。接下来，中国考古学（主要是高等学校中的考古学）如何发展，以及原历史学一级学科之下和"考古学"并列作为同一个二级学科的"博物馆学"如何定位，便成为必须认真思考、严肃对待的两个问题。

一 高等院校中考古学学科建设管见

大专院校是高等专业技术人才的培养基地，在国家的职业结构中处在一个非常重要的位置。高校考古学专业（系、院）和各级考古研究所（或文物工作队）的性质不同，因而两者的学科发展模式也不可能完全相同。考古学在高等教育系统成为一级学科以后，既迎来了前所未有的发展机遇，也同时面临着严峻的挑战。现就高等院校考古学科如何发展略陈管见如下。

第一，找准定位。高等院校是学术的前沿，和各级考古研究所在工作性质和业务重点上有明确的分工。田野工作是考古学研究的基础，但高等院校的考古学专业（系、院）的工作绝不应止于此，不能以抢救性考古发掘为目的，除作为学生训练和采取必要的资料外，还应该更加强调对于考古材料的深层次解读和研究。

第二，突出特色。一流的大学、一流的专业应该有自己鲜明的办学特色，否则就不能称其为一流；而专业特色又是学校特色的构成基础。各高校考古学专业应在现有的发展基础之上，结合自身特点、借助所在地方考古团队的优势，在课程设置、教师研究领域方面突出重点，不能千校一面。很高兴看到此次教育部对于二级学科设置的宽容和权力下放，高校考古专业或许因此而迎来"百花齐放"的春天。更进一步说，这或许也是中国高校新一轮发展的契机。

第三，处理好与历史学等相近学科的关系。任何一个学科要成立，都必须要有固定的研究范畴和相对有别于其他学科的研究方法，考古学自然也不例外。但在各学科高度交叉发展的今天，墨守成规，自困围城，显然不利于学术的健康发展。"海纳百川，有容乃大"，考古学的目的不应该是为了考古而考古、为了类型学图表而做型式分析。尽管已经成为一级学科，但毕竟还是统在"历史学门类"之下，考古学复原古代历史的使命（至少是部分使命）并没有改变。历史学不是考古学的"紧箍咒"，不必避之唯恐不及。考古学与历史学的结合，不但不会削弱考古学，反而会有利于考古学研究的深化；过当地去除历史等学科的"纯洁化"，只会使考古学之路越走越窄。

第四，加强考古学理论研究。基础理论和方法论研究的水平，在一定程度上代表了学科的发展水平，而进行基础理论和方法论研究，高校考古学科具备得天独厚的条件。当前的考古学理论研究和二三十年前相比已经不可同日而语，但中国的考古学理论还没有达到普遍发展的高度，夏鼐先生当年的担忧，还没有完全成为历史的过去。

第五，学科规划要有正确的方向和前瞻性。学科发展绝不是短期行为，高校考古学科在研究领域和课程设置方面必须有超前意识；学科带头人或行政主管要有国际化和视野，要高瞻远瞩，制定切实可行的长远规划，立足当今，科学准确地规划未来的学科发展方向，千万不能为了任期内的"政绩"而急功近利。

第六，建设合理的师资队伍。按照教育部对一级学科的要求，其下设每个二级学科中至少要有3个教授；这种规模，目前恐怕只有少数几所院校可以达到。所以利用学科提升的机会扩充编制，也是一个亟待解决的问题。从另一个方面来看，考古学下二级学科的设置，不仅要有学理依据，还要有可操作性。教师的优劣，直接关系到教学的质量，甚至关乎整个教育过程的成败，因此对于师资队伍的建设，应该给予足够的重视。优化教师结构，不拘一格选拔、引进适用人才，要特别妥善处理好高学历和高实践技能的关系。考古学是一门实践性很强的学科，因此，在教育教学活动中，应该特别注意培养学生的田野实践技能和基本研究方法训练，培养学生的文化遗产保护意识，使其既具备高深理论思维的能力，又能脚踏实地、从事具体工作，具备良好的职业技能和综合素质。

二 关于博物馆学的学科定位

在教育部 1997 年公布的历史学一级学科之下，有一个名为"考古学及博物馆学"的二级学科，2011 年新学科目录调整以后，考古学独自提升为一级学科，作为"及"的博物馆学并没有被提及，博物馆学的归属因而成为一个棘手的难题，博物馆学科被置于进退维谷的尴尬境地。

"博物馆学"成不成其为"学"、博物馆学到底应该归属于哪个学科，这是一个至少现在还很难争论出各方都满意的结果的话题。这个讨论也许从学理上说根本不成立，但在现行社会行业框架和管理体制之下，却不能说毫无意义。

以下几点事实是显而易见的：首先，就已有的研究成果来看，考古学、博物馆学的研究对象和方法都不同，二者不是重叠关系，前者不能涵盖后者；考古类博物馆只是博物馆之一种，博物馆并不是因为有了考古才存在，把博物馆学置于公众考古学之下，从学理上也讲不通；其次，博物馆学在研究范畴和方法上，还有学科体量上，都存在先天的缺陷，至少在可见的短期之内不可能成为一级学科，从目前占据优势的文物历史类博物馆来说，关系最密切的学科可能就是考古学和历史学，把博物馆学放在管理学、图书馆学或者传播学等学科之下显然更不合理；最后，尽管考古学的研究范围和方法无法涵盖所有的文物（如书画、大部分个性较强的明清工艺美术品以及紫砂壶等），但目前大多数门类文物研究的方法都是考古学的方法或与之相近，而文物占了现代中国博物馆的藏品的主流（至少现在如此），所以博物馆与考古学研究之间有着密切的关联。

博物馆作为事业单位是一种实体化的存在，而且近年来还表现出不断发展壮大的趋势，显然应该有丰富的研究内容。博物馆亦是收藏机构，和图书馆颇有相似之处，但"图书馆学"的轮廓显然要比"博物馆学"清晰得多。图书馆藏书五花八门，涉的学科领域远远多于博物馆，但书籍本身研究、图书管理所界定的范畴却很清楚，图书分类、版本、目录等显然是"图书馆学"的核心内容。博物馆学则不然，如果仅限于收藏品管理层面的分类、编目，远远不足以支撑博物馆学的框架。

有人提出博物馆学是管理学，甚至认为博物馆学可视为管理学之一种，或者直接称为"馆长之学"。这种观点从某些角度来看也许有一定的道理，但却明显失之于偏颇。管理学自有其研究范畴和方法，博物馆不过是文化事业机构之一种，根本不足以构成管理学的一个分支。况且，如果把博物馆学定位为管理学的话，那它真的就成了"馆长之学"，但博物馆馆长显然不是大学里"学"出来的。果真如此，博物馆学将更乏人问津。

曾经有一种"广义博物馆学"或"大博物馆学"的构想，把所有和博物馆有关的理论、管理、业务工作、收藏品研究等内容全部涵盖。事实上，这种想法在现实中万难行通。即以藏品研究而论，各类藏品分属于不同的学科领域，五花八门，仅文物研究就不止一种方法，一个学科显然不能涵盖如此庞杂繁多的内容。所以无论是在学科分类，还是在理论框架的探索中，这都只能是一个伪命题。博物馆学应该把藏品学术研究这一块抠除，否则在学理上即不成其为"学"。博物馆学所关注的，是藏品学术研究基础之上的藏品内涵的发掘和展陈。

博物馆学长期存在争议、博物馆学科的发展缓慢，除了中国的博物馆事业还没有发展到一个比较高的程度、公众的文化水平也有限等客观原因外，如果用"内省"的思维方式思考一下，这个学科自身也有严重的问题，其中之一就是学科定位的认识存在误区。过分强调宏观，泛泛而谈，会失之于空；而对于某些藏品领域太专门化的研究，则很容易陷入精专的其他学科。中国博物馆学研究的问题出在对于学科自身发展愿景的企划。作为一门新兴的学科，博物馆学研究对象和范畴存在着不成熟以至不同，甚至是对立的看法，应该是正常现象，这也是一个学科形成发展过程中的必经之路。问题在于博物馆学自身的定位，特别是对于研究方法和理论体系的界定。不是所有的学科领域都要求必须具有实用价值，但关于博物馆的探索研究毫无疑问是带有很强实践性的学问，学科的核心内容决定了研究性质，博物馆学是一门实用之学，它的研究因而也应该是动态的和立足于实践的。

因此，博物馆学的根本出路在于从中国博物馆的实际工作出发，立足现实、着眼未来，把研究重点转移到现实中的具体问题上来。这个问题实际上只是观念的转换。比如，中国博物馆界长期以来一直把收藏、宣传教育、科学研究作为博物馆的基本功能，多年来，涉及博物馆宣传教育工作的研究并不少见，甚至重复研究；如果转换视角，不是从教育，而是从为观众服务的角度看问题，不断了解观众需求和参观心理，这个问题不但会更有学术意义，也有现实意义。基于中国博物馆事业发展现状、博物馆学研究现状，笔者多年来一直认为"博物馆学"的研究对象，应该分为两个领域来考虑，一是博物馆学理论，另一个是博物馆工作与实践。

"博物馆理论"，即博物馆学的基础理论，也称为"理论博物馆学"，主要包括博物馆的定义、性质、任务、功能、发展历史等基础性研究，以及对于博物馆学研究对象和研究方法的探索等。这些内容都是传统博物馆学研究所十分侧重的方面，它们在学科创建之初具有重要的意义。但是这些内容的表述相对固定，不需要、也不应该经常性地更新或扩充。理论应该超越现实，但绝不能脱离现实。事实证明，空谈不仅误国，也会把学科引入歧途。正是由于这样的事实，所以才有人认为博物馆理论空洞、和实际工作相脱节。从目前中国博物馆事业发展、中国博物馆学发展现状来考虑，博物馆学的研究重点应该放在博物馆工作与实践上，回归到一种特殊专业领域工作的定位上来思考问题，在实践中不断丰富、发展、完善博物馆学。这具体可以从两个方面来考虑：一方面是针对博物馆工作中现实问题的研究，这是一个开放的体系，只要博物馆存在，总会有新的问题、新的挑战出现，这就需要研究者不断把握博物馆发展的脉搏，具体问题具体分析，拿出切实可行的解决办法；另一方面是博物馆的具体工作研究，它不是着眼于解决现实中出现的问题，而是具有一定的前瞻性、对博物馆具体工作的理论指导性研究。这不是泛泛而谈、宏观发愿，而是以现实为基础，关注博物馆未来发展的问题，以研究成果为先导，向前推进博物馆工作。在博物馆这个框架之下，有不少问题具体而琐碎，但串联到一起，就是一部关于中国博物馆学实践的大书。

中国博物馆的实践活动始于百余年前，清末状元张謇曾经于1903年赴日本考察实业和教育，归来后撰《上学部请设博览馆议》《上南皮相国请京师建设帝国博览馆议》，主张建立国家博物馆，并"渐推行于各行省，而府而州而县"。1905年，他在家乡江苏南通创建"博物苑"，是为中国近代意义博物馆的开端。在张謇之后，其他早期的博物馆学者，如林惠祥、韩寿萱、曾昭燏、博振伦、郑振铎，或者亦官亦学的王冶秋等，也都是专家兼博物馆事业的实践者。他们对于中国博物馆学的贡献，大都是研究探索博物馆的实际工作；都是在工作实践中摸爬滚打，而不是在办公室里、书斋里苦思冥想。

和考古学一样，博物馆工作是一项实践性很强的工作，因而在高等教育的教学活动中，要特别培养学生的实践技能，加强社会实践，努力提高学生的综合素质。鼓励一线教师、学生特别是研究生到实践中去，多关注博物馆事业的现状和实际问题。作为大学教师，这样做至少有几个好处：一是可以随时把握前沿动态，以便于把最新的信息通过课堂传递给学生；二是可以不断给自己"充电"，避免故步自封，尤其是避免书斋研究中的雾里看花、隔靴搔痒，甚至是向壁空谈，研究成果与现实两层皮；三是在实践中可以随时发现问题，找到新的研究课题。总之，博物馆学的研究应该回归博物馆工作定位，多关注、研究、解决一些实际问题，立足现实、着眼未来，在理想与现实中找到平衡点、在宏观与微观中找到平衡点，这是中国博物馆学，特别是大学博物馆学科发展的真正出路所在。

博物馆学是一个涉及多个学科门类的综合知识体系。博物馆学既明显有别于历史学、考古学，更不同于图书馆学、管理学；至少现在看来，其自身很难说有相对独立的研究方法，但这并不妨碍它有独立的研究体系。至于在研究中借用其他学科的研究方法，如社会学、心理学、文化传播学、管理学等，是一种正常现象，历史学也同样借鉴过其他学科的方法，中国考古学目前的两个主要方法——地层学和类型学也分别源自地质学和生物学。

回到学科分类这个话题，博物馆学的归属除学理上的考虑外，还更应该兼顾现实。我国有一个名曰"文博"的通用概念或术语，它涵盖了文物及文化遗产管理、博物馆工作、考古发掘与考古学研究等，为业界习惯所接受。国家文物局不叫"国家考古局"或"国家博物馆局"、相当于国家考古所的中国社会科学院考古研究所不叫"文物研究所"、中国历史博物馆不叫"中国考古馆"，就是在"文博行业"这个大框架下肯定了它们各自存在的合理性和显而易见的差别。求同存异，反映了先辈们的智慧和卓识，尽管这个"文博"并不是学术概念。同样的，原"考古学及博物馆学"二级学科名称，是一个反映了实际状况并且体现了包容思想的结果。在原有二级学科名称使用既久、其涵盖面没有明显变化这个前提背景下，现一级学科使用"考古学及博物馆学"原名更为妥当。

（作者为南开大学历史学院教授）

考古学成为一级学科的前前后后

王　巍

2011 年，国务院学位委员会对我国的学科体系进行调整，将历史学一分为三，把原先作为历史学一级学科之下的二级学科的考古学与世界史提升为一级学科。这样，历史学门中就有历史学(中国史)、考古学和世界史三个一级学科。

一　我国学科体系中的怪现象——是"兄弟"又是"父子"

长期以来，在我国学科体系中存在一个怪现象：在国家社会科学基金的学科体系中，考古学和世界史都有独立的评选委员会，除了每年评选社会科学基金项目之外，每个五年计划实施之初，评委会还要对本学科新的五年期间的发展做出规划。历届考古评委会对于引领中国考古学的发展发挥了重要的作用。而在教育部的学科体系中，考古学与世界史却一直是历史学这唯一的一级学科之下的二级学科，和历史地理学、专门史等处于同一地位。同一个国家，由于主管部门的不同，在学科设置方面存在的差别实在令人感到不解和遗憾。而这种设置也严重地限制了考古学的学科发展，因为教育部在确定每年的招生计划、经费拨付数额时，按学科分级有很大的差别。作为历史学一级学科之下众多的二级学科之一的考古学，在招生名额、经费分配、职称晋升的指标、成果评价等诸多方面都处于十分不利的状况。教育部系统内各个大学的考古学和博物馆学院系执教的老师们对此弊端有极深的感受。

我作为国务院历史学科评议组第五届和第六届的成员，对这个体系中考古学的窘境深有体会。以本届历史学科评议组为例，13 名成员中从事中国古代史教学和研究的有 8 人，从事世界史教学和研究的有 4 人，从事考古学教学和研究的只有我 1 人。考古学在该体系中的地位，由此可见一斑。虽然历史学科评议组的非考古专业成员，对考古学在学术研究、教学和社会发展方面所能够发挥的作用有相当清楚的认识，但对于考古学和世界史的学科特点及其所导致的在人才培养和科学研究等方面的特殊需求，个人往往难以真正地理解和把握。客观地说，原来历史学相关学科的这种学科划分体系严重地制约了考古学的学科建设和人才培养，制约了中国考古学的发展。

针对这一情况，设有考古学和博物馆学专业的各个大学的同行们多年以来一直在努力，争取改变这种窘境。他们联名上书学位委员会和教育部，力主考古学应当从历史学中独立出来，成为独立的一级学科。我也以现任国务院历史学科评议组中唯一的考古工作者的身份，在各种场合奔走呼号，多方沟通。多方的努力促成了考古学终于从历史学中独立出来，成了一级学科，结束了同一个国家的教育部系统和社会科学基金系统在学科体系设置方面的不相一致的、令人尴尬的状况。

二 新的学科体系划分的意义

新的学科体系的建立，为考古学的发展带来了千载难逢的历史机遇，有利于考古学和世界史学科的发展。成为一级学科后，各个大学设有考古学和世界史专业的院系从教育部等国家部委和本校获得的资源（包括招收本科生、硕士及博士研究生的数量，每年各个大学考古和世界史专业从国家获得的经费支持额度）显著增加。

考古学成为一级学科，是为释放科研生产力而做出的符合科研发展规律的调整。它终结了长期以来社会科学基金的学科划分和学位委员会的学科划分相矛盾的窘境；它使各个高校被制约的考古学学科发展的潜力得以充分释放；它使考古事业可以得到国家有关管理部门的极度重视，也可使各级考古研究机构和大学的领导都更加重视考古学的学科建设，更加注意扶持和支持考古事业；它也使社会对考古更加关注，使从事考古教学的老师们得以摆脱二级学科、低人一等的感觉，更加意气风发、精神振奋地投入考古教学和研究中；它还使就读于考古专业的学生们能更加专心致志地学习，还使尚未进入考古学领域的那些准备参加高考的考生能够有更多的信心投身于祖国的考古事业中。

三 学科调整之后历史学科评议组开展的工作

学科调整之后，国务院学位委员会布置各个学科评议组展开各个一级学科的学科简介的撰写、二级学科的设置及硕士和博士研究生获得学位标准的制定工作。

应国务院学位委员会第六届历史学科评议组组长、北京大学历史系教授钱乘旦先生的委托，我负责了考古学一级学科简介、二级学科设置以及硕士和博士研究生应当达到的标准的制定工作。为了能够更好地符合中国考古学学科体系的现状，我召开了各个设有考古或文博专业的大学院长，或考古及文博专业的主任参加的会议，征求各位工作在考古教学和科研第一线的学科带头人对一级学科简介、二级学科的设置的意见。

关于二级学科的设置，2011年秋季我们在南开大学召开历史学科评议组的工作会议上，提出了关于二级学科的设想，即考古学理论与考古学史、史前考古、夏商周考古、秦汉至南北朝考古、唐宋至元明清考古、科技考古、博物馆与文化遗产、古代文字与铭刻、专门考古。后来，我们被告知，一个二级学科要有3位以上的教授，第一个一级学科的大学至少要设有4个以上的二级学科。按照9个二级学科的设计，各个大学至少要有12位教授，而且由于断代考古的二级学科设计的较窄，实际上很少有大学在每段的考古教学中有3位以上教授是同一领域的情况。于是，我们邀请各个设有考古或文化遗产专业的"985"和"211"大学的考古学科带头人在北京开会，重新讨论成为一级学科之后考古学二级学科的设置方案，将原来初步拟定的9个二级学科方案调整为6个二级学科，即考古学理论与考古学史、史前及夏商周考古、秦汉至元明清考古、科技考古、文化遗产与博物馆、专门考古等 6 个二级学科。专门考古中包括了现在还不具备成为二级学科的一些学科，如古文字与铭刻、外国考古、文物保护技术、美术考古等。以此次会议通过的上述 6 个二级学科和 2011 年秋季在南开大学召开的历史学科评议组会议上提出的 9 个二级学科的目录以及这些二级学科的简介为基础，我负责了对新提出的 6 个二级学科的简介的撰写工作。

四 关于加强考古学学科建设的建议

第一，精心布局，建立完善的、全面的中国考古学学科体系。

应当以此次新的学科划分为契机，对中国考古学的学科体系进行认真的梳理，巩固优势学科，扶持薄弱学科，推动新兴学科，抓好交叉学科，建立完善、全面、均衡发展的中国考古学学科体系。

第二，立足中国，放眼世界，以国际化的视角和意识，跟踪国际前沿热点，积极参与国际学术界重大问题的讨论（如现代人类的起源、农业起源、文明起源与形成、城市化、文化互动、环境变化与人类生活方式的关系、手工业的专业化与早期国家的关系、资源与王权、贵重物品的生产与流通等），运用中国丰富的考古资料，为解决人类文明发展历程、各地文化发展的多样性等问题做出积极贡献。

第三，根据学科发展的需要，设置并及时调整二级学科的设置。各个大学的考古专业应根据自身的条件（本地区的古代历史与文化的特点，本校的教学资源包括教师的组织结构、专业领域和特长等）设置好二级学科，尤其是设置好教育部规定可以自主设置的两个二级学科，以便充分发挥自身优势，办出自己的特色。

第四，顺应考古学发展和社会需求，设置好考古专业的课程，把社会的急需作为专业课程设置的重要依据。

第五，加强大学生和研究生期间的田野考古实习，提高学生的田野考古技能。选择适合学生实习的考古项目，着眼于培养学生的从事考古实际工作的能力，认真抓田野考古实习。应当鼓励各个大学建立自己的田野考古实习基地。

第六，引导学生热爱考古事业，以把自己的青春贡献给中华民族的考古事业为荣。为此，应当从日常教学、考古实习、论文写作等各个环节入手，使学生热爱考古，坚定走考古道路的决心，使中国考古学的队伍后继有人。

第七，注意对学生分析问题与解决问题，与人沟通、统筹协调等方面的全面能力和综合素质的培养。

（原载《中国文物报》2012 年 6 月 15 日第 3 版）

（作者为中国社会科学院考古研究所研究员）

考古学学科建设会议纪要

考古学经国家批准提升为一级学科，这对考古学的学科发展是一次宝贵的机会，但是机会与挑战并存，考古学学科发展也面临严峻形势。其中，考古学提升为一级学科后如何开展学科建设，如何处理考古专业与博物馆专业、历史专业的关系，如何设置考古学的二级学科等问题都是关系着考古学今后能否抓住机会，取得飞跃发展的关键。教育部社会科学委员会历史学学部于2012年10月举办的年度会议上，就"考古学学科建设"问题进行了专题研讨。与会专家们针对这些问题进行了深入讨论，9位专家做了专题报告，提出多项宝贵意见。

国家文物局文物保护与考古司关强司长致辞。他首先代表文物保护与考古司对与会专家的积极参与表示感谢，同时对四川大学和该校历史文化学院对此次活动的大力支持表示衷心感谢。接着，他介绍了目前全国考古发掘、博物馆专业设置和相关文物保护机构的设置情况，他说，经历一百年的不断发展，考古专业在高校的设置有了长足发展，为国家考古事业、文物保护事业培养了大量人才。近年来，国家加大了对文物保护、博物馆建设的重视力度和资金支持。同时，许多高校的考古专业纷纷参与国家大型基本建设项目的考古和地下文物抢救保护工作，如三峡水利枢纽工程、"中华文明探源工程"、南水北调工程等项目，对国家考古事业、文物保护事业做出了巨大贡献。考古专业升为一级学科体现出国家和社会各界对考古专业的肯定，也是考古专业自身发展的必然结果。他介绍了国家文物局召开的考古学学科建设研讨会的情况，指出专家们对今后考古学学科发展工作的建议主要有以下几点：首先，考古学不同于历史学、文学等纯人文学科，是生物学、地质学、历史学等多个学科的综合，并带有明显的理科、自然科学的学科特点，国家文物局将在技术、设备方面给予大力支持，切实推动考古学科发展的重点工程——田野实习基地的建设；其次是重视田野考古和文物保护的重要性和现实需要，在考古学下要设立子学科，培养专业人才，促进文物保护事业的发展；最后，突出地域特色和各大高校自身的科研重点，在高校考古专业的建设工作中，结合所处地区的文化特色，形成有特色的科研方向。

目前，科技考古取得飞速发展，这对考古学学科发展有重大意义。中国社会科学院考古研究所袁靖研究员就科技考古的现状和发展历史做了汇报。他以二里头遗址为例向与会专家阐明科技考古的定义和科技考古与传统考古之间的差别，并向与会专家展示了科技考古在"中华文明探源工程"中的应用情况。科技考古作为考古学发展的一个新的学科分支，它在高校研究方向和课程设置上还有欠缺，需要弥补或强化。袁靖研究员还向与会专家介绍了《科技考古的方法与应用》一书，他认为该书可以作为高校考古专业科技考古课程的基本教材之一。最后，他对未来考古教学和考古学学科建设提出了意见和展望，他指出，在未来的学科建设中应加强自然科学的支持，运用先进的科学技术进行考古研究。

北京大学考古文博学院孙华教授对考古学升为一级学科后产生的问题以及如何应对这些问题提出了宝贵意见。他说，考古学升为一级学科带来的最严重的问题就是二级学科的重新设置。二级学科的设置涉及课程设置、师资力量、专业招生等问题，是考古学学科长远发展不可忽视的问题，因此各高校首要处理好这一问题。同时，考古学升为一级学科后，应该如何与文化遗产等学科协调发展，也是一个重要问题，而博物馆专业学位的设置问题也是其中的问题之一。由于在学科改制之前，考古学与博物馆学并列为考古与博物馆学专业，那么随着学科的重新设置，先前博物馆专业的地位应该怎么确定？新设立的文物博物馆专业与考古学科如何协调？针对这些问题，他提出三个解决方案。方案一是将考古学、博物馆学、遗产保护学等分开发展，鼓励彼此间交流，但是学科地位上各自独立。孙华教授认为这一方案是最理想的方案，但是现存状况是没有办法实现的，需要一定时间，让各个专业发展成熟之后才能实现。方案二是将考古学、博物馆学、遗产保护学等专业全部纳入遗产学名下，考古学发现和发掘遗产并研究遗产的价值，博物馆学研究和实现遗产的展示，而遗产保护学则是致力于遗产价值的保护和延年益寿，因此学科针对的对象是一致的，彼此间联系密切。方案三是考古学升为一级学科，除了设置中国考古学、外国考古学、田野考古学(考古学技术)、考古学理论与方法等考古学二级学科外，将不便归属的博物馆学、文化遗产保护作为考古学科的附属二级学科，这是现今许多高校实行的学科设置办法，但是这种设置体系的内部缺乏逻辑关系，只能作为目前的一种权宜之计。

四川大学历史文化学院霍巍教授在发言中从考古学的创建历史、学科设置和近期学科发展状况等方面对四川大学考古学科的现状进行了简要介绍。针对未来学科建设问题，他提出"搁置争议、促进发展"的观点，具体有以下几点思考。第一，考古学尽管已升为一级学科，但是考古学与历史学是密切联系的，从长远的学科发展来看，考古学的课程体系不应该与历史学分开。在进行招生工作时，以历史学大类招生，整体教学，在经过一段时间的学习之后，再进行专业划分。第二，在二级学科的设置上要结合各大高校自身学科发展的实际情况，合理设置符合世界潮流、具有中国特色的考古学二级学科。第三，对传统考古学应该及时进行知识更新、理论创新，使之与一级学科的身份相符。第四，加大对博物馆学、文化遗产学等学科的重视程度，推动学科发展。最后，他对考古学发展的现存问题和困境进行了分析。他认为，田野调查和实验室建设对于考古学的发展是至关重要的，但是目前国家对于基础建设的支持是不足的。如果能够提供基础建设专项经费，则对于考古学的发展将会是巨大推动。并且，许多高校缺乏稳定的田野实习基地，考古专业实习都是短期的，实习地点也是流动的，这样对于考古专业学生的学习是不利的。再有，当前的专业硕士数量已经大大超过学术硕士，而市场对专业硕士的需求是较少的，因此专业硕士的出口问题也日益凸显。

山东大学文化遗产研究院方辉教授指出，考古学升为一级学科的意义无疑是重大的。他分析了中国考古学的发展状况，并指出中国考古学已经由传统的年鉴学向社会、环境和其他方向发展，考古学的跨学科研究使得学科本身变得越来越不"单纯"，因此，考古学学科建设应该顺应这一时代潮流。他从人才培养、科学研究、服务社会和国际化等几个方面论证了考古学科建设的途径与目标，强调了课堂理论学习、田野考古实践与实验室训练"三位一体"教学体系建设的必要性，并呼吁教育部和国家文物局加大对考古实验室建设的经费投入，以满足复合型人才培养的要求。他认为，中国考古学的国际对话能力较弱，今后需要增加外国考古学为二级学科，目前则应在课程设置中增加外国考古的相关课程。

西北大学文化遗产学院王建新教授也对现存学科构架进行了分析。他指出，考古学属于人文学科，文物保护学属于理科，而文物管理属于社会学科，因此如何在理念上和实践中把三者密切地结合起来，形成三位一体的格局是非常重要的。针对当前的专业硕士问题，他提出，现有的专业硕士大多来源于大学本科毕业生，而专业硕士本身具有实践性强的特点，因此应该学习经济管理的专业硕士模式，从在职人士中招生。关于中国考古学的国际化发展问题，王教授建议国家文物局、教育部设立专项基金，有计划地支持一些学生和青年学者到国外去学习外国考古学，参与外国考古研究，培养一批能从事外国某一领域考古研究并能得到国际承认的专家。同时，他还提出中国社会科学院考古研究所和高校的考古专业可以根据自身所处地域特点进行分工，发展与之相邻地区的国外考古。

南开大学历史学院考古学与博物馆学系刘毅教授也针对考古学学科如何建设提出建议。他认为，高等院校作为考古学的学术前沿，应该更加强调对于考古材料的深层次解读和研究。他建议高等院校的考古学专业在现有发展基础之上，结合自身特点、借助所在地方考古团队的优势，在课程设置、教师研究领域方面突出重点，并强调在教育教学活动中要特别注意培养学生的田野实践技能和基本研究方法训练，培养学生的文化遗产保护意识，使其既有高深理论思维，又能脚踏实地，具备良好的职业技能和综合素质。谈到考古学与历史学的关系问题，刘教授认为考古学虽然成为一级学科，但其仍然属于"历史门类"，其复原古代历史的使命并没有改变。因此，考古学与历史学的结合，不但不会削弱考古学，反而会有利于考古学研究的深化。至于博物馆学的归属问题，刘教授提出除了学理上的考虑外，还应该兼顾现实。他认为原"考古学及博物馆学"二级学科名称，就是一个反映了实际状况并且体现了包容思想的结果。

复旦大学文物与博物馆学系高蒙河教授指出现今不仅是考古学、博物馆学专业而且是整个历史学科都面临重大机遇与严重挑战的时期，他认为应该抓住机遇，认真思考问题的解决方法。面对专业硕士在整体硕士研究生中比例不断升高的发展趋势，高蒙河教授指出面对这种情况应该重视文博专业，不能抑制它的发展。

吉林大学边疆考古研究中心林沄教授发言。针对二级学科设置问题，林先生从工作对象的角度指出考古学的工作对象是遗存、博物馆的工作对象是文物、文化遗产事业的工作对象是文化遗产，这三者的内涵很多是重合并相通的，因此，目前把"文化遗产和博物馆"作为考古学学科的二级学科是可行的。同时，他指出人才在学科发展中的重要性是毋庸置疑的，应该加强人才培养，建立完备的学科体系。他认为，目前考古学的二级学科发展是失衡的，中国考古学比例过重，外国考古甚至中国考古学中的旧石器时代、隋唐到明清的考古发展严重不足，因此，他提出要加强薄弱环节的建设。例如，可以通过翻译外国考古专业的教材和书籍，让国内学者更多接触外国考古知识，促进外国考古学的发展。对今后的学科建设，他希望增大对考古学基础项目，如田野调查、实验室建设等项目的经费支持；建立一个考古学的教学指导委员会，对考古学二级学科的设置、课程体系的设置和教材编纂等问题进行指导；改变考古专业的优秀博士论文主要由历史专业老师评估的旧方式，提升考古专业优秀博士论文的比重。

最后，林沄教授对考古学学科建设的讨论会做了总结。他指出，各位与会专家全面而深入地分析了考古学现今面临的各种问题和应对方法，他希望通过此次会议能够让更多人对考古学面临的问题引起重视，更好地推进考古学学科建设。

（四川大学黄茂、邓单丹整理）